PPN 137 732 961

207 541 0 687

AF855393

02.244

TELECOM Lille 1
Bibliothèque

Ubuntu Linux

Création, configuration et gestion d'un réseau local d'entreprise

(BTS, DUT Informatique)

Seconde Edition

Toutes les marques citées ont été déposées par leur éditeur respectif.

La loi du 11 Mars 1957 n'autorisant aux termes des alinéas 2 et 3 de l'article 41, d'une part, que les "copies ou reproductions strictement réservées à l'usage privé du copiste et non destinées à une utilisation collective", et, d'autre part, que les analyses et les courtes citations dans un but d'exemple et d'illustration, "toute représentation ou reproduction intégrale, ou partielle, faite sans le consentement de l'auteur ou de ses ayants droit ou ayant cause, est illicite" (alinéa 1er de l'article 40).
Cette représentation ou reproduction, par quelque procédé que ce soit, constituerait donc une contre-façon sanctionnée par les articles 425 et suivants du Code Pénal.

Copyright - Editions ENI - Octobre 2009
ISBN : 978-2-7460-5113-3
ISSN : 1950-2230
Imprimé en France

Editions ENI

ZAC du Moulin Neuf
Rue Benjamin Franklin
44800 St HERBLAIN

Tél. 02.51.80.15.15
Fax 02.51.80.15.16

e-mail : editions@ediENI.fr
http://www.editions-eni.com

Auteur : Gilles CHAMILLARD

Ce livre sur Ubuntu Linux résulte de l'expérience acquise par l'auteur lors des formations en Informatique de Gestion et plus spécialement dans l'administration de réseaux locaux d'entreprise. Résolument tourné vers l'apprentissage, le lecteur y trouvera un savoir-faire plus que des savoirs : il ne s'agit pas d'un nouveau manuel sur le système **Ubuntu Linux**, ses commandes et ses services, mais d'un outil de formation sur la création, la configuration et la gestion d'un réseau local d'entreprise. Pour cela, l'auteur s'appuie en priorité sur la virtualisation de serveurs, technique de plus en plus employée en entreprise. Chaque chapitre suit une progression et construit le réseau au fur et à mesure apportant ainsi une vision globale et structurée dans la réalisation. Chaque activité présente une information sur les notions essentielles pour la maîtrise des concepts avant d'aborder les procédures de réalisation pratique de l'activité. L'ouvrage s'adresse donc en premier lieu à tout **étudiant de premier cycle en enseignement supérieur** (BTS, DUT, etc...) mais aussi à toute personne désireuse de se former, en individuel ou en centre de formation, sur la création et l'administration d'un réseau local à partir d'un système Linux. Enfin, le professionnel verra dans cet ouvrage un moyen plus rapide de mettre en œuvre un réseau local d'entreprise pour l'adapter à sa propre situation. La distribution choisie pour illustrer ces propos est la distribution Ubuntu Jaunty Jackalope (Ubuntu 9.04), version de référence lors de la sortie de l'ouvrage mais les activités proposées pourront être réalisées avec une version ultérieure d'Ubuntu car elles s'appuieront sur une méthodologie déjà acquise.

© Editions ENI - Toute reproduction interdite

© Editions ENI - Toute reproduction interdite

Introduction

Chapitre 1
Réseau d'entreprise et serveurs virtuels

Chapitre 2
Configuration des services de base

Chapitre 3
Services pour intranet et Internet

Chapitre 4
Intégration de clients au réseau

Chapitre 5
Sécurisation et optimisation

Chapitre 6
Spécialisation du réseau

Chapitre 7
Annexe

Introduction

1 Introduction

Cet ouvrage répond en priorité aux besoins de tout **étudiant de premier cycle** en enseignement supérieur (BTS, DUT, etc.) dans le domaine de l'administration de réseaux locaux d'entreprise. En élargissant le champ des objectifs, l'ensemble des techniques présentées intéressera, sur le **plan professionnel**, toute personne désireuse de construire rapidement un réseau d'entreprise de petite ou de moyenne taille.

2 Le choix de l'ouvrage : Open Source et Linux Ubuntu

Parce que les logiciels propriétaires entraînent des coûts financiers et s'orientent plus vers la finalisation de solutions clefs en main, le choix s'est porté vers les logiciels libres et la distribution Linux, plus formateurs.

Parce que les distributions Linux sont multiples et d'un développement inégal, le choix s'est porté vers la distribution Ubuntu, plus moderne et aboutie.

2.1 Structure du livre

Chaque chapitre suit une progression séquentielle et logique, rendue obligatoire par l'interdépendance des activités : vous débutez avec la construction d'un seul serveur pour finir avec un ensemble cohérent de machines, propre à assurer la gestion d'un réseau local d'entreprise de type PMI/PME. Résolument tourné vers l'apprentissage, ces pages vous proposent des **savoir-faire** plus que des savoirs : il ne s'agit pas d'un nouveau manuel sur le système UNIX/LINUX, ses commandes et ses services, mais d'un outil de formation sur la création, la configuration et la gestion d'un réseau local d'entreprise.

2.2 Pré-requis ou niveau de connaissances préalables

Une expérience des commandes de base d'administration du système LINUX est souhaitable, même si dans l'absolu, elle n'est pas obligatoire. En cas d'absence totale de ces connaissances, la réalisation des activités de l'ouvrage s'apparenterait plus à l'application de "recettes" sans réelle compréhension ; à la mode du *clic-clic-clic* d'un certain système propriétaire que je ne nommerai pas ici et que le lecteur a, je pense, facilement reconnu...

Pour tous ces pré-requis souhaités, reportez-vous aux ouvrages d'administration du système Linux parus aux Éditions ENI, notamment celui qui traite de l'administration Ubuntu, du même auteur, dans la collection Ressources Informatiques.

© Editions ENI - Toute reproduction interdite

3 L'objectif : la constitution d'un réseau local d'entreprise

Concernant les PME/PMI françaises, le constat fait souvent état d'un sous-équipement en matière de réseau. On trouve facilement quelques dizaines de postes, un serveur d'impression, une connexion à Internet, éventuellement quelques serveurs spécialisés (faisant l'objet d'une sous-traitance) mais peu de réseaux informatiques et encore moins sous Linux... Ce manque de cohérence résulte, outre l'aspect financier, d'une vision floue et parcellaire de ce qu'apporte un système d'information s'appuyant sur un réseau informatique performant.

Vous serez capable à l'issue de l'ouvrage de construire un réseau d'entreprise, stable et opérationnel, correspondant aux besoins d'une PME/PMI ayant environ d'une dizaine à une centaine de postes informatiques. Ce type de réseau peut aussi s'appliquer à un département d'une grande entreprise.

On peut regretter bien sûr d'un point de vue de l'enseignement, l'aspect "catalogue" des activités... Mais force est de constater que la désaffection pour tel ou tel problème informatique (avec comme corollaire le retour immédiat vers des solutions propriétaires) prend appui sur :

- soit un manque de temps,
- soit une présentation difficile à comprendre car trop technique.

Je pense, pour ma part, qu'une pratique réussie, même non maîtrisée totalement dans les concepts, donne envie de continuer, d'améliorer et de s'améliorer.

3.1 Présentation des chapitres

Vous trouverez dans le chapitre **Réseau d'entreprise et serveurs virtuels** la présentation détaillée du modèle de réseau et surtout les ressources nécessaires à son élaboration par le biais de la mise en place de machines virtuelles. Ce chapitre voit la mise en œuvre d'une machine de type serveur.

Le chapitre **Configuration des services de base** traite de la configuration des services essentiels, base de toute architecture d'un réseau d'entreprise. Ce chapitre voit la mise en œuvre de deux machines : un serveur et un client disposant de deux systèmes d'exploitation.

Le chapitre **Services pour intranet et Internet** ouvre la porte vers les échanges, qu'ils soient internes avec l'Intranet ou externes avec Internet. Ce chapitre voit la mise en œuvre de trois machines : deux serveurs, dont l'un spécialisé dans les services Web et un client.

© Editions ENI - Toute reproduction interdite

Le chapitre **Intégration de clients au réseau** s'intéresse plus particulièrement à la relation client/serveur par l'intégration de postes et des comptes utilisateurs. Ce chapitre ne met pas en œuvre de machines supplémentaires mais apporte une véritable cohérence au réseau.

Le chapitre **Sécurisation et optimisation** apporte les activités nécessaires à la sécurisation du réseau. Ce chapitre voit la mise en œuvre de quatre machines avec le dernier serveur chargé de filtrer le réseau.

Enfin le chapitre **Spécialisation du réseau** complète l'ensemble en décrivant des activités supplémentaires destinées à spécialiser le réseau. Ce chapitre peut mettre en œuvre le réseau d'entreprise complet ou se rapporter seulement à quelques machines.

© Editions ENI - Toute reproduction interdite

Chapitre 1

Réseau d'entreprise et serveurs virtuels

1 La distribution Ubuntu Linux

Ubuntu n'a pas la stabilité élevée au rang de dogme comme sa « grande sœur » la distribution Debian, mais comporte certains avantages comme la notoriété, la modernité et son enracinement dans le monde libre.

1.1 Les raisons du choix

Arrêtons-nous un instant sur le choix du système pour un serveur. Le problème étant à mon sens d'importance car il guide tous les développements futurs. Si l'on en croit l'excellent site de recensement des distributions Linux http://www.distrowatch.com, il en existe plus de 300... alors pourquoi Ubuntu ?

En fait, et pour en avoir essayé beaucoup, il existe peu de distributions distinctes (ou en tout cas potentiellement différentes). La plupart de ces versions étant dérivées de distributions dites majeures.

1.1.1 Liste de distributions Linux possibles

debian

La plus stable et en fait celle qui aurait pu être choisie vu son orientation serveur. Mais son approche trop austère doublée d'un lent développement, les libertés prises avec le standard Linux, nuisent à sa lisibilité surtout dans l'apprentissage.

SUSE

Excellente distribution, sous l'égide de l'entreprise NOVELL. Mais des outils et un développement axé sur un "format propriétaire". Une communauté allemande toujours très active gène quelquefois sur les forums pour les non germanistes.

Mandriva

La distribution française de bonne facture, mais déclinée en une version officielle commerciale et une version communautaire moins stable, le tout comme pour la SuSE avec des outils trop propriétaires.

gentoo linux

La distribution idéale pour apprendre Linux de A à Z et la plus performante car construite entièrement selon les desiderata de l'administrateur, mais donc réservée à l'étude et paradoxalement... à des utilisateurs très confirmés (et patients car tout se construit à partir des sources).

fedora

Issue du monde Red Hat mais en licence GPL, cette excellente distribution, proche d'une Red Hat Entreprise, comporte peu de défauts. On peut simplement lui reprocher une taille de système de plus en plus lourde avec un côté "poste de travail" plus marqué au détriment des aspects serveurs.

© Editions ENI - Toute reproduction interdite

CentOS Encore plus issue que la précédente du monde Red Hat car construite à partir des sources (libres) de la Red Hat Entreprise, cette distribution orientée serveur se réserve plutôt pour des systèmes complexes comme par exemple la gestion de clusters (grappe de serveurs).

ubuntu Basée sur la Debian, cette distribution réunit à la fois souplesse, modernité, stabilité et dynamisme. Ubuntu signifie dans une ancienne langue africaine « humanité aux autres », ce qui justifie pleinement sa place dans le monde de l'Open Source.

1.1.2 Le choix de la distribution Ubuntu

La distribution Ubuntu se base sur la Debian version SID, c'est-à-dire en développement. Pour l'avoir testée sur du matériel assez performant (PowerEdge 2900 64 bits de DELL, processeur XEON, disques durs SAS), ce système d'exploitation a mieux reconnu les périphériques (contrôleur matériel RAID 5 PERC 5/i) que la Debian 5.0 version Lenny (il est vrai encore à cet instant en développement). Globalement, c'est la distribution la plus aboutie pour la détection des périphériques : la distribution **9.04 Jaunty Jackalope** reconnaît par exemple nativement les clés 3G.

1.1.3 L'optique serveur

Dans le cadre d'une utilisation sur des serveurs en milieu professionnel, la demande de support à long terme est quasi existentielle... Ubuntu répond à cela avec le support LTS, c'est-à-dire une distribution disposant d'un support à long terme : cinq ans pour les serveurs, trois pour les postes de travail.

Suivant le rythme de sortie choisi par Canonical, la société éditrice (deux versions tous les six mois), le nombre de distributions avec le support à long terme n'est pour l'instant que de deux :

- la **Dapper Drake 6.06** (juin 2006) ;
- la **Hardy Héron 8.04** (avril 2008).

La logique voudrait que la prochaine sorte en 2010, avec encore un support d'un an pour les serveurs pour une Dapper. Dans le cas présent, et pour se rapprocher au plus près de l'actualité, l'ouvrage se basera sur la **Jaunty Jackalope 9.04** (distribution en cours au moment de la rédaction de l'ouvrage).

© Editions ENI - Toute reproduction interdite

Cette dernière présente des atouts non négligeables comme le support du système de fichiers ext4fs et un démarrage très rapide. Plus spécialement et pour la version poste de travail, elle intègre les versions récentes de GNOME, Open Office, Firefox, etc. Elle embarque aussi Eucalyptus, logiciel Open Source pour la conception d'architectures liées au Cloud Computing. Cette technologie décentralisant (et mutualisant) les serveurs via le réseau ne sera pas développée ici car en opposition manifeste avec le but même de l'ouvrage...

Évitez d'utiliser la deuxième version Ubuntu de l'année (sortie en Octobre généralement). J'ai remarqué (étude empirique) qu'elle était, par expérience, moins stable.

1.2 Description du modèle de base

Un administrateur réseau en entreprise gère un ensemble de serveurs dans le but de fournir des services. La première phase d'une formation pratique pour la création d'un réseau consiste à définir le modèle et recenser les ressources nécessaires à sa construction.

1.2.1 Définition du modèle

Voyons de plus près le modèle de réseau d'entreprise qui constituera le fil rouge de l'ouvrage...

Votre entreprise fictive s'appellera VIRTUALIX. Elle n'a pas d'activité définie mais suppose une orientation classique de type industriel ou de service avec des besoins de type bureautique : administration, comptabilité, secrétariat, commercial, etc. Elle dispose éventuellement d'une partie de type productif : fabrication, stockage, études...

La taille envisagée est celle d'une PMI/PME d'une cinquantaine à une centaine de salariés ce qui détermine un nombre d'ordinateurs inférieur ou équivalent, et nécessitant pour cela d'un service informatique minimum avec trois (ou plus) serveurs. En cela on peut dire qu'il s'agit plutôt d'une entreprise de petite taille mais disposant de tous les services informatiques classiques que l'on retrouve dans une grande entreprise. Par exemple votre entreprise dispose de son site Internet lui permettant (hypothèse basse) de présenter son activité ou (hypothèse haute) de présenter en plus ses produits avec possibilité de vente en ligne. Rapporté à une grande entreprise, cela peut aussi correspondre à un service ou une branche d'activité.

Le modèle est factice dans le fait qu'il montre artificiellement un nombre important de configurations de serveurs, ce qui n'est pas forcément le cas dans une situation professionnelle. Il est par contre bien réel dans l'application de ces mêmes configurations.

© Editions ENI - Toute reproduction interdite

En clair, vous n'aurez pas forcément besoin de tout ce qui est montré mais ce qui l'est est directement exploitable. L'ouvrage n'a pas non plus la prétention d'être complètement exhaustif... mais il traite la majeure partie des situations et obligations d'un administrateur de réseau.

1.2.2 Schéma du modèle

Le schéma théorique d'un modèle réseau de ce type d'entreprise pourrait ressembler à celui-ci :

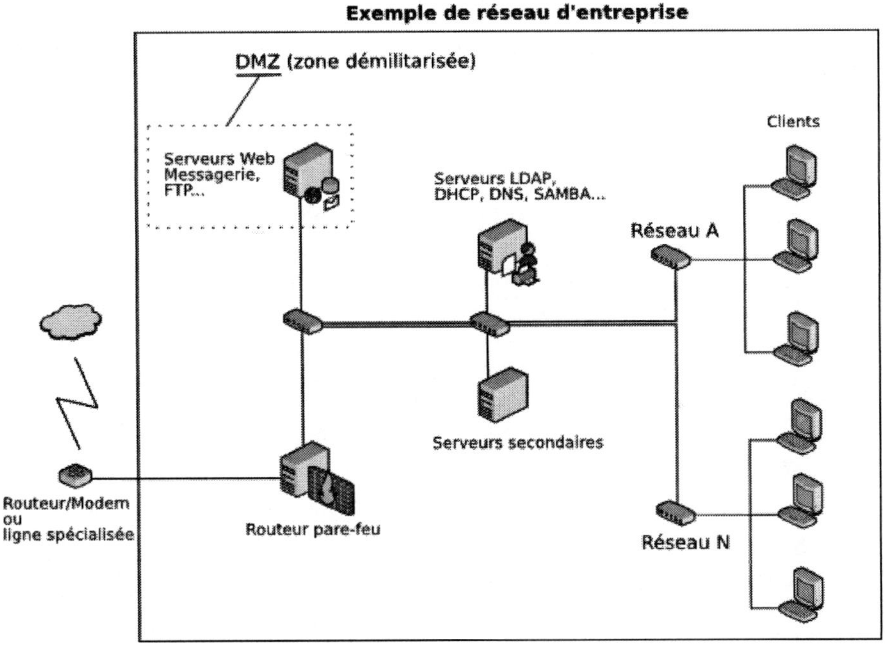

Schéma théorique du modèle

Cette entreprise dispose d'un ou de plusieurs réseaux internes, d'un site Web avec un serveur de messagerie accessible de l'extérieur dans une zone communément appelée DMZ ou zone démilitarisée. Cette zone est séparée du reste de l'entreprise dans un but de sécurité.

Les serveurs de l'entreprise offrent aussi d'autres services comme la résolution DNS (on suppose le nom de domaine déposé et résolu pour l'extérieur par l'entreprise), des services plus internes comme NFS, NIS, SAMBA (on suppose des clients hétérogènes), LDAP, DHCP, etc.

© Editions ENI - Toute reproduction interdite

1.3 Les ressources en matériel nécessaires

Bien sûr, nous nous heurtons tout de suite à un problème : celui des moyens ! Il est rare de posséder dans une optique d'étude, autant de machines que décrit dans le modèle.

Nous devons aboutir à un modèle pratique limitant au maximum le nombre de machines. Par expérience, **le nombre de machines requis peut être ramené à quatre**. Bien sûr, le modèle subit des modifications importantes par rapport à une situation d'entreprise, mais l'esprit de la structure reste et avec les principales configurations de services. Avec une démarche de réalisation acquise, votre adaptation à un autre modèle s'effectuera sans problème.

Voici le schéma pratique du réseau de notre entreprise que l'on nommera VIRTUALIX S.A. et qui constituera le fil rouge des activités :

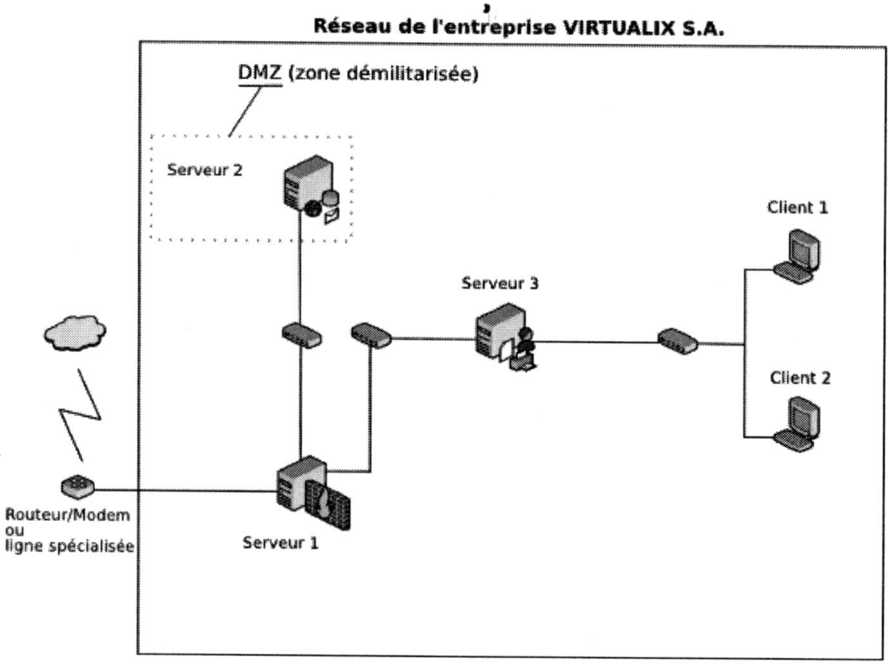

Schéma pratique simplifié du modèle

Une remarque évidente, le schéma présente cinq machines alors que nous avons parlé de quatre ! En fait le client comportera le mécanisme d'un démarrage (boot) multiple afin de tester deux systèmes, nous aurons donc sur la même machine :

- Le client 1 avec le système Windows (type XP/Vista).
- Le client 2 avec le système Linux (type Ubuntu en poste de travail).

© Editions ENI - Toute reproduction interdite

Les trois serveurs et le deuxième client seront donc tous sous Linux Ubuntu. Pour le premier client, Windows étant un système propriétaire, vous devez disposer de la licence adéquate.

Pour la partie matériel réseau :

- une connexion de type ADSL, minimum 512 kbs ;
- le serveur 1 possède trois cartes réseaux et le 3 deux cartes ;
- six câbles réseaux droits et trois commutateurs (configuration la plus détaillée) ou simplement trois croisés (configuration minimale sans commutateurs).

1.3.1 Meilleure solution rime avec virtualisation

Malgré cette réduction, vous pouvez ne pas avoir à votre disposition autant de matériel : pas de panique ! L'ouvrage s'adapte à d'autres configurations par le biais de la virtualisation. Il vous faut simplement une machine avec une mémoire interne importante, soit 2 Go de RAM, ce qui devient de plus en plus courant actuellement.

Voici une liste des logiciels de virtualisation (émulateurs de système) les plus courants :

- VMware (http://www.vmware.com), le leader du marché ;
- VirtualPC (http://www.microsoft.com/france/windows/xp/virtualpc/) ;
- VirtualBox (http://www.virtualbox.org) ;
- QEMU (http://www.qemu.org) ;
- XEN (http://www.xen.org).

Les deux premiers appartiennent au monde propriétaires, alors que les trois autres sont en licence GPL (logiciels libres). Les deux derniers se rapportent exclusivement au système Linux. Pour construire notre modèle réseau, VMware Workstation est le plus adapté mais avec un coût d'environ 189 $. Vous avez cependant la possibilité de l'évaluer gratuitement pendant 30 jours grâce à sa version de démonstration.

© Editions ENI - Toute reproduction interdite

Par contre et sans doute pour des raisons commerciales, la société VMware propose **une version serveur gratuite**, qui permet elle aussi de construire des systèmes virtuels. Ce produit se télécharge sur le site de VMware (http://www.vmware.com/products/server/) et nécessite un simple enregistrement :

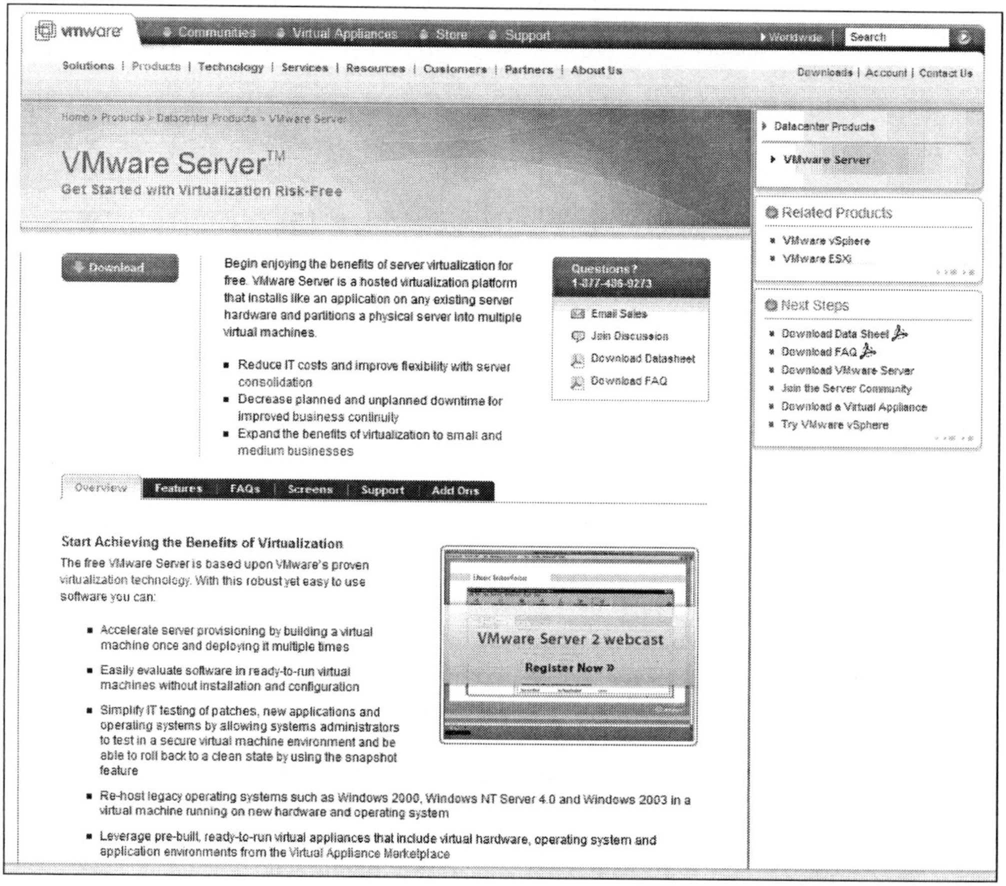

Page Web du logiciel VMware Server

Dès lors plus de problème de matériel, il vous suffit d'avoir une machine disposant au moins de 2 Go de RAM et d'une réservation de capacité de 40 Go environ sur le disque dur pour les systèmes virtuels.

© Editions ENI - Toute reproduction interdite

1.3.2 Ma plate-forme de test

Toutes les configurations de l'ouvrage ont été réalisées en double avec VMWare sur :

- un PC portable 2.26 GHz sous Ubuntu Linux et la version **VMware Workstation**, 3 Go de RAM, disque dur de 200 Go ;
- un PC portable 1.83 GHz sous Windows XP et la version **VMware Server**, 2 Go de RAM, disque dur de 160 Go : **base des écrans de démonstration de l'ouvrage**.

1.3.3 En cas de réel problème de matériel

Vous pouvez réaliser près de 90 % des activités de l'ouvrage même si vous ne disposez que de deux machines physiques ou d'une seule avec une adaptation des configurations. Pourquoi ? Parce que :

- Le modèle se construit au fur et à mesure, simulant en cela une activité de plus en plus importante dans l'entreprise nécessitant une augmentation progressive de l'offre de services, donc au départ un nombre peu élevé de machines suffit.
- Un seul serveur peut endosser plusieurs rôles, c'est-à-dire fournir tous les services : concrètement une machine suffit pour être à la fois routeur, pare-feu, serveur Web et serveur DNS.

Seule la démonstration des notions de zone démilitarisée (DMZ) et de pare-feu nécessite une approche en rapport avec le modèle. Bien sûr, dans cette situation la pratique fait des entorses à la théorie mais la méthodologie d'apprentissage reste la même.

2 Architecture réseau du modèle

À partir du modèle de réseau simplifié, il faut maintenant définir les fonctionnalités de chaque serveur et proposer un plan d'adressage. Chaque activité se référera à ce modèle.

2.1 Le modèle définitif

Trois réseaux se distinguent dans le modèle :

- le réseau externe pour l'accès à l'Internet ;
- le réseau de la zone démilitarisée en liaison avec l'extérieur ;
- le réseau local derrière (et avec) le serveur n°3.

© Editions ENI - Toute reproduction interdite

Le réseau d'accès vers l'extérieur dépend de votre configuration (ou d'un paramétrage de VMware) à la différence des deux autres réseaux. Respectez tout au long des différents chapitres le plan d'adressage donné cela vous permettra de suivre au mieux le déroulement des fiches. On aura :

- Le réseau d'accès vers l'extérieur (WAN) suivant votre configuration personnelle avec SRVFWL comme nom pour le **serveur n°1**.
- Le réseau en zone démilitarisée en 192.168.2.0, masque 255.255.255.0 avec SRVDMZ comme nom pour le **serveur n°2**.
- Le **serveur n°3** porte d'accès du réseau local en 192.168.3.0, masque 255.255.255.0 avec SRVLAN comme nom.
- Le réseau local en 192.168.4.0, masque 255.255.255.0 avec comme nom pour les **clients** CLIENT.

Tout ceci nous donne le schéma définitif suivant :

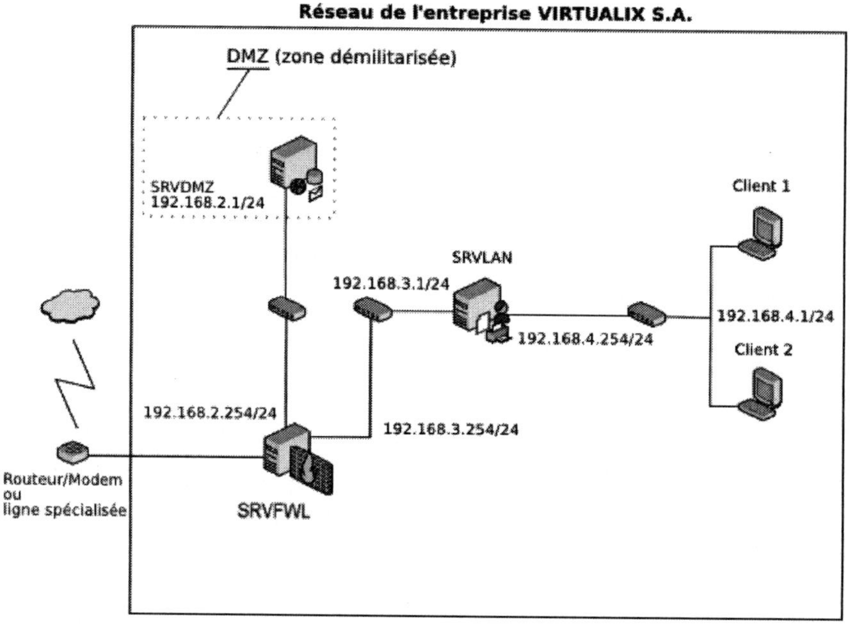

Schéma réseau de l'entreprise fictive VIRTUALIX

© Editions ENI - Toute reproduction interdite

Remarques importantes :

- La sortie vers l'extérieur se matérialise par une liaison avec un routeur/modem. Si vous êtes chez vous, celui-ci correspond à celui de type boîtier fourni par votre fournisseur d'accès Internet et la plupart des modèles proposent une configuration soit par DHCP (attribution à la volée d'une adresse IP) soit par une adresse IP fixe (classiquement 192.168.0.0).
- L'adresse montrée sur le schéma pour le(s) client(s) est double : elle s'utilise pour les deux clients (mutuellement exclusifs). Elle est aussi temporaire car plus tard fournie par un service DHCP.
- Le réseau évoluera au fur et à mesure en commençant par le serveur SRVLAN, les autres se rajoutant par la suite.

2.2 Plus de détails sur les serveurs et les clients

Cette nomenclature se rapporte à la version du réseau une fois terminé comme le montre le schéma.

2.2.1 Le serveur SRVLAN

Normalement le serveur principal de notre réseau interne, il se chargera en priorité et en premier lieu de l'authentification des utilisateurs sur :

- le client Windows avec Samba : partage de fichiers et contrôleur principal de domaine, serveur d'impression ;
- le client Linux avec le couple NIS/NFS : pour l'appartenance à un domaine et le partage de fichiers.

Puis avec une amélioration plus professionnelle :

- les deux types de clients avec LDAP (service d'annuaire).

Il servira aussi de serveur DNS sur une sous-zone de l'entreprise et, vis-à-vis des clients, il disposera du service DHCP en distribuant les adresses IP. Il cumulera aussi les fonctions de serveur LDAP (service d'annuaire), et de serveur de temps (serveur NTP) pour une uniformisation de l'heure sur nos différents clients.

Une dernière fonctionnalité (optionnel) concernera l'activité de serveur de référence, c'est-à-dire de serveur permettant le chargement des mises à jour ou des paquetages logiciels. Cela permettra ainsi aux autres serveurs et aux clients une mise à jour plus rapide et éventuellement normalisée (choix de certains paquetages, paquetages de même version, distribution automatisée...).

© Editions ENI - Toute reproduction interdite

Résumé

- contrôleur de domaine (Windows) avec Samba ;
- serveur d'authentification (Linux) avec NIS/NFS ;
- serveur d'annuaire avec LDAP ;
- serveur DNS ;
- serveur NTP ;
- serveur de mise à jour et de dépôt de paquetages.

2.2.2 Le serveur SRVDMZ

Ce serveur se situe dans une zone communément appelée DMZ ou *Demilitarized zone*, c'est-à-dire une zone tampon d'un réseau d'entreprise, située entre le réseau local et l'Internet, derrière le pare-feu. Cela correspond à un réseau intermédiaire regroupant des services publics (HTTP, SMTP, FTP, etc.) et enclavé de façon à prévenir toute attaque venant de l'extérieur sur le réseau interne.

Il servira de serveur DNS principal vis-à-vis de l'extérieur. Dans le monde réel cela veut dire que l'entreprise a déposé (et payé) auprès des autorités compétentes (AFNIC) son nom de domaine et qu'elle est maître de sa zone. Dans notre cas, vous passerez par un serveur DNS tiers (plus de détails seront donnés dans l'activité). Ensuite, il implémentera une infrastructure de type Split DNS (plusieurs vues). La création d'une telle infrastructure consiste à installer deux zones DNS pour un même domaine, une zone pour la résolution locale (celle du réseau interne) et l'autre pour la résolution externe (Internet).

Les services fournis seront, outre le DNS, les pages Web pour le site de l'entreprise avec une liaison sur une base de données via le langage PHP, l'accès à un serveur de base de données de type SGBDR, le filtrage des pages Web externes, le courrier aussi bien en interne qu'en externe, la possibilité de transfert de fichiers par FTP ou sous la forme de distribution collaborative par CVS.

Résumé

- serveur DNS principal avec BIND ;
- serveur WEB avec APACHE et proxy avec SQUID ;
- serveur base de données avec MySQL ;
- serveur de courrier avec Postfix (SMTP), serveur POP et IMAP ;
- serveur FTP avec VsFTP ;
- serveur CVS.

© Editions ENI - Toute reproduction interdite

2.2.3 Le serveur SRVFWL

Il aura le rôle essentiel de pare-feu et de routeur logiciel pour notre réseau. Il effectuera de la translation d'adresses IP (NAT) vis-à-vis de notre réseau interne. Sa principale fonction sera de filtrer les accès et le trafic sur ses trois interfaces réseaux. Construit en dernier et n'ayant pas une activité très grande, il peut s'installer sur une machine peu performante (en tout cas moins que les autres) . Il servira aussi de point d'entrée du réseau VPN.

Résumé

- pare-feu (*firewall*) principal ;
- serveur VPN avec OpenVPN ;
- routeur.

2.2.4 Les clients

Pour des raisons pratiques, sur les deux systèmes d'exploitation le nom sera identique : CLIENT. En fonction du système, les services utilisés seront différents comme par exemple Samba pour le système Windows, NIS et NFS pour le système Linux. Les deux systèmes disposeront d'un client de messagerie du type Outlook Express sur Windows et Thunderbird sur Linux (encore que vous pouvez aussi utiliser ce dernier sur Windows car il est nettement plus performant...). Pour finir, les deux systèmes seront configurés sous la forme d'un poste de travail classique avec théoriquement des applications bureautiques (ou autres). Dans une situation d'apprentissage, cette configuration ne sera pas nécessaire.

Une dernière remarque, l'étude aurait pu se limiter au seul client Windows car force est de constater qu'en terme de poste de travail ce dernier système est majoritairement employé dans les entreprises... Mais toujours dans un esprit de découverte, on peut dire :

- qu'il n'en sera pas toujours ainsi, Linux s'imposant de plus en plus (notamment avec le logiciel bureautique très performant OpenOffice) ;
- que cela permettra d'apprendre quelques techniques particulières du point de vue d'un client Linux Ubuntu.

© Editions ENI - Toute reproduction interdite

3 Installation de VMware

Le phénomène de la virtualisation touche de plus en plus d'entreprise. Il permet de mutualiser les ressources et de réaliser des économies (moins de matériels, gain de place, etc.) tout en améliorant la sécurité (sauvegarde facilitée, pannes moins fréquentes, etc.).

3.1 Préalable nécessaire à la compréhension du logiciel

La version VMware Server (comme la version payante VMware Workstation) exécute différents systèmes d'exploitation (OS) sur une seule machine physique appelée **système hôte**. Chaque machine virtuelle avec son système d'exploitation s'enregistre sur le système hôte dans un fichier séparé. Ce dernier peut être de longueur variable, VMware adaptant dynamiquement la longueur du fichier en fonction des besoins, ou de longueur fixe définie à l'initialisation du système virtuel.

Tous les périphériques de la machine virtuelle sont "mappés" avec ceux du système hôte aussi il n'y a pas de confusion entre l'un et l'autre. Par contre, vous devez installer les outils "VMware tools" sur le système virtuel afin d'augmenter les possibilités des périphériques : cela revient à installer des pilotes appropriés à une configuration matérielle réelle.

Dernière particularité, VMware Server comme son nom l'indique est une application client-serveur donc il propose à d'autres machines du réseau de lancer les machines virtuelles situées sur le serveur. Fonction inutilisée dans le cadre de l'ouvrage où une simple connexion en local suffira, le serveur étant client de lui-même.

3.1.1 Connexions réseau sous VMware

Il faut bien comprendre comment les différentes machines virtuelles communiquent entre elles d'une part, et avec le système hôte d'autre part. Lors de l'installation, VMware va ajouter deux interfaces réseaux (virtuelles) sur le système hôte dénommées `vmnet1` et `vmnet8`. Voyons toutes les possibilités de connexion de VMware pour ses différentes machines virtuelles :

`vmnet0` Dans ce cas la connexion est dite "**bridged**". Une machine virtuelle relie son interface réseau par un pont avec l'interface réseau du système hôte (connexion au réseau local sous Windows, `eth0` sous Linux). De l'extérieur, DEUX machines sont visibles, la machine virtuelle se trouvant sur le même segment de réseau que le système hôte et possédant les mêmes paramètres (DNS, etc.) pour l'accès Internet.

© Editions ENI - Toute reproduction interdite

vmnet1 Dans ce cas la connexion est dite "**host**". La machine virtuelle appartient à un réseau privé, non visible de l'extérieur. La connexion est toujours possible avec le système hôte via `vmnet1`, qui doit être configurée en routeur (et faire du NAT ou translation d'adresses) pour que le réseau privé accède à l'Internet.

vmnet8 Dans ce cas la connexion est dite "**NAT**" (masquage des adresses IP). Un périphérique virtuel NAT est utilisé comme si le réseau virtuel était connecté à un routeur/NAT physique. Le réseau virtuel n'est pas visible de l'extérieur mais il accède "directement" à l'Internet, pourvu que vous indiquiez comme passerelle et DNS celles de ce périphérique virtuel (schéma ci-après). L'adresse IP de la machine virtuelle peut être fixe ou obtenue par l'intermédiaire d'un serveur DHCP intégré au routeur/NAT virtuel.

La meilleure configuration réseau à utiliser est sans conteste celle fournie par l'interface `vmnet8`, cela permet de ne pas changer les paramètres dans le cas d'un utilisateur nomade qui promène son portable au sein de plusieurs réseaux avec bien sûr des adressages IP différents. Le schéma (tiré de la documentation VMware) montre plus clairement le principe de `vmnet8` :

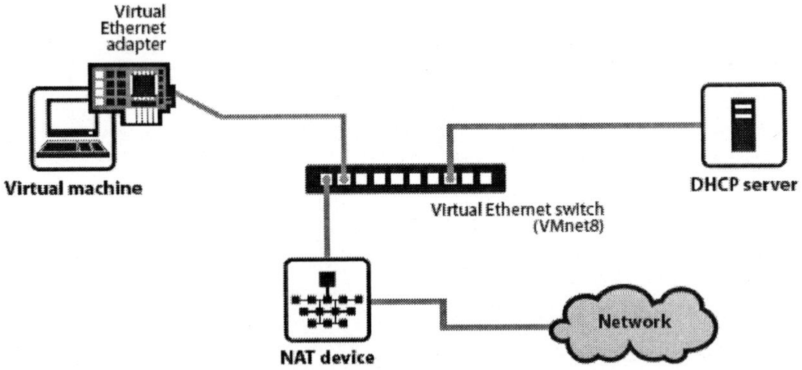

Schéma du principe de connexion via vmnet8 (Source VMware)

Compléments d'information :

- les adresses de réseau `vmnet1` et `vmnet8` sont définies aléatoirement lors de l'installation, elles peuvent différer lors d'une réinstallation future ou sur une autre machine (vous pourrez changer cela) ;
- comme le montre le schéma, un serveur DHCP virtuel existe et est utilisable (sans obligation) pour les machines virtuelles sur `vmnet1` et `vmnet8` ;
- les autres commutateurs de `vmnet2` à `vmnet7` plus `vmnet9` sont autant de périphériques permettant la construction de sous-réseaux à l'intérieur du réseau virtuel ;

© Editions ENI - Toute reproduction interdite

- vous ne disposez que d'un type de commutateur virtuel simple et non d'un type permettant la construction de réseaux locaux virtuels (VLAN) ce qui est somme toute dommage...

3.2 Installation de VMware Server sur Windows

Le logiciel se trouve sur l'URL http://ww.vmware.com/products/server/ pour la déclinaison **VMware Server for Windows Operating Systems** : le binaire d'installation du serveur est de type fichier exécutable (507 Mo environ).

Les versions utilisées se rapportent à des plates-formes de type 32 bits.

Deux étapes dans l'installation du logiciel :

- le téléchargement du logiciel proprement dit après acceptation de la licence ;
- l'enregistrement de votre compte et de vos informations personnelles afin d'obtenir le numéro de série correspondant à votre licence pour enlever la durée de vie limitée.

L'exécutable **VMware-server-installer-2.0.1-156745.exe** se distingue par un numéro de version (2.0.1) et par un numéro de compilation ou *build* (ici 156745 ce qui correspond à la dernière version lors de la rédaction de l'ouvrage). L'installation du logiciel désactive le lancement automatique (`autorun`) du lecteur de CD-Rom sur système hôte : n'oubliez pas que tous les périphériques sont partagés.

Après le lancement de l'exécutable, vous obtenez les écrans suivants :

- écran de bienvenue ;
- écran d'acceptation de la licence ;
- écran du répertoire d'installation du logiciel ;
- écran de configuration du serveur.

© Editions ENI - Toute reproduction interdite

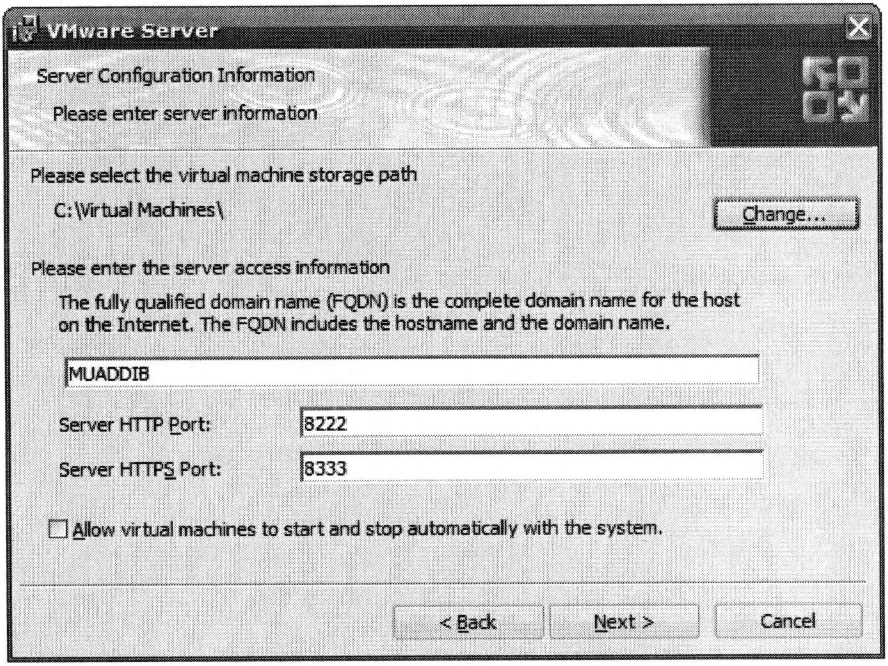

Écran de configuration du serveur VMware

Cet écran important nécessite que vous décochiez la case autorisant un démarrage des machines virtuelles au lancement du système hôte (non nécessaire). Il indique aussi les ports de connexion au serveur via l'interface d'administration dans un navigateur WEB.

Il ne reste alors que la création des raccourcis avant la validation finale de l'installation. Le dernier écran demande d'entrer le numéro de licence (envoyé par e-mail), puis de redémarrer le système.

- Vérifiez la création sur le système hôte des adaptateurs réseaux VMware `vmnet1` et `vmnet8` au niveau des connexions réseau (**Panneau de configuration**) :

Adaptateurs réseau VMware

© Editions ENI - Toute reproduction interdite

3.3 Installation de VMware Workstation sur Linux

Plus facile à configurer que la version serveur sur une plate-forme Linux, le logiciel se trouve sur l'URL www.vmware.com/products/ws/. Vous trouverez la déclinaison **VMware Workstation for Linux 32-bit** au format RPM pour les distributions de type RED HAT et exécutable de type bundle pour les autres dont bien sûr Ubuntu (336 Mo environ).

L'installation sous Ubuntu demande une distribution à jour en version poste de travail et disposant du paquetage logiciel `buil-essential`. Si cela n'évoque rien pour vous, reportez-vous au chapitre Configuration des services de base traitant de l'installation du système. Connectez-vous en **root** (administrateur système) et lancez dans une console le fichier comme un exécutable :

```
[root]# ./VMware-Workstation-6.5.2-156735.i386.bundle
```

Après le lancement de l'exécutable, vous obtenez les écrans suivants :

- écran d'acceptation de la licence ;
- le chemin du répertoire de l'outil de développement Eclipse (optionnel).

Et c'est tout ! L'installation apporte un nouveau menu **Outils système** avec trois sous-menus :

- **Virtual Network Editor** pour configurer les interfaces réseaux virtuelles ;
- **VMware Player** pour lancer des machines virtuelles déjà construites ;
- **VMware Workstation**, le logiciel proprement dit.

Exemples de configurations communes aux deux plates-formes :

Prenons comme hypothèse de base les propriétés réseau suivantes du système hôte :

```
# Propriétés réseau
Connexion au réseau local eth0 (ou wlan0) : 192.168.0.9
VMware Network Adapter VMnet8 : 192.168.105.1
Masque de sous-réseau : 255.255.255.0
Adresse de la passerelle : 192.168.0.1
Adresse DNS primaire : 212.27.39.1
```


© Editions ENI - Toute reproduction interdite

Premier cas : configuration d'un système virtuel avec une interface réseau en `bridged`.

```
# Solution à mettre sur le système virtuel
Adresse IP du système      : 192.168.0.10
Adresse de la passerelle : 192.168.0.1
Adresse DNS primaire       : 212.27.39.1
```

Il existe aussi la possibilité (non conseillé) d'obtenir l'adresse d'un service DHCP présent sur le réseau domestique (comme toutes les « box » le proposent).

Deuxième cas : configuration d'un système virtuel avec une interface réseau en `nat/vmnet8`.

```
# Solution à mettre sur le système virtuel :
# Attention l'interface vmnet8 sur le système hôte est toujours
# par défaut à 1, d'où le 3 pour l'IP du système virtuel
Adresse IP du système      : 192.168.105.3
# L'adresse de la passerelle vmware/NAT se termine par défaut à 2
Adresse de la passerelle : 192.168.105.2
# Elle sert aussi de relais DNS
Adresse DNS primaire       : 192.168.105.2
```

Là encore, il existe la possibilité d'utiliser un serveur DHCP, mais cette fois il provient du service virtuel VMware.

4 Utilisation de VMware

L'administration de VMware Server passe par une interface WEB et donc un navigateur alors que VMware Workstation utilise un menu. Cela permet dans le premier cas un pilotage décentralisé des machines virtuelles. À partir d'une autre machine que le serveur VMware, l'administration impose une connexion sécurisée par certificats.

© Editions ENI - Toute reproduction interdite

4.1 L'interface d'administration sous VMware Server

Le serveur mis en place par VMware Server est de type JAVA Tomcat. En local, inscrivez l'URL http://localhost:8222 dans un navigateur (exemple : Firefox) :

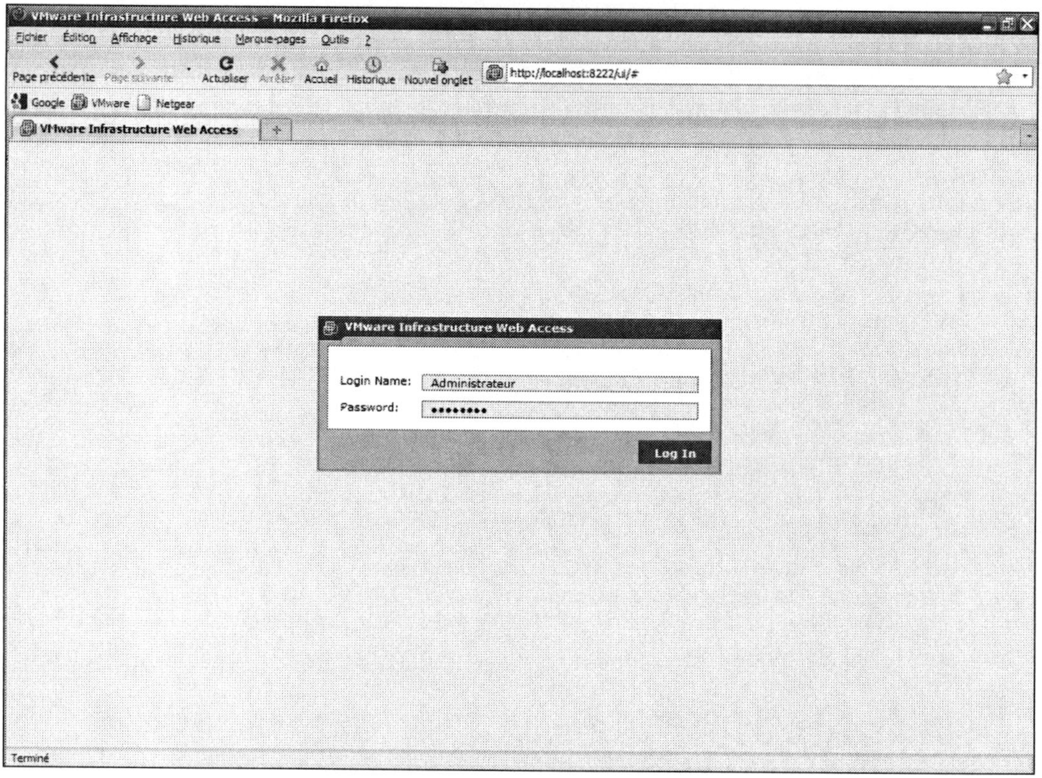

Écran de connexion VMware Server

© Editions ENI - Toute reproduction interdite

Sous Windows, le login et le mot de passe à entrer sont ceux de l'administrateur système (typiquement login `Administrateur` et comme mot de passe celui défini à l'installation si non modifié par la suite).

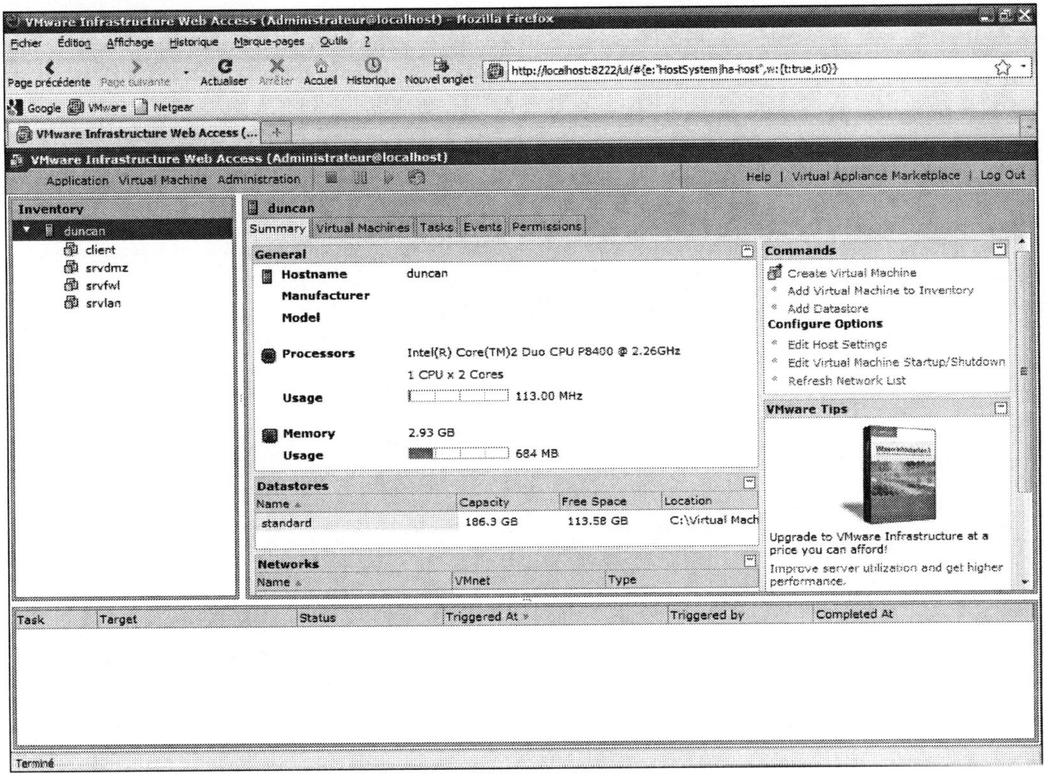

Interface d'administration VMware Server

© Editions ENI - Toute reproduction interdite

4.1.1 Cas d'une connexion à distance

Dans cette situation (exemple d'un serveur VMware disposant de l'IP 192.168.0.9), l'URL se transforme en https://192.168.0.9:8333/ui/# provoquant un échec de la connexion car le certificat n'a pas été validé :

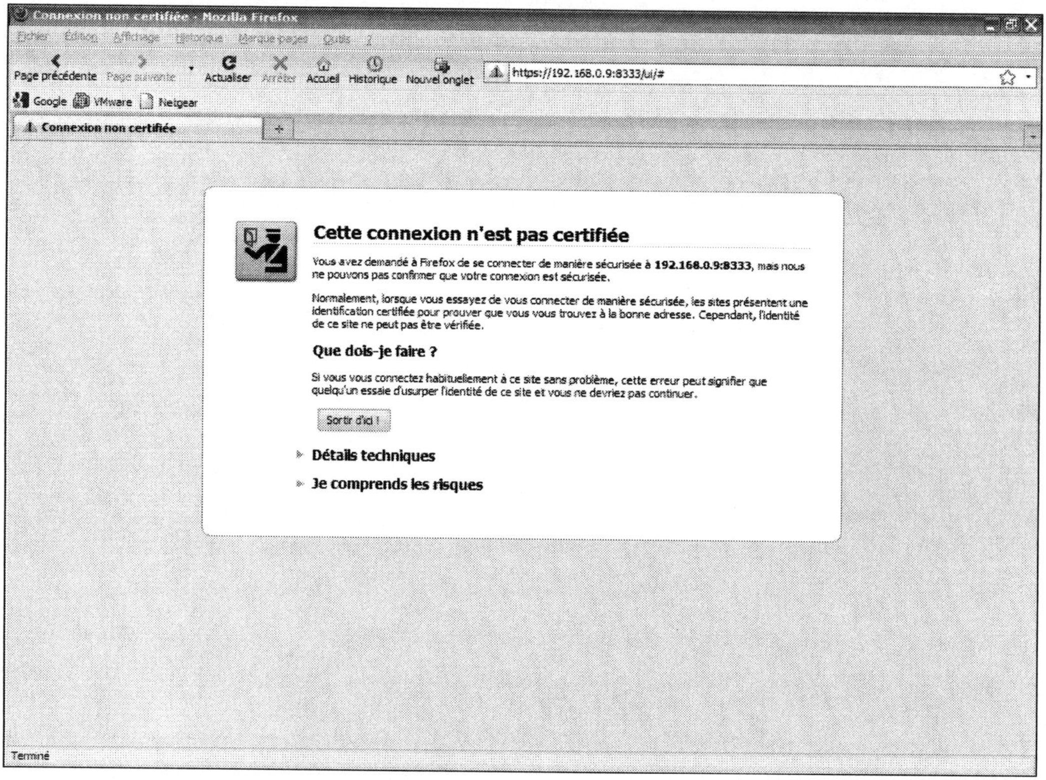

Exception de sécurité

Il faut alors cliquer sur le lien et ajouter l'exception. Une nouvelle fenêtre indique qu'il ne dispose pas des règles suffisantes de sécurité pour obtenir le certificat. Cela est normal car le serveur propose son propre certificat de validation et vérifié... par lui-même ! Suivez les directives de façon à enregistrer le certificat et à aboutir à l'interface d'administration (**attention : sur un système Windows, utilisez en priorité Internet Explorer**). Bien sûr le login et le mot de passe concernent ceux de l'utilisateur distant.

© Editions ENI - Toute reproduction interdite

4.1.2 Exemple d'installation

Voici la procédure à suivre pour créer une machine virtuelle Linux Ubuntu en version poste de travail :

- Cliquez sur le lien **Create Virtual Machine** à droite dans le bloc **Commands**.

Vous obtenez l'écran général de configuration de votre machine virtuelle avec à gauche, les différentes classes de propriétés et à droite, les informations de la propriété considérée :

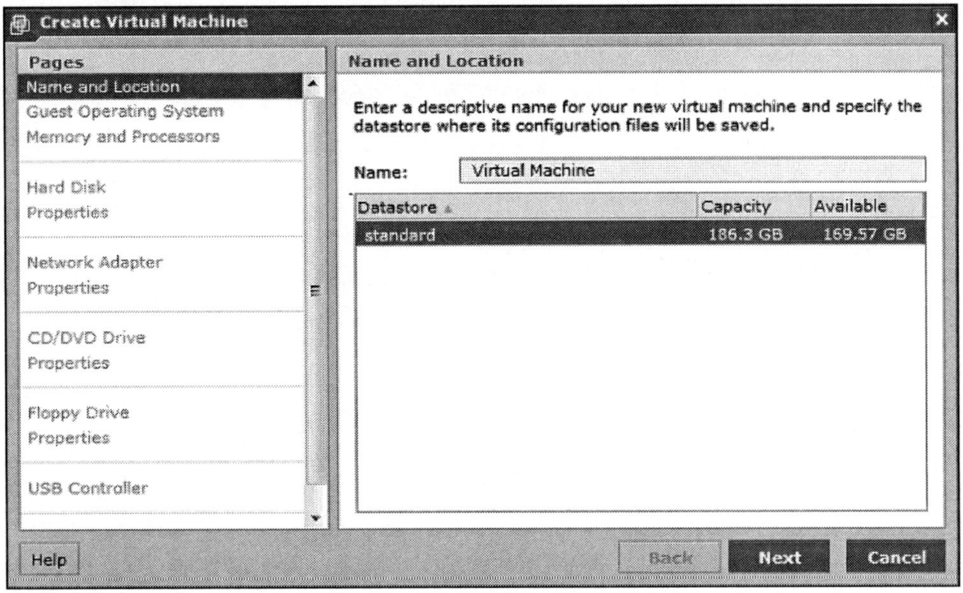

Écran de configuration

Renseignements à saisir :

- nom : **jaunty** ;
- système d'exploitation : **Linux** avec **Ubuntu 32 bits** comme version ;
- mémoire et processeur : par défaut 512 Mo et un processeur ;
- disque dur : cliquez sur **Create a New Virtual Disk**, choisissez **8 Go** de taille (par défaut) ; dans le lien **File Options**, on peut choisir la case **Allocate all disk space now** (cette option accélère les accès disque à votre machine virtuelle) ;
- Interfaces réseau : cliquez sur **Add a network Adapter**, choisissez une connexion de type **NAT** ;

© Editions ENI - Toute reproduction interdite

- périphérique CD/DVD : choisissez soit le **lecteur physique** du système hôte, soit une **image ISO** (préférable) avec son emplacement **obligatoirement là où se situe le répertoire** des machines virtuelles ;
- lecteur de disquette : outil obsolète (et absent sur un portable), préférez **Don't Add a Floppy Drive** ;
- lecteur USB : à vous de choisir... la manipulation oblige un démontage sur le système hôte (sans retirer le périphérique) pour un montage sur la machine virtuelle, je préfère pour ma part **ne pas ajouter** de lecteur USB, on peut effectuer des transferts de fichiers d'une autre façon.

Au final, vous obtenez à gauche dans le bloc **Inventory**, une ligne du nom de votre machine virtuelle avec ses caractéristiques lors d'un clic de la souris (exemple du réseau VIRTUALIX) :

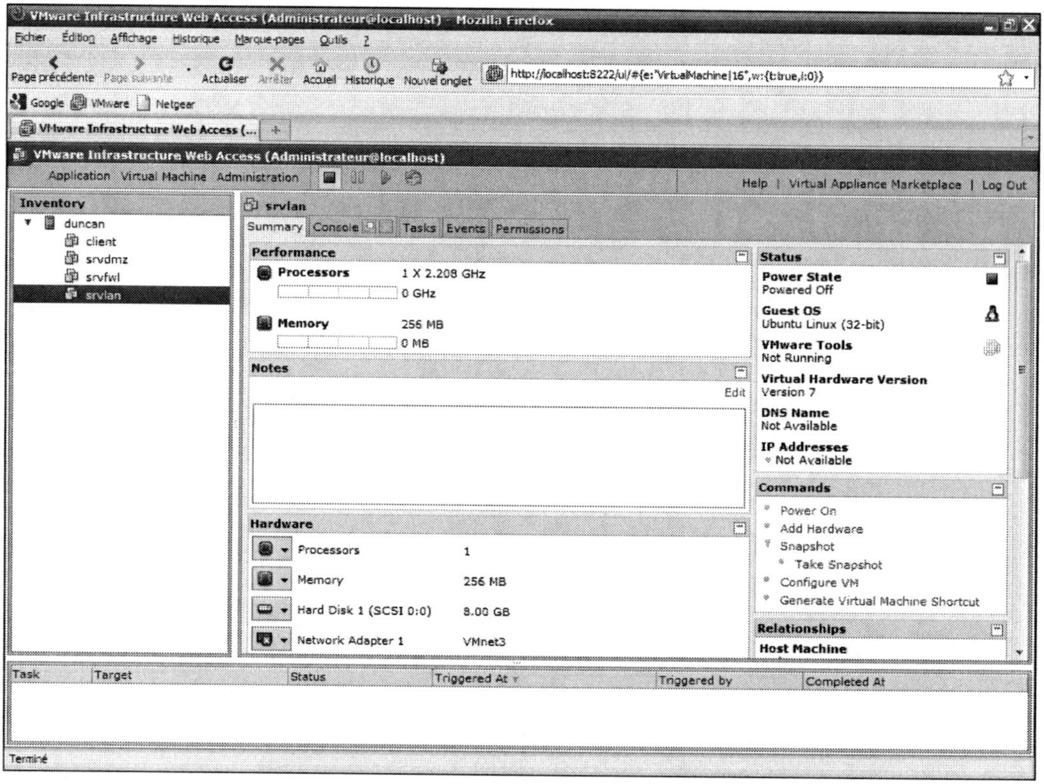

Réseau VIRTUALIX

© Editions ENI - Toute reproduction interdite

4.1.3 Premier démarrage

Avant de démarrer la machine virtuelle, un plug-in (pour chaque navigateur) de connexion aux machines virtuelles est nécessaire. Cliquez sur l'onglet **Console** du bloc central :

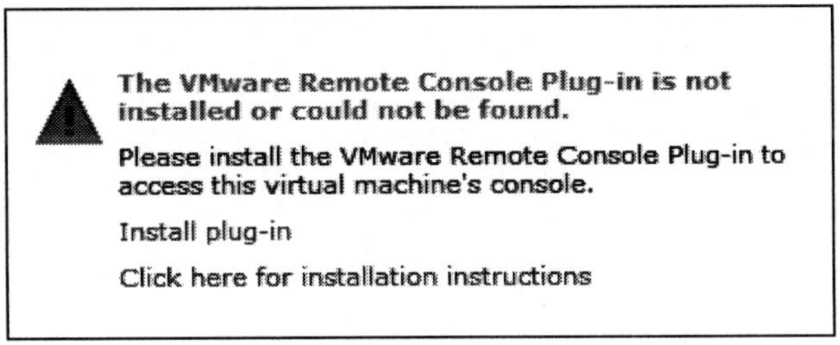

Demande de plug-in

Suivez les instructions d'installation de votre navigateur. Après avoir inséré le CD-Rom du système Linux Ubuntu dans le lecteur (choix du lecteur physique), cliquez sur le triangle vert du menu général pour lancer l'installation sur la machine virtuelle.

Vous avez accès au BIOS de votre machine virtuelle et, lors du premier démarrage, VMware démarre par défaut le système sur le lecteur de CD-Rom alors que cela n'est pas l'ordre prévu au boot. Vous avez la possibilité de mettre en pause le système virtuel et bien d'autres choses... que je vous laisse découvrir dans la documentation en ligne : menu **Help**, dans la ligne des menus.

Reportez-vous en cas de problème à l'ouvrage **Ubuntu Administration d'un système Linux**, dans la collection **Ressources Informatiques** aux Éditions ENI pour une procédure d'installation complète.

Le contrôle de la souris et du clavier passe à la machine virtuelle, pour revenir au système hôte, utilisez la combinaison [Ctrl][Alt] au clavier. Pour retourner à la machine virtuelle, un simple clic avec la souris dans la fenêtre VMware suffit.

4.2 L'interface d'administration sous VMware Workstation

Au niveau des applications, cliquez sur le menu **Outils système - VMware Workstation**. La création d'une machine virtuelle reprend approximativement les items de la version serveur. Seul, la présentation change. Notez simplement qu'il faut choisir une création de type « `custom` » pour pouvoir faire l'allocation immédiate sur le disque dur.

© Editions ENI - Toute reproduction interdite

4.3 Les utilitaires VMware

Une fois votre machine virtuelle en fonctionnement, vous devez installer les utilitaires VMware, ceux-ci concernent divers pilotes spécifiques à la souris, l'écran, la carte graphique... Les démarches diffèrent suivant le système.

Pour la version Server, le lien se trouve dans le bloc **Status** à droite : **Install VMware Tools**, alors que pour la version Workstation, le même lien se présente comme sous-menu du menu **VM**.

4.3.1 Utilitaires VMware pour un système virtuel sous Windows

Lors du premier démarrage de votre système virtuel, la carte vidéo par défaut est de type VGASAVE avec une résolution faible : 640x480. Il en est de même pour les autres pilotes.

- Veillez à ce que le lecteur de CD-Rom soit vide.
- Engagez la procédure d'installation suivant votre version VMware.
- À l'écran de bienvenue, cliquez sur le bouton **Next**.
- Écran de type d'installation (**Setup Type**), laissez le choix par défaut **Typical** et cliquez sur le bouton **Next**.
- Démarrez l'installation en cliquant sur le bouton **Install** puis après une succession d'écrans automatiques, terminez en cliquant sur le bouton **Finish**.
- Redémarrez votre système virtuel afin de prendre en compte toutes les modifications.

Vous pouvez maintenant augmenter la résolution de votre écran au niveau des propriétés de l'affichage. Accessoirement, l'installation des utilitaires ajoute deux fonctionnalités intéressantes :

- Le déplacement de la souris de l'écran VMware à l'écran du système hôte est possible ; vous n'avez plus à sortir du système virtuel par la combinaison [Ctrl][Alt] (qui reste toujours possible).
- Le glisser-déplacer (*drag and drop*) d'un élément du système hôte vers l'écran du système virtuel, ce qui facilite le transfert de données de l'un vers l'autre.

© Editions ENI - Toute reproduction interdite

4.3.2 Utilitaires VMware pour un système virtuel sous Linux

- Connectez-vous en tant qu'utilisateur `root` et en mode console sur le système virtuel.
- Engagez la procédure d'installation suivant votre version VMware.
- Revenez sur votre machine virtuelle, le CD-Rom spécifique des outils a été monté normalement, si ce n'est pas le cas faites-le manuellement :

```
[root]# mount /media/cdrom
```

- Copiez les utilitaires :

```
[root]# cp /media/cdrom/VMwareTools-(version).tar.gz /root
[root]# umount /media/cdrom
```

Le choix du paquetage `.tar.gz` s'impose au lieu du RPM qui peut poser des problèmes ou bien sûr ne pas être possible dans le cas d'une distribution n'acceptant pas ce format (cas d'Ubuntu).

Rappel : il faut avoir installé obligatoirement les outils de développement (comme le compilateur `gcc` et l'utilitaire `make`) lors de l'installation de votre système LINUX virtuel pour la compilation, et le paquetage `linux-headers` (en-têtes de définition) correspondant à votre noyau. Il faut reconnaître que quelquefois cela pose problème car vous êtes obligé de réinstaller les utilitaires à chaque changement de noyau.

Plus spécifiquement pour un système Linux Ubuntu en version serveur :

Cette version, à la différence de la version poste de travail, ne comporte pas les fichiers d'en-têtes du noyau installés par défaut.

- Installez les paquetages nécessaires et le fichier d'en-têtes du noyau correspondant :

```
[root]# aptitude install build-essential linux-headers-`uname -r`
```

- Décompressez le paquetage :

```
[root]# tar -zxvf VMwareTools-(version).tar.gz
```

- Lancez le script PERL d'installation :

```
[root]# /root/vmware-tools-distrib/vmware-install.pl
```

- Validez les réponses par défaut aux demandes et choisissez votre résolution d'écran (dans le cas d'une installation graphique).

© Editions ENI - Toute reproduction interdite

Redémarrez la machine virtuelle, les fonctionnalités (comme la résolution de l'écran) sont étendues, par contre les deux fonctionnalités supplémentaires (déplacement de la souris d'un bureau à l'autre, glisser-déplacer) valables sous un système virtuel Windows, ne le sont pas sous Linux.

5 Installation d'un serveur Ubuntu

Cette installation sert de base à celle des trois serveurs du modèle. On trouve facilement ce type d'information sur Internet, surveillez cependant la date et la source du document en préférant les sites officiels à ceux offrant une information généralement copiée : les bonnes choses comme les erreurs...

5.1 Particularités de la version serveur Ubuntu

Il est nécessaire d'effectuer un petit rappel d'informations et de les compléter. La distribution Ubuntu se décline en trois variantes :

- La version **desktop** : pour une machine de bureau, sous forme d'un CD LIVE (ou DVD) avec la possibilité de l'installer de manière permanente. Cette version demande en général au moins 256 Mo de RAM pour fonctionner correctement.
- La version **server** : destinée comme son nom l'indique aux serveurs ; d'une taille plus réduite, elle ne dispose pas par défaut d'environnement graphique (une déclinaison particulière, plus légère, nommée JEOS a été conçue pour les machines virtuelles ; version séparée pour la Hardy LTS, elle est intégrée à la version serveur pour la Jaunty).
- La version **alternate** : permet une installation modulable et en mode texte, elle demande moins de ressources et se réserve plutôt aux intégrateurs.

Signalons d'autres variations principales comme la **Kubuntu** (avec l'environnement graphique KDE), la **Xubuntu** (avec l'environnement graphique XFCE).

5.1.1 Version de la distribution Ubuntu utilisée

Vous utiliserez en priorité la version **Ubuntu 9.04 Server**, nom de code **Jaunty Jackalope** avec le noyau 2.6. Prenez note aussi des ressources pour la distribution Debian car une question sans réponse sous Ubuntu peut aisément trouver une solution sur un forum Debian.

Pour la Debian

- Le site Debian : http://www.debian.org
- Celui de la communauté francophone : http://www.debian-fr.org

© Editions ENI - Toute reproduction interdite

- Une des nombreuses documentations : http://people.via.ecp.fr/~alexis/formation-linux/

Pour la Ubuntu

- Le site Ubuntu : http://www.ubuntu.com
- Celui de la communauté francophone : http://www.ubuntu-fr.org
- La documentation en français : http://doc.ubuntu-fr.org

5.2 Le processus d'installation

Vous installez votre premier serveur : SRVLAN, base de votre réseau d'entreprise.

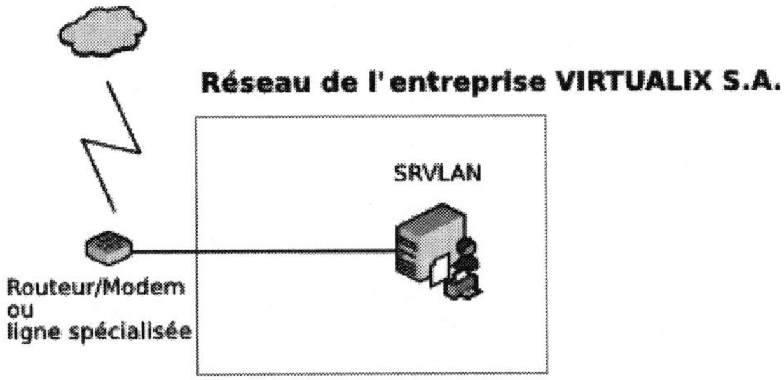

Premier serveur du réseau de l'entreprise VIRTUALIX

Deux cas de figure :

- dans le cas d'une machine physique, établissez les connexions au réseau pour disposer d'un accès externe en fonction de votre plan d'adressage IP ;
- dans le cas d'utilisation du logiciel VMware, créez une machine virtuelle de nom SRVLAN avec un choix d'OS de type Linux Ubuntu, une mémoire de 256 Mo, une capacité de disque dur de 8 Go (de préférence avec une allocation immédiate du disque dur), une carte réseau sur NAT soit `vmnet8` (pas de lecteur de disquettes, ni USB) ;
- choisissez, toujours dans le cas de VMware, soit une image ISO (`ubuntu-9.04-server-i386.iso`) soit cette image gravée sur un CD-Rom.

ATTENTION : prenez bien la version en rapport avec votre matériel, 32 ou 64 bits.

© Editions ENI - Toute reproduction interdite

La création de la machine virtuelle vous retourne ceci :

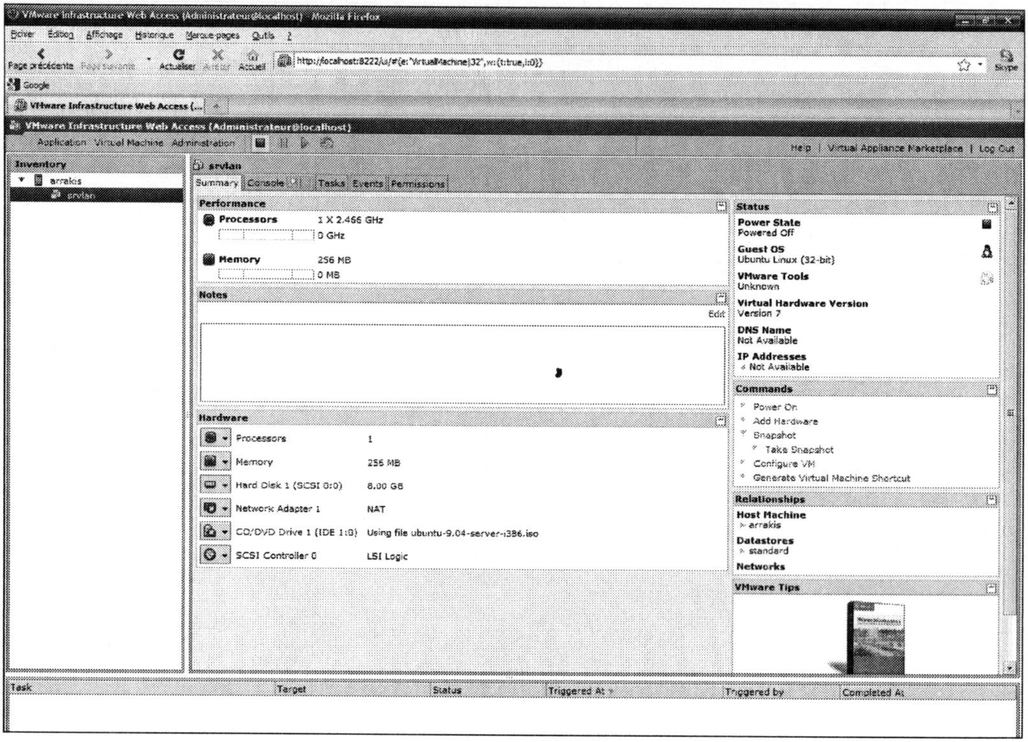

5.2.1 Début de l'installation

- Après installation du CD-Rom et démarrage du système, la machine montre le premier écran Ubuntu et le choix de la langue d'installation.

Si vous désirez recommencer l'installation sous VMware, entrez dans le BIOS de la machine virtuelle par la touche [F2] et changez dans le BIOS l'ordre de démarrage.

- **Optionnel** : appuyez sur la touche [F4] et sélectionnez le choix de JEOS avec **Installer une machine virtuelle minimale** (si vous êtes sous VMware).
- Validez la première ligne **Installer un serveur Ubuntu** par [Entrée].

© Editions ENI - Toute reproduction interdite

Ensuite une série d'écrans simples apparaît :

- Écran **Choisir la langue** : sélectionnez le choix **France**.
- Écran **Détecter l'agencement du clavier** : laissez à **Non**.
- Écran **Origine du clavier** : sélectionnez le choix **France**.
- Écran **Disposition du clavier** : sélectionnez le choix **France - Alternative**.

À ce stade, si vous avez un serveur DHCP en fonctionnement sur votre réseau, ce qui est le cas de VMware en NAT, ou si votre modem/routeur externe possède le paramétrage adéquat, l'installateur configurera automatiquement votre interface (il vaut mieux pour l'instant), sinon il vous faudra le faire manuellement en fonction de votre configuration (adresse IP, masque de sous-réseau, passerelle et DNS).

- Configuration finale du réseau de la machine avec le nom de la machine : changez-le en indiquant `srvlan`.

5.2.2 Le partitionnement

- Utilisez intégralement le disque : première option (pas de LVM), le disque à partitionner doit suivre (il doit d'ailleurs être le seul).
- Choisissez **Oui** pour la confirmation des changements sur le disque.

Le système de base s'installe.

5.2.3 Le compte utilisateur

Cette distribution présente une particularité : celle de ne pas activer le compte `root` et d'accorder les droits de l'administrateur à un utilisateur particulier (et privilégié) via la commande `sudo` (vous changerez cela plus tard).

- Indiquez le nom de ce super utilisateur, son login, son mot de passe et sa vérification ; un contrôle de sécurité vous prévient en cas de niveau faible (mais ne vous bloque pas).
- Vous avez la possibilité de chiffrer le dossier personnel de cet utilisateur privilégié, comme nous sommes dans un cadre d'étude, cela n'est pas nécessaire.

© Editions ENI - Toute reproduction interdite

5.2.4 Configuration de l'outil de gestion des paquets

Si vous vous situez au sein d'une organisation, il est possible que l'accès vers l'Internet soit dépendant d'un serveur mandataire ou « proxy ». Les paramètres vous sont donnés alors par votre administrateur réseau.

- Indiquez les paramètres de votre serveur mandataire en cas de besoin ou validez la ligne vide.

- La maîtrise de l'outil impose une mise à jour manuelle, validez la ligne **Pas de mises à jour automatiques**.

- Sélectionnez uniquement l'ensemble **Basic Ubuntu server** (le reste sera fait en fonction des besoins) ; notez que la ligne **Virtual Machine host** fait référence à la construction de machines virtuelles de type KVM et n'a donc pas de rapport avec votre virtualisation de machine éventuelle.

L'installation des logiciels s'effectue et termine le processus. Un redémarrage automatique a lieu et aboutit à un écran de connexion en mode console.

L'arrêt d'une machine virtuelle s'effectue à cet instant par un login réussi de l'utilisateur privilégié et de la commande `sudo poweroff`.

© Editions ENI - Toute reproduction interdite

Chapitre 2
Configuration des services de base

1 Prise en main de la distribution Ubuntu

Tout système ne déroge pas à la règle qui consiste à s'adapter à la configuration demandée, voire au profil personnel de l'administrateur... Bien gérer son serveur passe par une optimisation du système et la mise en œuvre de réglages indispensables. Bien sûr, cela prend du temps, mais au final vous gagnerez à utiliser cette pratique plus professionnelle.

1.1 Le principe des paquetages

RPM, sigle bien connu, signifie Red Hat Package Manager (ou RPM *Package Manager*). À l'origine, c'est une technologie créée par la société RedHat, une des pionnières dans l'élaboration de distributions Linux. Philosophie Linux oblige, ce gestionnaire de paquetages est sous licence GPL. Ubuntu utilise un autre outil de gestion des paquets venant de la distribution Debian : **APT** (*Advanced Package Tool*). Existent aussi deux outils plus "évolués" utilisant APT : **Aptitude**, en mode semi-graphique et **Synaptic**, cette fois-ci en mode graphique (indisponible en version serveur car ne disposant pas de serveur graphique).

Aptitude gère mieux les dépendances surtout en cas de désinstallation des paquets. Par contre, il vaut mieux l'utiliser dans sa version en ligne de commande en lieu et place d'`apt-get` plutôt que sa version semi-graphique paradoxalement peu claire...

Attention : on ne doit plus utiliser `apt-get` après avoir travaillé avec la commande `aptitude` sous peine de problèmes dans la gestion des paquets.

1.1.1 Autres méthodes d'installation

Vous pouvez aussi installer un paquetage à partir des sources. Vous adaptez par cette méthode plus finement l'installation à votre configuration mais il faut avoir installé les outils de développement (compilateur, etc.) avec une bonne connaissance de leur utilisation. Vous avez aussi à gérer le problème des dépendances, ce qui n'est pas une chose facile.

Une autre possibilité est que l'installation s'effectue à partir d'un binaire spécial (généralement pour des raisons de copyright), sous forme de binaires autonomes (`.bin`). Dans ce cas, l'application apporte toutes les bibliothèques (librairies ou `lib` sous Linux) nécessaires à son fonctionnement. Exemple : le logiciel **Acrobat Reader** sous Linux.

© Editions ENI - Toute reproduction interdite

1.1.2 Utilisation d'APT

APT utilise un fichier indiquant les sources de provenance des paquets : `/etc/apt/sources.list`, là aussi de même facture que celui de la distribution Debian. Sur votre serveur SRVLAN, il doit normalement contenir les lignes indiquant le CD-Rom (en commentaire), celles de la distribution, celles des mises à jour et celles concernant le sécurité. D'autres sont en commentaires (vous en verrez une configuration de base dans cette activité).

Voici une "check-list" des commandes essentielles à connaître (et à pratiquer bien sûr en mode console) :

Sur un paquetage en particulier

- Installation d'un paquetage : `aptitude install` *`nom_du_paquetage`*
- Suppression d'un paquetage : `aptitude remove` *`nom_du_paquetage`*
- Suppression d'un paquetage et des fichiers de configuration :
  `aptitude purge` *`nom_du_paquetage`*
- Recherche d'un paquetage non installé : `aptitude search` *`nom_du_paquetage`* ;
- Affichage de renseignements sur un paquetage :
  `aptitude show` *`nom_du_ paquetage`*

La recherche peut se faire sur une partie du nom. Exemple : `aptitude search build` retourne tous les paquetages contenant le mot `build`.

Les commandes ci-dessous complètent avantageusement celles par vues par `aptitude` :

- Recherche plus complète d'un paquetage (cherche aussi dans le descriptif de droite) :
  `apt-cache search` *`nom_du_paquetage`*
- Recherche d'un paquetage installé :
  `dpkgp -l | grep -i` *`nom_du_ paquetage`*

Variante : `COLUMNS=132 dpkg -l | grep -i` *`nom_du_paquetage`* pour éviter que le nom du paquetage soit tronqué à l'affichage.

- Connaître l'appartenance d'un fichier à un paquetage installé :
  `dpkg -S` *`nom_ du_fichier`*

Sur l'ensemble du système :

- Mise à jour de la liste des paquetages disponibles : `aptitude update`.
- Mise à niveau des paquets : `aptitude upgrade`.

© Editions ENI - Toute reproduction interdite

- Mise à niveau de tout le système en une seule fois : `aptitude dist-upgrade`.
- Suppression des paquets non utilisés : `aptitude clean`.

1.2 La gestion des services au démarrage

Avant de pouvoir configurer l'accès aux services, il faut comprendre les niveaux d'exécution de Linux. Un niveau d'exécution est un mode défini par les services contenus dans le répertoire `/etc/rcx.d`, où `x` est le numéro du niveau d'exécution. La distribution Ubuntu distingue les niveaux d'exécution suivants :

```
0 -> Arrêt
1 -> Mode mono-utilisateur
2 à 5 -> Mode multi-utilisateur complet (réseau)
6 -> Redémarrage
```

Le fichier `/etc/event.d/rc-default` décrit le niveau d'exécution pour les processus qui doivent être lancés au démarrage du système (géré par **Upstart** autrefois dévolu au fichier `inittab`). Dans ce fichier, la commande `telinit 2` donne le niveau de démarrage d'Ubuntu (ici le niveau 2). Pour changer immédiatement de niveau d'exécution en tant que root et utilisez la commande :

```
[root]# telinit numéro_niveau_d'exécution
# telinit 6 provoque un redémarrage
```

1.2.1 Détails sur les niveaux d'exécution

Sur Ubuntu, c'est le script `/etc/init.d/rcS` (en fait le script `rc`) qui exécute les actions pour le niveau passé en argument. Par exemple, un passage de l'argument 2 déclenchera l'exécution des scripts du répertoire `/etc/rc2.d`. Les répertoires contiennent des scripts du type `Snnxxx` ou `Knnxxx` : `S` pour `Start` et `K` pour `Kill`. Vous comprenez aisément que le niveau 0 ou 6 contiennent des scripts du type `K`. Le numéro détermine l'ordre d'exécution.

L'outil update-rc.d :

Même s'il existe des outils plus conviviaux (vous verrez `sysvconfig` plus loin), la connaissance de l'outil `update-rc.d`, qui gère un service en fonction des niveaux, est indispensable. Voici un exemple qui consiste à retirer le service `acpid` (gestion de l'énergie) de tous les niveaux de démarrage :

```
[root]# update-rc.d -f acpid remove
```


© Editions ENI - Toute reproduction interdite

Notez le message de retour car il nous donne des indications sur les ordres d'exécution :

```
root@srvlan:~# update-rc.d -f acpid remove
 Removing any system startup links for /etc/init.d/acpid ...
   /etc/rc1.d/K21acpid
   /etc/rc2.d/S10acpid
   /etc/rc3.d/S10acpid
   /etc/rc4.d/S10acpid
   /etc/rc5.d/S10acpid
```

Exemple de commande update-rc.d

Avec ces renseignements vous pouvez réactiver le service par exemple pour le niveau 2 :

`[root]# update-rc.d acpid start 99 2 . stop 01 S .`

Respectez absolument les espaces et les points ; voir le manuel en ligne (`man acpid`) pour plus de renseignements sur la commande.

1.3 Premiers réglages indispensables

Vous allez améliorer votre serveur SRVLAN et le rendre plus performant en procédant à des réglages du système.

Certaines des opérations ci-dessous (modifications de fichiers) sont à réaliser **à l'aide de l'éditeur de texte VIM**, dont vous devez connaître l'utilisation... (indispensable pour un administrateur réseau). Pour vous rafraîchir la mémoire, consultez l'**ANNEXE**.

1.3.1 Rétablir le compte de l'administrateur

La distribution Ubuntu désactive le compte `root` et, pour effectuer les tâches administratives, utilise la commande `sudo` avec le compte de l'utilisateur créé pendant l'installation. Effectuer des tâches en tant que `root` est dangereux pour le système mais :

- nous sommes dans une situation d'apprentissage où nous devons être `root` ;
- l'utilisation de `sudo` devient vite fastidieuse ;
- tous les avantages de `sudo` sont facilement discutables voire gênant dans quelques cas.

Passez sous l'identité et l'environnement du compte `root` par la commande (entrez le mot de passe du super-utilisateur) : `[`*`utilisateur`*`@srvlan:~$]# sudo -i`.

© Editions ENI - Toute reproduction interdite

- Donnez un mot de passe pour l'administrateur : `[root]# passwd`.
- Indiquez le mot de passe du compte `root` et sa confirmation.
- Tapez deux fois `exit` et connectez-vous ensuite en tant que `root`, **toutes les manipulations se dérouleront désormais sous ce compte**.

Notez que vous n'avez pas pour `root` de fichier `.bash_profile` mais `.profile` ce qui ne change en fait pas grand-chose. Par contre, vous n'avez pas de fichier `.bash_logout` ce qui présente l'inconvénient de ne pas effacer l'écran lors d'une déconnexion de la console.

- Pour remédier à cet inconvénient, copiez le fichier `.bash_logout` de votre utilisateur privilégié dans le répertoire du root :

```
[root]# cp /home/utilisateur/.bash_logout /root/
```

1.3.2 Contrôler la source des paquetages

Vous allez modifier plus finement le fichier contrôlant les sources d'APT afin de mieux l'adapter à votre serveur (vous devez posséder une connexion à Internet ; en cas de problèmes, reportez-vous à la section Configuration réseau d'un serveur de ce chapitre).

- Récupérez la dernière liste des paquets, d'après le contenu de `/etc/apt/sources.list` : `[root]# aptitude update`.
- Mettez à jour le système dans son entier (validez par Y en cas de mises à jour) :

```
[root]# aptitude dist-upgrade
[root]# aptitude clean
```

Rappel : préférez la commande `dist-upgrade` à `upgrade` car elle essaie de mettre à jour aussi toutes les dépendances.

1.4 Suite des réglages indispensables

1.4.1 Installer la version complète de VIM

L'éditeur VI comporte en l'état quelques limitations aussi vous devez installer la version complète (vous pouvez ensuite taper indifféremment `vi` ou `vim`) :

```
[root]# aptitude install vim
```


© Editions ENI - Toute reproduction interdite

1.4.2 Créer un fichier des sources plus « propre »

En l'état, le fichier des sources n'est pas très clair, on peut aisément le raccourcir afin de le rendre plus lisible. Notez la présence pour chaque source des déclinaisons `main` (paquets de la distribution officiels), `restricted` (paquets non libres maintenus officiellement), `universe` (paquets maintenus par la communauté) et `multiverse` (paquets non libres maintenus par la communauté).

Pour utiliser l'éditeur vim, reportez-vous à l'annexe en fin d'ouvrage. Si vous ne vous sentez pas à l'aise avec vim, utilisez alors l'éditeur nano (aptitude install nano).

Modifiez le fichier par vim `/etc/apt/sources.list` comme suit :

```
# Sources Jaunty
deb http://fr.archive.ubuntu.com/ubuntu/ jaunty main restricted universe
multiverse
#deb-src http://fr.archive.ubuntu.com/ubuntu/ jaunty main restricted
universe multiverse

deb http://fr.archive.ubuntu.com/ubuntu/ jaunty-updates main restricted
universe multiverse
#deb-src http://fr.archive.ubuntu.com/ubuntu/ jaunty-updates main
restricted universe multiverse

deb http://security.ubuntu.com/ubuntu jaunty-security main restricted
universe multiverse
#deb-src http://security.ubuntu.com/ubuntu jaunty-security main restricted
universe multiverse
```

Les lignes concernant les sources de paquetage sont laissées en commentaires car il est assez rare de les utiliser.

1.4.3 L'outil sysvconfig

Il vaut mieux utiliser l'outil `sysvconfig` pour gérer les services au démarrage. D'autre part, la commande `free` permet de connaître l'état d'occupation de votre mémoire RAM ce qui va permettre de vérifier l'espace libéré.

Tapez la commande `free` et notez l'espace mémoire utilisé.

© Editions ENI - Toute reproduction interdite

- Installez le paquetage `sysvconfig` : `[root]# aptitude install sysvconfig`.
- Lancez l'utilitaire par la commande `sysvconfig` :

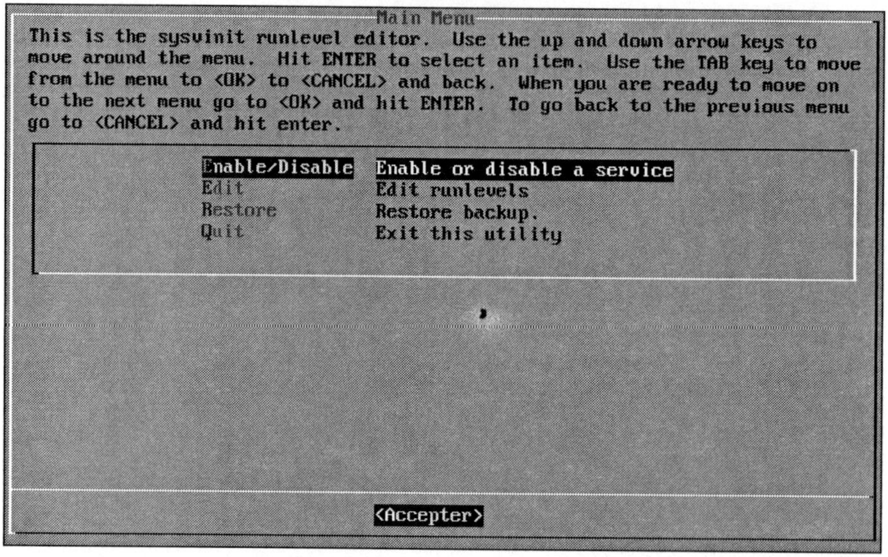

Écran principal de l'outil sysvconfig

- Choisissez la première option `Enable/Disable` (`Enable or disable a service`) et décochez les cases pour quelques services inutiles pour notre cadre d'expérimentation, notamment avec VMware (il y en a peu si vous utilisez une image JEOS) :
  - la gestion d'énergie : `acpid` ;
  - le service pour les connexions sans-fil : `rwpa-ifupdown`.
- Une nouvelle option est apparue dans le menu et c'est elle que vous choisissez : `Finished` (`Finish and save files`).
- Acceptez et quittez l'utilitaire.
- Redémarrez votre serveur et lancez à nouveau la commande `free` afin de constater la différence d'occupation mémoire.

© Editions ENI - Toute reproduction interdite

1.4.4 Configurer et optimiser son poste de travail

- Enlevez par vim ou par nano le # de commentaire dans le fichier `/root/.bashrc` pour avoir un prompt en couleurs à la ligne traitant de la variable PS1 (`PS1=...`) en dessous de `# Comment...` (valable à la prochaine connexion).

- Utilisez une base de données pour la recherche de fichiers ; la commande `updatedb` génère la base et la commande `locate` permet de l'utiliser (voir le manuel en ligne pour plus de précisions) :

```
[root]# aptitude install locate
[root]# updatedb
```

Il suffira par exemple ensuite de taper `locate interfaces` pour trouver l'emplacement du fichier de configuration réseau. La commande `locate interface` retournera tous les fichiers contenant le mot interface.

1.4.5 Utiliser uniquement la langue française

En règle générale, un utilisateur n'utilise qu'une seule "locale", pour nous celle correspondant à la langue française soit la locale `fr_FR`. Des espaces peuvent être libérés avec l'utilisation de la seule langue locale et l'installation d'un paquetage spécifique.

- Installez le paquetage `localepurge` :

```
[root]# aptitude install localepurge
```

Sans difficulté à configurer, il suffit d'être très attentif lors de la sélection par la barre d'espaces des quatre options suivantes : `fr`, `fr_FR`, `fr_FR@euro` et `fr_FR@.UTF-8`. Attention : mal répondre peut entraîner la suppression de tous les fichiers de `locale`, même ceux qui sont utilisés et il s'avère très difficile de les récupérer...

1.4.6 Ne pas oublier d'installer les outils VMware...

Ceci est à faire bien sûr, uniquement en cas de machines virtuelles.

- Installez les paquetages :

```
[root]# aptitude install build-essential linux-headers-`uname
-r` psmisc
```

En revenant dans le navigateur et sur la console d'administration de VMware Server pour srvlan, onglet **Summary**, bloc **Status**, cliquez sur le lien **Install Vmware Tools** et le bouton **Install**.

© Editions ENI - Toute reproduction interdite

- Revenez dans la console de la machine virtuelle et « montez » le CD-Rom des utilitaires :
  `[root]# mount /media/cdrom`

- Copiez le paquetage des utilitaires correspondant à notre distribution :
  `[root]# cp /media/cdrom/VMwareTools-7.7.5-156745.tar.gz /root`

- Désarchivez le paquetage et positionnez-vous dans le répertoire avant de lancer le script PERL d'installation :

```
[root]# tar -zxvf VMwareTools-7.7.5-156745.tar.gz
[root]# cd vmware-tools-distrib/
[root]# ./vmware-install.pl
```

Il suffit dans la procédure de valider toutes les questions posées avec les options par défaut proposées **à l'exception de celle sur l'installation du module** `vmhgfs` (partage de fichiers entre la machine virtuelle et le système hôte) car il pose quelques problèmes... Répondre alors `no` dans ce cas.

1.4.7 Installer le manuel en ligne

Pour expliciter les commandes Linux, il existe un manuel en ligne, commande : `man` *nom_de_la_commande*. Normalement installé par défaut dans une version poste de travail, il faut le faire manuellement pour une version serveur :

```
[root]# aptitude install manpages man-db manpages-fr
```

1.4.8 Alléger le menu Grub

Le fichier de configuration du démarrage `/boot/grub/menu.lst` nécessite d'être expurgé de quelques éléments.

- Enlevez toutes les lignes de commentaires commençant par le caractère # sauf celle de la ligne `color cyan/blue white/blue`.

- Enlevez la ligne `hiddenmenu`, non nécessaire, car le menu doit s'afficher au démarrage.

- (Optionnel) Enlevez les mots `quiet` et `splash` pour avoir plus d'informations au démarrage.

© Editions ENI - Toute reproduction interdite

Vous obtenez un fichier beaucoup plus court avec le contenu suivant (les UUID changent selon votre configuration) :

```
default       0
timeout       3
color cyan/blue white/blue
title           Ubuntu 9.04, kernel 2.6.28-11-server
uuid            fa2b5bec-2f05-4190-9e47-af3e69e695f6
kernel          /boot/vmlinuz-2.6.28-11-server root=UUID=fa2b5bec-2f05-4190-
9e47-af3e69e695f6 ro quiet
initrd          /boot/initrd.img-2.6.28-11-server
quiet

title           Ubuntu 9.04, kernel 2.6.28-11-server (recovery mode)
uuid            fa2b5bec-2f05-4190-9e47-af3e69e695f6
kernel          /boot/vmlinuz-2.6.28-11-server root=UUID=fa2b5bec-2f05-4190-
9e47-af3e69e695f6 ro single
initrd          /boot/initrd.img-2.6.28-11-server
quiet
```

Redémarrez votre système par la commande `reboot`.

2 Configuration réseau d'un serveur

Normalement Ubuntu détecte le pilote de périphérique Ethernet adéquat. Le système Linux se basant sur un noyau de type modulaire, les composants (modules) s'intègrent en fonction des besoins. Une particularité, sur la Debian comme sur la Ubuntu, la configuration réseau diffère des autres distributions Linux.

© Editions ENI - Toute reproduction interdite

2.1 Environnement réseau d'un système Ubuntu

Le module correspondant à votre périphérique carte réseau (nommé `eth0` pour la première) est détecté à l'installation du système et chargé ; voir pour cela le résultat des commandes `dmesg` pour identifier la carte et `lsmod` pour voir le chargement du module :

```
root@srvlan:~# dmesg | grep NIC
[    3.191962] VMware vmxnet virtual NIC driver
root@srvlan:~# dmesg | grep vmxnet
[    3.191962] VMware vmxnet virtual NIC driver
[    3.192160] vmxnet 0000:02:00.0: PCI INT A -> GSI 18 (level, low) -> IRQ 18
[    3.192601] Found vmxnet/PCI at 0x2024, irq 18.
root@srvlan:~# lsmod | grep vmxnet
vmxnet                 23552  0
```

Commandes de vérification de la carte réseau `eth0`

Pour manipuler les modules, le paquet `modconf` fournit le script `/usr/sbin/modconf` qui peut être utilisé pour personnaliser la configuration des modules. Autre outil possible, la commande `modinfo` *`nom_de_module`* qui, comme son nom le précise, donne des informations sur un module.

Pour le reste, je suppose connus les rudiments de l'adressage IP, comme les notions de masque de sous-réseau et de diffusion multiple (`broadcast`). L'adressage IPv6 destiné à remplacer IPv4, ne sera pas vu ici en raison de sa (trop) tardive prise en compte par les acteurs du monde informatique.

2.1.1 Principaux fichiers et scripts

Par défaut, le système Ubuntu (en poste de travail et non comme ici en serveur) utilise le logiciel **Network Manager** pour gérer automatiquement les connexions réseau du système. C'est ce qui rend facile la connexion Wi-Fi d'un poste de travail par exemple.
Pour un serveur, le principe consiste à gérer soit même la configuration réseau dans le fichier `/etc/network/interfaces`.

Fichiers de configuration :

```
# Associations fixes entre adresses IP et noms de machines
/etc/hosts
# Spécifications du domaine et serveur DNS
/etc/resolv.conf
# Configuration des cartes réseau
/etc/network/interfaces
```


© Editions ENI - Toute reproduction interdite

Scripts de démarrage et commandes :

```
# Script d'attribution des paramètres réseau
/etc/init.d/networking
# Commande servant à déterminer les routes statiques du réseau
/sbin/route
# Commande modifiant ou affichant la configuration réseau
/sbin/ifconfig
```

2.2 Le routage sous Ubuntu

Les machines de votre réseau ont besoin de "parler" avec des ordinateurs situés sur d'autres réseaux et évidemment le réseau des réseaux : Internet. Comme pour la circulation automobile, une route à travers une passerelle (ou porte de sortie) doit être définie. Ceci se réalise et se contrôle avec une **table de routage**, définie de deux façons :

- soit **statique** et gérée par l'administrateur dans le cas d'un nombre réduit de passerelles ;
- soit **dynamique**, construite par des protocoles de routage dans les autres cas.

On réserve la pratique de tables de routage statiques pour les machines d'un réseau et de protocoles de routage, donc de tables dynamiques pour les passerelles (voire une combinaison des deux). Tout système Linux dispose d'une table de routage minimale. Pour consulter celle-ci, on utilise soit la commande `netstat -rn`, soit la commande `route`.

2.2.1 Route par défaut et route statique

Dans le cas classique d'un réseau où l'une des machines fait fonction de routeur (ou alors d'un équipement de type commutateur/routeur) pour l'accès Internet, vous devez configurer une route statique par défaut pour les accès externes. Rappel : le routeur sera dans ce cas aussi appelé passerelle. L'ajout de la route par défaut se fait par la commande `route`.

Exemple :

```
[root]# route add default gw 192.168.254.2
```

Ce qui ajoute la ligne suivante dans la table de routage :

```
default 192.168.254.2 0.0.0.0 UG 0 0 0 eth0
```

© Editions ENI - Toute reproduction interdite

Cette route par défaut s'ajoute aussi par la ligne gateway et sa valeur dans le fichier `/etc/network/interfaces`. Ensuite, une route statique se crée par :

```
[root]# route add -net reseau_dest netmask masque_reseau gw passerelle
dev interface
```

Soit pour une route statique vers le réseau 192.168.0.0 avec un masque de 255.255.255.0 et une passerelle en 192.168.0.1 :

```
[root]# route add -net 192.168.0.0 netmask 255.255.255.0 gw 192.168.0.1
dev eth0
```

La suppression d'une route s'effectue par l'emploi de l'option `del` suivie du réseau de destination. Attention : pour modifier une route, il faut d'abord la supprimer et ensuite la créer à nouveau.

2.2.2 La translation d'adresses IP par le NAT

L'acronyme NAT se forge à partir des initiales de *Network Address Translation*, ou "Traduction d'Adresse Réseau". Fondamentalement, NAT modifie les adresses IP dans l'en-tête d'un datagramme IP effectuée par un routeur. Dans notre exemple de réseau d'entreprise, on parlera "d'IP Masquerading" ou NAT dynamique. Il s'agit en réalité de PAT (*Port Address Translation*) plus que d'une simple traduction des adresses IP. En fait, le routeur remplace aussi le port TCP/UDP source par un nouveau qu'il choisit lui-même. Ainsi, puisque c'est lui qui les choisit, il n'en choisira pas deux identiques, et pourra identifier chacune des connexions. Il garde ces informations dans une table NAT de façon à effectuer la correspondance pour le retour. Vous verrez dans un autre chapitre la technique du *port forwarding*.

2.2.3 Pourquoi le NAT ?

Parce qu'il offre deux avantages certains : il masque les adresses IP vis-à-vis de l'extérieur pour la sécurité et il permet de s'affranchir de la gestion des tables de routage, le NAT s'en occupant à notre place. Le serveur DNS sur le réseau n'aura (et ne connaîtra) que l'adresse IP du routeur de votre réseau. Ce dernier se chargera de la transmission des trames IP sur son réseau interne.

© Editions ENI - Toute reproduction interdite

2.3 Ajouter une interface réseau au serveur

Vous allez modifier la configuration réseau de votre serveur SRVLAN en ajoutant une nouvelle carte réseau à la machine et la fonctionnalité de routeur/NAT. Actuellement la configuration réseau de SRVLAN montrée par la commande `ifconfig` donne quelque chose comme cela :

```
root@srvlan:~# ifconfig
^[[5~eth0      Link encap:Ethernet  HWaddr 00:0c:29:27:4b:55
          inet adr:192.168.254.129  Bcast:192.168.254.255  Masque:255.255.255.0
          adr inet6: fe80::20c:29ff:fe27:4b55/64 Scope:Lien
          UP BROADCAST RUNNING MULTICAST  MTU:1500  Metric:1
          Packets reçus:53 erreurs:0 :0 overruns:0 frame:0
          TX packets:22 errors:0 dropped:0 overruns:0 carrier:0
          collisions:0 lg file transmission:1000
          Octets reçus:7180 (7.1 KB) Octets transmis:2884 (2.8 KB)
          Interruption:18 Adresse de base:0x2024

lo        Link encap:Boucle locale
          inet adr:127.0.0.1 `Masque:255.0.0.0
          adr inet6: ::1/128 Scope:Hôte
          UP LOOPBACK RUNNING  MTU:16436  Metric:1
          Packets reçus:0 erreurs:0 :0 overruns:0 frame:0
          TX packets:0 errors:0 dropped:0 overruns:0 carrier:0
          collisions:0 lg file transmission:0
          Octets reçus:0 (0.0 B) Octets transmis:0 (0.0 B)
```

Configuration IP du serveur SRVLAN

L'IP indique 192.168.254.129 ce qui correspond au réseau NAT par DHCP Vmware de ***ma configuration***. Elle change pour vous bien évidemment : soit avec un DHCP différent en cas de réseau physique, soit un choix de réseau NAT lui aussi différent.

2.3.1 Configuration réseau du serveur SRVLAN

Il existe deux méthodes pour configurer l'interface réseau : la modification des fichiers de configuration ou la commande `ifconfig`. Cette dernière présente l'inconvénient d'être remise en cause à chaque redémarrage, aussi vous ne verrez que la première. Dans notre modèle, la configuration réseau de l'interface `eth0` dépend de deux facteurs :

- soit vous êtes dans la situation d'un réseau physique, auquel cas cette configuration c'est-à-dire l'adresse IP de l'interface, de la passerelle et du DNS dépend de votre routeur personnel pour l'accès vers l'extérieur ; **vous pouvez alors passer directement à l'ajout de la carte `eth1`**.
- soit vous êtes dans la situation d'un réseau virtuel avec VMware Server, auquel cas le mieux est de suivre la configuration donnée par votre NAT mais par une adresse fixe.

© Editions ENI - Toute reproduction interdite

2.3.2 Modification de la carte eth0

Mon adresse IP s'appuie sur le réseau 192.168.254.0. Comme vmnet8 du système hôte dispose de l'adresse 192.168.254.2 et celle du système hôte 192.168.254.1, le mieux est de fixer l'adresse de SRVLAN à **192.168.254.3**. Adaptez votre adresse en fonction de votre réseau (exemple : si vous avez 192.168.45.0, cela donnera 192.168.45.3 pour SRVLAN). Soyez impérativement en adresse de classe C (commençant par 192) pour votre NAT. Au besoin changez-en en lançant le programme vmnetcfg.exe dans **Programmes Files - VMware - VMware Server**. Une fois lancé : onglet **Host Virtual Network Mapping**, ligne **VMnet8**, bouton >, ligne **Subnet**.

- Changez la configuration du fichier /etc/network/interfaces pour l'interface eth0 (garder les deux lignes ayant trait à l'interface de la boucle locale dite « lo ») qui montre une configuration en DHCP et que vous allez passer en statique :

```
auto eth0
iface eth0 inet static
   address 192.168.254.3
   netmask 255.255.255.0
   network 192.168.254.0
   broadcast 192.168.254.255
   gateway 192.168.254.2
```

- Relancez le service réseau par /etc/init.d/networking restart.

Rappel : si vraiment l'éditeur VIM vous insupporte, utilisez nano (aptitude install nano) plus simple d'utilisation avec nano *nom_de_fichier* pour l'édition d'un fichier existant. Je réitère quand même "mon obligation morale" d'utiliser VIM...

2.3.3 Ajout de la carte eth1

Cas de la situation d'un réseau physique :

- Installez (si cela n'a pas été fait) l'autre carte réseau eth1. Ensuite allez directement au point : **Configuration de la carte eth1**.

Cas de la situation d'un réseau virtuel :

Vous allez ajouter, non seulement le réseau pour eth1 mais aussi celles dont vous aurez besoin pour l'ensemble du réseau (comme ça, il ne sera pas nécessaire de refaire cette manipulation).

© Editions ENI - Toute reproduction interdite

- Éteignez la ou les machines virtuelles en fonctionnement.

- Lancez l'éditeur de réseau VMware par **Programmes - VMware - VMware Server - Manage Virtual Networks** (ou au choix lancement de **vmnetcfg.exe** dans **C:\Program Files\VMware\VMware Server**), onglet **Host Virtual Adapters**, bouton **Add**.

- Ajoutez **VMnet2**, **VMnet3** et **VMnet4** et cliquez sur le bouton **Appliquer** (cela prend un certain temps...).

- Au niveau de l'onglet **Host Virtual Network Mapping**, indiquez les différents réseaux (subnet) à l'aide du bouton **>** :
  - 192.168.2.0 pour `vmnet2` ;
  - 192.168.3.0 pour `vmnet3` ;
  - 192.168.4.0 pour `vmnet4`.

- Cliquez sur le bouton **Appliquer**.

Cette manipulation a eu pour effet de créer trois nouvelles interfaces réseau sur le système hôte.

- Au niveau de l'onglet **DHCP**, cliquez sur le bouton **Remove** pour chaque sélection de ces trois réseaux et à la fin, cliquez sur le bouton **Appliquer**.

Explication : il ne faut pas de service DHCP venant de VMware pour ces trois réseaux.

- Cliquez sur le bouton **Ok**.

- Revenez sur la ligne de votre machine hôte dans le bloc **Inventory** de la console d'administration et cliquez sur le lien **Refresh Network List** dans le bloc **Commands**.

Vous disposez maintenant de vos trois nouvelles interfaces dans le bloc **Networks**. Une dernière chose concernant ces trois interfaces : techniquement chaque machine virtuelle branchée dessus sera en communication avec le système hôte via l'interface ajoutée par VMware. Pour isoler nos différentes machines, il faut les désactiver sur le système hôte.

- Ouvrez **Paramètres - Panneau de configuration - Connexions Réseau** ; faites un clic droit sur chaque interface **VMnet2**, **VMnet3**, **VMnet4** et désactivez-les.

- À partir de l'écran de la machine virtuelle SRVLAN dans la console d'administration, cliquez sur le lien **Add Hardware** dans le bloc **Commands**.

- Choisissez **Network Adapter** avec **VMnet4** comme type de connexion, puis cliquez sur le bouton **Finish**.

© Editions ENI - Toute reproduction interdite

Votre nouvelle interface apparaît dans l'inventaire du matériel ; démarrez à nouveau le serveur. La carte sera en **eth1** et sur le réseau 192.168.4.0 en liaison plus tard avec le client.

Si vous déplacez ou copiez une machine virtuelle Ubuntu, effacez le contenu du fichier `/etc/udev/rules.d/70-persistent-net.rules`. Il garde les associations entre les interfaces réseau et l'adresse MAC ce qui pose problème dans une autre configuration matérielle.

2.3.4 Configuration de la carte eth1

- Ajoutez à la configuration du fichier `/etc/network/interfaces` la nouvelle interface `eth1` :

```
auto eth1
iface eth1 inet static
   address 192.168.4.254
   netmask 255.255.255.0
   network 192.168.4.0
   broadcast 192.168.4.255
```

- Vérifiez la configuration du fichier `/etc/resolv.conf` qui contient la ou les adresses des serveurs DNS :

```
# le domaine sur lequel on est, cette ligne peut être supprimée
# elle ne sert qu'en cas d'absence de nom pleinement qualifié
# (FQDN) dans une commande ; le système ajoutant automatiquement
# le domaine à droite de la commande search (faux ami donc)
domain localdomain
search localdomain
# classiquement le ou les DNS du fournisseur d'accès
# rappel : configuration dans une situation VMmware
# vous changez par la vôtre en cas d'un serveur physique
nameserver 192.168.254.2
```

- Relancez le script de gestion du service `/etc/init.d/networking` :

```
[root]# /etc/init.d/networking restart
```


© Editions ENI - Toute reproduction interdite

Ce qui aura pour effet d'arrêter puis de redémarrer le service réseau avec votre nouvelle configuration. On peut évidemment exécuter d'abord un `stop` puis un `start`. Vous avez aussi la possibilité d'utiliser la commande `service`, par exemple : `service networking restart`. Cela permet de démarrer, stopper ou redémarrer un service sans faire référence à l'emplacement de son script. Par contre, vous devez connaître la syntaxe exacte du nom du service, la complétion (remplissage automatique du nom par la touche tabulation) ne fonctionnant pas à l'inverse de la première commande.

Nous utiliserons dans l'ouvrage uniquement les scripts de gestion des services situés dans le répertoire `/etc/init.d`.

Vérifiez la bonne configuration réseau de votre machine par la commande `ifconfig`.

Cette commande sert surtout à donner des informations sur la configuration de l'interface réseau. Un `ifconfig eth0` donnera uniquement la configuration de l'interface demandée alors qu'un simple `ifconfig` donnera la configuration de toutes les interfaces (boucle locale comprise). On peut aussi l'utiliser pour changer de manière ponctuelle la configuration d'une interface réseau mais celle-ci sera réinitialisée au prochain redémarrage de la machine.

En cas de problème vous pouvez utiliser une commande (à installer avant par `aptitude install ethtool`, il existe aussi l'outil mii-tool moins pratique) vérifiant la bonne connexion (réponse **yes** si elle est détectée) de l'interface réseau `ethtool` *`nom_interface`* :

```
root@srvlan:~# ethtool eth1
Settings for eth1:
        Supported ports: [ TP ]
        Supported link modes:   1000baseT/Full
        Supports auto-negotiation: No
        Advertised link modes:  Not reported
        Advertised auto-negotiation: No
        Speed: 1000Mb/s
        Duplex: Full
        Port: Twisted Pair
        PHYAD: 0
        Transceiver: internal
        Auto-negotiation: off
        Link detected: yes
```

Exemple de commande ethtool

Vérifiez la bonne configuration réseau de votre machine par la commande `ping` *`adresse_IP`* sur ses deux propres interfaces :

```
[root]# ping 192.168.254.3
[root]# ping 192.168.4.254
```

© Editions ENI - Toute reproduction interdite

Cette commande fondamentale sert à envoyer via le protocole ICMP un "ECHO_REQUEST datagram" pour obtenir un "ECHO_RESPONSE" de façon à tester la connexion physique du réseau. Un petit clin d'œil, si vous ajoutez l'option `-c 4` après le ping vous obtenez une sortie à la manière de Windows...

➘ Vérifiez la passerelle par défaut par la commande `route` sans paramètre.

Voici une autre façon moins classique (peut-être un peu compliquée...) de connaître la passerelle par défaut :

```
[root]# netstat -rn | grep UG | awk '{print $8}'
```

Ce qui se traduit par l'utilisation de l'outil `netstat` pour les routes via un "tube" par la commande `grep` sur l'indicateur U (`route is up`) et G (`use Gateway`) et à nouveau par un tube vers l'interpréteur `awk` permettant l'affichage du huitième champ. Résultat de l'affichage : `eth0`.

➘ Vérifiez l'accès à l'Internet par (et dans l'ordre) :

- un `ping` réussi sur la passerelle (192.168.254.2) : vous atteignez votre porte de sortie ;
- un `ping` réussi sur www.google.fr : vous allez sur l'Internet.

2.4 Transformation du serveur SRVLAN en routeur

Transformer un serveur en routeur consiste à faire transiter les paquets arrivant par `eth1` vers `eth0`.

➘ Tapez la commande positionnant un drapeau pour le processus `ip_forward` :

```
[root]# echo 1 > /proc/sys/net/ipv4/ip_forward
```

Le résultat est immédiat mais temporaire, car annulé au redémarrage du système ; il faut le rendre définitif par la modification d'un fichier de configuration : vous pouvez enlever le # de commentaire à la ligne `net.ipv4.ip_forward=1` dans le fichier `/etc/sysctl.conf`.

La plupart des documentations préconisent cette pratique, mais je lui préfère pour « plus de souplesse », le positionnement dans le fichier `/etc/rc.local`. Ubuntu fournit ce fichier pour pouvoir placer des scripts personnels exécutés au démarrage de la machine.

➘ Mettez dans ce fichier la ligne suivante **avant** exit 0 :

```
echo 1 > /proc/sys/net/ipv4/ip_forward
```


© Editions ENI - Toute reproduction interdite

Votre réseau peut communiquer avec l'extérieur... mais pas encore en fait. Il faut aussi paramétrer votre serveur pour faire de la translation d'adresses. Petit aparté : si vous êtes resté avec la commande `sudo`, là vous avez des problèmes... ce qui vous montre par a+b qu'il fallait réinstaller le compte `root`...

2.4.1 Mettre en place la translation d'adresses

NAT fonctionne avec le service `iptables`. Vous retrouverez ce service lors de la configuration du pare-feu.

- Assurez-vous de sa non-installation par :
  `[root]# dpkg-query -W | grep -i iptables.`

Ce qui se traduit par une recherche dans la base via un "tube" par la commande `grep` du paquetage `iptables`. Si le résultat de la commande ne vous retourne rien, il faut installer le paquetage.

```
[root]# aptitude install iptables
```

- Mettez en place l'IP Masquerading par la commande :
  `[root]# iptables -t nat -A POSTROUTING -o eth0 -j MASQUERADE`

Ce qui s'explique par :

`-t nat` pour indiquer l'utilisation de la table NAT.

`-A POSTROUTING` pour ajouter la règle sur les paquets sortant de l'interface.

`-o eth0` pour indiquer l'interface (celle sur l'extérieur).

`-j MASQUERADE` pour indiquer l'échange de l'adresse IP avec celle du serveur.

- Vérifiez la bonne prise en compte de la règle par `[root]# iptables -t nat -L.`

```
root@srvlan:~# iptables -t nat -L
Chain PREROUTING (policy ACCEPT)
target     prot opt source               destination

Chain POSTROUTING (policy ACCEPT)
target     prot opt source               destination
MASQUERADE  all  --  anywhere             anywhere

Chain OUTPUT (policy ACCEPT)
target     prot opt source               destination
```

*Sortie de la commande affichant les règles **iptables***

La ligne `MASQUERADE all` (toutes les sources et destinations) montre que cela est le cas.

© Editions ENI - Toute reproduction interdite

Activer la translation d'adresses (NAT) au démarrage :

- Inscrivez la ligne suivante juste **avant** exit 0 mais **après** la ligne concernant le routage dans le fichier `/etc/rc.local` :
  `/sbin/iptables -t nat -A POSTROUTING -o eth0 -j MASQUERADE`
- Relancez votre système et vérifiez à nouveau l'existence de la règle NAT à l'aide de la commande vue plus haut.

3 Installation de deux systèmes sur un PC

Dans le cadre de l'étude, l'intérêt réside dans l'installation de systèmes clients afin de montrer deux approches différentes, essentiellement pour Windows avec Samba et Linux avec NFS/NIS/LDAP. La deuxième raison est inhérente à l'architecture client/serveur : montrer comment fournir des services réseau à des postes clients.

3.1 Les processus de démarrage et d'arrêt

Concrètement, le processus de démarrage d'un ordinateur basé sur un processeur de type x86 suit les étapes suivantes :

Schéma de démarrage de premier niveau :

1. À l'allumage, le processeur lance le BIOS (*Basic Input/Output System*) à partir de la mémoire morte (ROM).

2. Le BIOS effectue un certain nombre d'opérations liées au système et donne le contrôle au MBR (*Master Boot Record*) situé sur le premier secteur du premier disque dur.

3. Le MBR exécute le chargeur de démarrage LILO ou GRUB pour Linux.

4. Le chargeur de démarrage charge le noyau dans la mémoire.

5. Le noyau donne le contrôle à INIT, "processus parent" de tous les autres.

Il existe deux formes d'INIT, celle nommée System V (qui nous concerne) et celle de BSD. Vous ne verrez que la première.

© Editions ENI - Toute reproduction interdite

Schéma de démarrage de deuxième niveau :

1. INIT exécute le script `/etc/rc.d/rc.sysinit` (`rcS` chez Ubuntu), établit les chemins d'exécution par défaut, initialise le *swap*, vérifie les systèmes de fichiers, etc.

2. INIT utilise le mécanisme Upstart, s'appuyant sur les principes de « jobs » (tâches) situées dans le répertoire `/etc/event.d`. Il exécute alors le script `/etc/event.d/rc-default` pour déterminer le niveau d'exécution et les tâches associées.

3. INIT exécute tous les scripts pour le niveau d'exécution par défaut.

4. INIT exécute `/etc/rc.d/rc.local`.

5. À la fin le programme **`login`** est lancé.

Rappel : vous avez à votre disposition rc.local pour ajouter des commandes à lancer au démarrage du système : lorsque vous avez des scripts d'environnement pour tous les utilisateurs, vous pouvez utiliser le répertoire `/etc/profile.d` (fichier `profile` sous Debian) qui comme son nom l'indique contient les scripts généraux utilisés pour l'environnement du système ; c'est quelquefois préférable aux modifications du `bash_profile` de chaque utilisateur ; les scripts contenus dans chaque niveau `rc`, pointent (car ce sont des liens) vers `init.d` ; la lettre K indique l'argument de démarrage `stop` alors que S indique l'argument `start` (les nombres correspondent à l'ordre d'exécution).

On arrête le système en lançant la commande `init 0`, c'est-à-dire en revenant au niveau zéro, qui est le niveau d'arrêt du système. Il est toutefois préférable d'utiliser d'autres commandes (`init 0` est un peu brutal car il n'avertit pas les utilisateurs connectés).

La commande normale pour arrêter un serveur est `shutdown` (voir le manuel en ligne pour plus de détails) avec par exemple :

```
# pour un arrêt immédiat du système et de la machine
shutdown -h now

# pour un arrêt dans 5 minutes
shutdown +5
```

D'autres commandes sont également possibles :

- `halt` ;
- les touches [Ctrl]+[Alt]+[Suppr] ;
- `reboot` pour un redémarrage.

© Editions ENI - Toute reproduction interdite

3.2 Utilisation du chargeur de démarrage GRUB

Il existe deux chargeurs de démarrage : LILO et GRUB. Proposé par défaut pour la plupart des distributions Linux, nous n'étudierons que le second. GRUB (*GRand Unified Bootloader*) est le chargeur d'OS développé pour Hurd (Debian GNU). Il est capable de démarrer Linux, Hurd, Windows, BeOS, etc. Plus souple et plus puissant que LILO, il a le premier permis l'amorçage des partitions au-delà de la barrière des 1024 cylindres. Il s'utilise maintenant dans presque toutes les distributions Linux.

3.2.1 La notation des partitions par GRUB

La notation des partitions sous GRUB diffère de celles de LILO : `fd0` signifiera le premier périphérique souple (disquette...). GRUB requiert aussi la présence de parenthèses autour des périphériques. Exemples :

```
(hd0,1) : seconde partition principale du premier disque dur
(hd0,4) : première partition étendue du premier disque dur
```

Les partitions étendues commencent à 4. Autre particularité, GRUB ne distingue pas les disques durs SCSI des disques IDE. L'ordre est souvent les disques IDE d'abord puis les SCSI. Attention, si un autre ordre est précisé dans le BIOS, ce dernier sera alors respecté.

Structure du fichier /boot/grub/menu.lst :

Reportez-vous à la section Prise en main de la distribution Ubuntu de ce chapitre pour en voir un exemple. Notez que la modification de ce fichier n'oblige pas à une nouvelle configuration de GRUB par :

```
[root]# /sbin/grub-install /dev/<votre disque>
```

Par contre, ce sera nécessaire en cas de panne dans le MBR. Vous remplacerez évidemment `<votre disque>` par hda ou autre en fonction de votre configuration.

3.2.2 Cas particulier : le mode rescue

Il s'utilise en cas de problème avec le chargeur de démarrage et son utilisation change en fonction de la distribution : sous Ubuntu, à partir du **CD alternate** la ligne à choisir sera `Rescue a broken system` (vous avez plus d'informations sur ce processus dans l'ouvrage sur l'**Administration d'un système Ubuntu**, même auteur et éditeur).

© Editions ENI - Toute reproduction interdite

3.3 Intégration de la machine cliente au réseau

Deuxième étape dans l'agrandissement de votre réseau : l'installation des deux clients. Ils auront le même nom : CLIENT. Et surtout, les installations s'effectueront dans l'ordre suivant : d'abord le système Windows et ensuite Linux ; car si Linux admet qu'il puisse y avoir d'autres systèmes en ce monde, Windows pas du tout...donc il faudra en tenir compte au moment de son installation.

Le chargeur de démarrage GRUB détectera la présence d'un système précédemment installé. La configuration réseau (IP, masque, DNS...) sera la même pour les deux clients, ceci ne posant pas de problème car chaque client est démarré de façon exclusive.

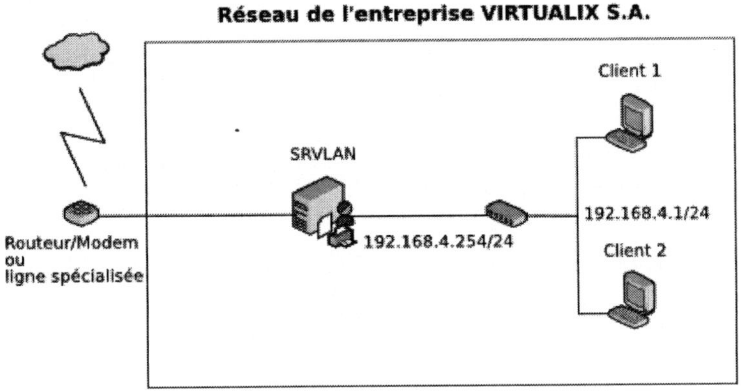

Schéma du réseau VIRTUALIX avec le(s) client(s)

3.3.1 Création de la machine virtuelle (si utilisation VMware Server)

Dans le cas d'utilisation du logiciel VMware, créez une machine virtuelle avec un choix d'OS de type Windows (choix laissé à votre convenance), acceptez la mémoire par défaut (512 Mo maximum, d'où la préférence pour XP Pro au lieu de Vista), une capacité de disque dur de 16 Go (de préférence avec une allocation immédiate du disque dur), une carte réseau sur **VMnet4** et pas de lecteur de disquettes, ni d'USB.

3.3.2 Installation du client Windows (XP professionnel ou Vista)

L'installation du système Windows étant triviale (au sens de banale...), nous ne nous étendrons pas sur le sujet. Spécifiez cependant (en rapport avec notre modèle) les paramètres du réseau ci-dessous :
Adresse IP : 192.168.4.1
Masque de sous-réseau : 255.255.255.0
Passerelle : 192.168.4.254

© Editions ENI - Toute reproduction interdite

DNS : 192.168.254.2 (cas VMware)
Nom de machine : client

L'installation d'un système Windows ne posant (théoriquement) pas de problèmes, je vous laisse le soin d'en définir vous-même les modalités.

Effectuez une installation classique de la station en respectant cependant les points suivants :

- **N'installez pas Windows sur la totalité du disque**. Comme vous êtes en situation de test, vous pouvez créer une partition sur la moitié de votre disque avec un minimum de 8 Go en NTFS (Windows XP PRO, un peu plus pour Windows VISTA) et y installer le système.
- Une fois le système installé, procédez à l'installation des **outils VMware**.

ATTENTION : vous ne pouvez en aucun cas utiliser Windows XP Edition familiale car ce système ne peut en aucun cas joindre un domaine. Le démarrage d'une session Windows dans une machine virtuelle s'effectue par [Ctrl][Alt][Ins].

Dans la console DOS, menus **Démarrer - Exécuter - cmd**, procédez à la vérification de la configuration réseau par la commande `ipconfig /all` :

```
C:\Documents and Settings\max>ipconfig /all

Configuration IP de Windows

        Nom de l'hôte . . . . . . . . . . : client
        Suffixe DNS principal . . . . . . :
        Type de noud . . . . . . . . . . : Inconnu
        Routage IP activé . . . . . . . . : Non
        Proxy WINS activé . . . . . . . . : Non

Carte Ethernet Connexion au réseau local:

        Suffixe DNS propre à la connexion :
        Description . . . . . . . . . . . : VMware Accelerated AMD PCNet Adapter

        Adresse physique . . . . . . . . .: 00-0C-29-BB-3F-C0
        DHCP activé. . . . . . . . . . . : Non
        Adresse IP. . . . . . . . . . . . : 192.168.4.1
        Masque de sous-réseau . . . . . . : 255.255.255.0
        Passerelle par défaut . . . . . . : 192.168.4.254
        Serveurs DNS . . . . . . . . . .  : 192.168.254.2
```

Résultat de la commande ipconfig sur le client Windows

Testez la bonne marche du serveur SRVLAN en effectuant **dans l'ordre** des commandes ping :

- sur l'interface en `VMnet4` de SRVLAN : `ping 192.168.4.254` (vérification de la connexion inter-machines) ;
- sur l'interface en `VMnet8` de SRVLAN : `ping 192.168.254.3` (vérification de la fonction de routage du serveur) ;

© Editions ENI - Toute reproduction interdite

- sur la passerelle `VMware` (ou physique) : `ping 192.168.254.2` (vérification de la fonction NAT du serveur) ;
- sur une adresse Internet n `VMnet4` de SRVLAN : `ping www.google.fr` (vérification de la résolution DNS).

Si l'une des étapes ne fonctionne pas, reprenez les points concernés au niveau de la configuration réseau du serveur.

Procédez ensuite à l'installation des mises à jour, notamment celles concernant les **services pack** et les sécurités.

3.3.3 Installation du client Linux Ubuntu

Le client Linux va recevoir un système **Ubuntu Desktop** plus adapté à la configuration d'un poste de travail. La particularité de cette version d'Ubuntu est qu'elle se présente en système LIVE : vous démarrez sur le CD-Rom et vous avez un système Linux à votre disposition **sans que cela influe sur le système déjà présent** sur le disque dur. Lorsque vous quittez le système Linux en LIVE, vous retrouvez votre machine comme elle était auparavant... Ce type d'outil s'utilise principalement pour tester une configuration, un système, etc. Parallèlement, Ubuntu propose aussi l'installation sur le disque dur via une interface graphique.

Téléchargez et gravez l'image ISO du CD-Rom (ou DVD-Rom) **Ubuntu 9.04 Desktop** (i386) de nom `ubuntu-9.04-desktop-i386.iso` sur le site officiel de la distribution Ubuntu.

ATTENTION : sous VMware, comme il existe déjà un système d'exploitation sur la machine (Windows), vous devez au démarrage de la machine virtuelle appuyer sur [Echap] (**une seule fois**) afin d'accéder au menu de démarrage (`boot`) pour démarrer sur le CD-Rom (ou l'image ISO). Si vous n'y arrivez pas (il faut être très rapide !), démarrez sur Windows et effectuez un redémarrage en maintenant le doigt appuyé sur la touche (ou [F2] pour accéder au BIOS).

Au niveau de la machine cliente après avoir introduit le CD-Rom, validez la langue française pour l'installation.

Choisissez et validez la ligne **Installer Ubuntu**.

Choisissez ensuite les options classiques des trois écrans de configuration régionale :

- Écran **Bienvenue**, ligne **Français** ;
- Écran **Emplacement géographique**, validez la détection (**Europe/Paris**), ne vous préoccupez pas de l'heure pour l'instant ;
- Écran **Disposition du clavier**, validez l'option suggérée (**France - Alternative**).

© Editions ENI - Toute reproduction interdite

Suit maintenant le plus délicat : le partitionnement de l'espace libre pour Ubuntu. L'installeur reconnaît la présence du système Windows et propose plusieurs choix.

- Choisissez l'option **Définir les partitions manuellement (avancé)**.
- Sélectionnez la ligne **espace libre**, bouton **Nouvelle partition** et définissez la partition d'échange (*swap*) en :
  - type de partition : **Primaire** ;
  - taille de la partition : **1024** ;
  - emplacement de la partition : **Début** ;
  - utiliser comme : **espace d'échange (« swap »)**.
- Recommencez avec la ligne **espace libre** avec pour la partition principale :
  - type de partition : **Primaire** ;
  - taille de la partition : **le reste** (dans l'exemple 7567 par défaut) ;
  - emplacement de la partition : **Début** ;
  - utiliser comme : **système de fichiers journalisé ext4** ;
  - point de montage : / **(partition racine)** ;
  - Vous obtenez normalement un écran de ce type :

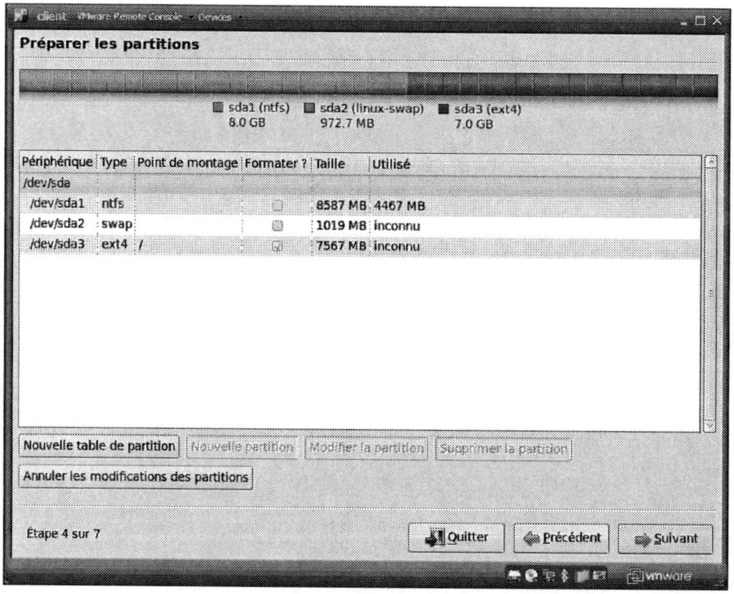

Écran de partitionnement final du client

© Editions ENI - Toute reproduction interdite

- L'écran suivant demande les informations sur l'utilisateur privilégié ainsi que le nom de machine : **client**.

- L'installeur propose ensuite d'importer les éléments du compte utilisateur du système Windows... dans votre cas non nécessaire.

- Pour finir, l'écran **Prêt à installer** termine l'installation ; si vous êtes derrière un serveur mandataire (proxy), vous avez la possibilité d'en indiquer les coordonnées à partir du bouton **Avancé**.

- Redémarrez ensuite le système ; le menu GRUB apparaît au démarrage avec la mention de votre deuxième système d'exploitation ; Windows est dans la section `Other operating systems` :

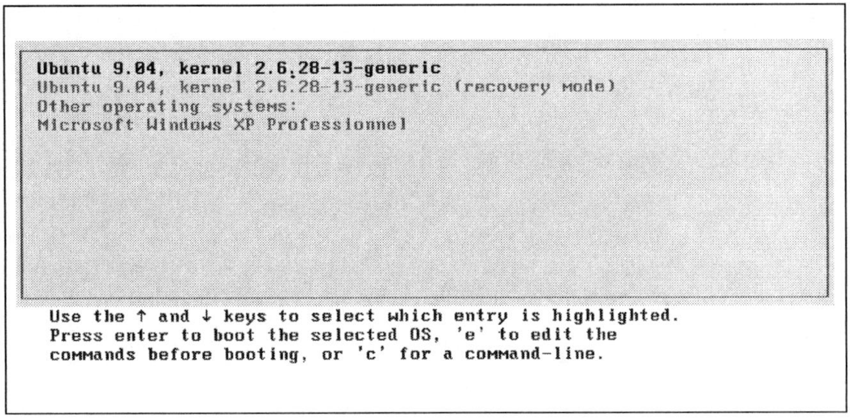

Écran de démarrage du(es) client(s)

- Validez le premier choix : vous êtes sur Ubuntu en version graphique sous Gnome après une demande de login et mot de passe.

Notez que vous vous connecterez toujours sous le nom de votre utilisateur (inutile ici de réactiver le compte `root`).

© Editions ENI - Toute reproduction interdite

- Indiquez à **Network Manager** (en haut à droite) la connexion statique du client par un clic droit sur le symbole en histogramme et une petite croix blanche dans un carré rouge , ligne **Modifications des connexions**, onglet **Filaire**, bouton **Ajouter**, onglet **Paramètres IPv4** :

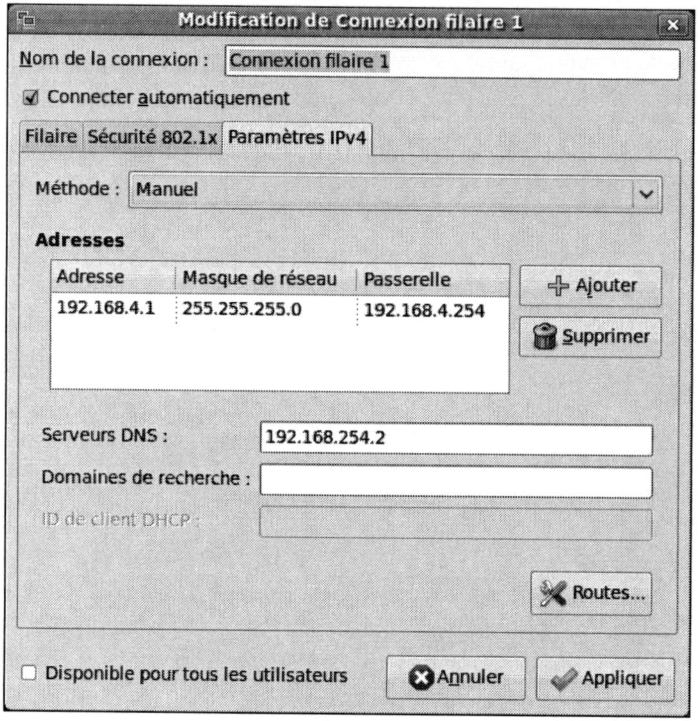

Écran de configuration réseau manuel du client par Network Manager

- Effectuez les mêmes vérifications par la commande `ping` que celle du client sous Windows.

- Procédez aussi aux mêmes améliorations que celle du serveur SRVLAN.

- Vous pouvez par contre enlever plus de services par l'utilitaire `sysvconfig`, comme le montre la liste ci-dessous (surtout si vous êtes sur une machine virtuelle) :

  `acpi-support/acpid/apmd` : utilitaires pour la gestion d'énergie.

  `apport` : gestionnaire pour l'envoi de rapports d'incidents.

  `bluetooth` : non-utile dans notre expérience.

  `hotkey-setup` : gestionnaire de touches particulières de PC portable.

© Editions ENI - Toute reproduction interdite

`laptop-mode` : mode d'économie d'énergie (disque dur) pour PC portable.

`linux-restricted-module-common` : modules de périphériques spécifiques.

`ondemand` : variation de la fréquence du CPU

`pppd-dns` : récupération de la configuration DNS en cas de problème de modem.

`Pulseaudio` : gestionnaire de la carte son.

`rsync` : synchronisation de fichiers.

`saned` : gestionnaire pour l'acquisition d'images par scanner.

`Wpa-ifupdown` : gestionnaire pour l'utilisation d'une liaison Wi-Fi.

3.4 Simulation de pannes au démarrage

Il est possible et ce pour diverses raisons (mauvaise manipulation, panne matérielle, etc.) que votre chargeur de démarrage ne vous permette plus le choix entre les deux systèmes. En aucun cas, vous n'avez à réinstaller Windows et/ou Linux !

3.4.1 Simulation de panne n°1 : plus d'accès à Windows

- Sous Linux Ubuntu, éditez le fichier `/boot/grub/menu.lst`.
- Commentez (mettre un dièse en début de ligne) les lignes à partir de : `title Microsoft` (5 lignes).
- Redémarrez : vous n'avez plus dans le menu GRUB de système Windows.

Réparation :

- Comme vous pouvez toujours lancer votre LINUX, éditez à nouveau le fichier `/boot/grub/menu.lst` et inversez les modifications ou réécrivez entièrement les lignes.

3.4.2 Simulation de panne n°2 : plus d'accès à Linux

Cette simulation de panne est plus délicate car vous allez brutalement supprimer le chargeur de démarrage. À cette fin, vous devez disposer soit de l'utilitaire `fdisk` sous MS-DOS soit du CD-Rom comprenant le système Windows. Dans ce dernier cas, la procédure est quasiment la même : démarrage sur le CD-Rom, choisir l'option de réparation.

© Editions ENI - Toute reproduction interdite

Voici la procédure exacte pour un système Windows XP Pro :

- Au lancement du CD-Rom, choisissez l'option **Réparer ou récupérer une installation de Windows XP** (touche R).
- Vous arrivez sous la console de récupération ou normalement, en ligne 1 (la seule) se situe le système Windows, tapez **1**, validez, entrez le mot de passe de l'administrateur et validez par [Entrée] à nouveau.

```
Console de récupération Microsoft Windows XP(TM).

La console de récupération fournit une réparation du système et des fonctionnali
tés de récupération.

Entrez 'exit' pour quitter l'invite de commandes et redémarrer le système.

1: C:\WINDOWS

Sur quelle installation de Windows XP voulez-vous ouvrir une session
(Appuyez sur ENTREE pour annuler) ?
```

Console de récupération Windows XP

- Tapez la commande `fixmbr` et validez la confirmation.

Cette commande répare le secteur de démarrage principal de la partition de démarrage. Dans votre situation, elle supprime la partie GRUB du Master Boot Record, partant du principe que la seule partition valable pour Windows, c'est la sienne (sans commentaires)...

- Enlevez le CD-Rom de Windows et redémarrez, Ubuntu a disparu, le système démarre directement sur Windows.

Sous Vista, la commande s'intitule `bootrec /fixmbr`. La manipulation présentée peut servir dans le cas simple où vous voudriez supprimer Ubuntu et revenir à Windows seul. Il existe aussi un logiciel gratuit EasyBCD (`neosmart.net`) qui effectue ce type de réparation.

- Insérez cette fois-ci, le CD-Rom Ubuntu Server et choisissez la ligne **Réparer un système endommagé**.
- Répondez aux questions habituelles comme pour une installation jusqu'à l'écran du mode de récupération (sans configuration du réseau).
- Choisissez la partition (et le bon disque) où se situe la partition racine du système Linux ; normalement `/dev/sda1` est pour Windows, `/dev/sda2` la partition swap et celle à choisir est `/dev/sda3`.

© Editions ENI - Toute reproduction interdite

- Enfin, le plus simple est de choisir la réinstallation de GRUB avec (`hd0`) mais vous pouvez exécuter un SHELL (langage de commandes) et lancer directement la réinstallation du chargeur de démarrage avec la commande `grub-install hd0`.

- Redémarrez votre système : Ubuntu est de retour !

4 Installation du service DNS

Base de toutes les reconnaissances de machines, le service DNS se met en place au début afin d'identifier l'ensemble des composants de votre réseau et en faciliter l'accès vers l'extérieur. Il constitue la carte d'identité première de l'entreprise par l'intermédiaire d'Internet. DNS sera identifié et utilisé par les deux clients, indifféremment sous Windows ou sous Linux.

4.1 Compréhension du système DNS

On ne présente plus le système DNS, hiérarchie de base de données distribuées, destiné à décrire les ordinateurs d'un réseau par la **mise en relation d'une adresse IP** avec un nom plus facilement reconnaissable pour un humain. On parlera de traduction d'adresses IP. Paradoxalement, chaque client est appelé un "résolveur" alors qu'il ne résout rien mais *demande* une résolution.

4.1.1 Pourquoi DNS est-il nécessaire ?

L'emploi du simple fichier `/etc/hosts` ne suffit pas pour de grands réseaux et a fortiori pour le réseau des réseaux : Internet. La taille de l'ensemble impose une base répartie de serveurs organisée en structure pyramidale (arbre inversé, la racine se trouvant en haut) pour mémoriser l'ensemble des données.

On nomme serveurs racines (ou "root") les serveurs dits de premier niveau au nombre de 13, s'occupant des domaines importants comme `.com`, `.net`, etc. Chaque serveur (ou **nœud**) à son niveau s'occupant d'une partie de l'arbre de connaissances pour sa zone.

L'utilisation du service DNS constitue la pierre angulaire de l'administration d'un réseau, il permet l'échange d'informations de beaucoup d'autres services. Sa compréhension est fondamentale aussi ne négligez aucune zone d'ombre. Vous pouvez vous appuyer sur les sites suivants :

- le site officiel : http://www.isc.org (en anglais)
- une autre adresse de manuel avec surtout un bon index des différentes clauses http://www.zytrax.com/books/dns/

© Editions ENI - Toute reproduction interdite

- Une auto-formation fournie par l'autorité française AFNIC http://www.afnic.fr/ext/dns/index.html

Vous n'en avez pas fini avec ce service, car un autre chapitre traitera des configurations plus sécurisées.

4.1.2 Le vocabulaire DNS

Le domaine inverse: résolution d'une adresse IP en nom de domaine avec l'ajout d'un domaine spécial `in-addr.arpa` à la fin. Par exemple :

```
Un réseau 10.1.0.0 et de masque 255.255.0.0 aura pour adresse inverse :
1.10.in-addr.arpa.
```

Le masque de classe B est volontairement associé à une adresse de classe A afin de montrer de façon claire que c'est le masque de sous-réseau qui détermine (normalement et en IPv4) l'adresse inverse ; voici l'exemple avec une classique adresse de classe C :

```
Un réseau 192.168.1.0 et de masque 255.255.255.0 aura pour adresse
inverse : 1.168.192.in-addr.arpa
```

La délégation : transfert de responsabilité dans l'administration d'une zone DNS avec autorité pour les serveurs de la zone de la résolution de noms.

Serveur primaire et serveur secondaire : transfert de zones entre serveur maître (primaire) et un autre serveur (secondaire), chacun ayant autorité sur la zone. Vis-à-vis d'un client, l'un ou l'autre répond en fonction de la vitesse du réseau.

Le cache : un serveur utilisant DNS construit sa propre base de données avec les noms résolus. On peut cantonner un serveur uniquement à ce rôle ou à l'inverse l'affranchir complètement dans le cas où celui-ci n'est pas connecté à l'Internet, ou pour d'autres raisons évoquées dans l'activité.

Serveur de type autoritaire : représente officiellement une zone :

- *maître*, serveur principal de conservation des données d'une zone ;
- *esclave*, serveur secondaire copiant ses données à partir du maître ;
- *stub*, idem esclave mais copie uniquement les données du serveur et non les données de l'hôte ;
- *distribution*, serveur visible uniquement à l'intérieur d'un domaine.

© Editions ENI - Toute reproduction interdite

Serveur de type non autoritaire : répond aux requêtes à partir du cache, informations non certaines :

- *de cache*, conserve dans un cache les données des requêtes précédentes ; on parle de cache seul, un serveur de type autoritaire étant également serveur de cache ;
- *transmetteur*, effectue des requêtes pour plusieurs clients.

Serveur de type récursif : effectue des requêtes au nom du client jusqu'à la réponse ou l'erreur.

Serveur de type non récursif : renvoie à un autre serveur les requêtes sans réponse.

Les serveurs DNS sous BIND 9 sont généralement récursifs. Vous ne verrez ici que les serveurs maîtres et esclaves et vous transformerez votre serveur DNS principal en non récursif lorsque vous aborderez le mécanisme des vues.

4.1.3 Avant l'installation du service

Rappel : on se passe de DNS en utilisant le fichier `/etc/hosts` de chaque machine. Dans ce cas il faut renseigner la correspondance entre l'adresse IP et le nom de la machine manuellement. Même Windows possède le fichier hosts... Pour Windows XP, il se trouve dans le répertoire `C:\WINDWOWS\system32\drivers\etc`. Sous Linux, il faut de toute façon mettre deux lignes dans le fichier `/etc/hosts` lorsque l'on implante un service DNS :

- la résolution de la zone locale : elle doit déjà y être et il ne faut surtout pas l'enlever !
- la propre résolution de la machine dans le domaine DNS d'appartenance ; optionnel pour un client, fortement conseillé pour un serveur.

Exemple pour un serveur DNS de nom `ubuntu`, de zone `testdns` et d'IP 192.168.1.1 :

```
# Fichier /etc/hosts sur le serveur
127.0.0.1 localhost.localdomain localhost
192.168.1.1 ubuntu.testdns ubuntu
```

Ceci consiste à faire résoudre le nom de la machine par elle-même : en résumé, **elle doit connaître son couple IP/nom !** Dans le cas d'un client qui obtient son adresse IP par DHCP, le serveur donne classiquement au client ce genre de renseignement.

D'autres lignes concernant IPv6 sont présentes mais n'en tenez pas compte pour l'instant.

© Editions ENI - Toute reproduction interdite

4.1.4 Fichiers, structure et contenus

Sur Ubuntu vous utiliserez les fichiers suivants :

- le fichier `/etc/hosts` que l'on vient de voir ;
- le fichier `/etc/resolv.conf` qui indique le domaine à rechercher et le serveur associé ;
- le fichier `/etc/host.conf` qui fixe l'ordre de recherche entre `hosts` ou `bind` ;
- le fichier `/etc/hostname` qui contient le nom de la machine ;
- le répertoire `/etc/bind/` qui contient la configuration générale du serveur DNS avec les fichiers associés ;
- les fichiers enregistrements de ressources pour les zones dans `/var/cache/bind/`.

Ces derniers ont une structure et un rôle. Vous devez déjà connaître cette structure ainsi que les principaux types d'enregistrements (SOA, NS, etc.) ; dans le cas contraire, reportez-vous à une documentation sur le service DNS.

4.2 Installation du DNS

Vous allez mettre en place un service DNS sur le serveur SRVLAN. Il fournira le service DNS principal d'une zone nommée `virtualix.local` car au début votre entreprise ne dispose pas de son nom de domaine propre. L'extension `.local` ne portera pas à confusion vis-à-vis des serveurs DNS racines.

Ce service DNS se substituera au DNS externe que vous aviez utilisé par VMware ou par une configuration personnelle.

4.2.1 Installation du paquetage et fichier de configuration générale

➘ Installez le paquetage DNS ou BIND sous Ubuntu et ses dépendances par `aptitude` :

```
[root]# aptitude install bind9
```

Le service DNS démarre automatiquement à la fin de l'installation et d'après une configuration de base située dans les fichiers :

- `/etc/bind/named.conf` : fichier général (incluant les deux fichiers suivants).

  Ce fichier contient quatre zones particulières faisant référence à la zone de la boucle locale suivant la spécification RFC 1912 et dont l'utilité est de traiter les requêtes accidentelles (ou usurpées) pour le broadcast ou les adresses locales. Il contient également le fichier des serveurs racines (`db.root`) car n'oubliez pas que le service s'intègre dans une hiérarchie.

© Editions ENI - Toute reproduction interdite

- /etc/bind/named.conf.options : fichier contenant les options de BIND9.
- /etc/bind/named.conf.local : fichier contenant votre zone (vide pour l'instant).

Je vous conseille fortement de sauvegarder ces trois fichiers afin de pallier toute mauvaise manipulation :

```
[root]# cd /etc/bind/
[root]# cp named.conf named.conf.sauv
[root]# cp named.conf.options named.conf.options.sauv
[root]# cp named.conf.local named.conf.local.sauv
```

Remplissez le fichier /etc/bind/named.conf.local avec vos zones :

Fichier /etc/bind/named.conf.local

```
// Les zones
zone "virtualix.local" IN {
    type master;
    file "db.virtualix.local";
    allow-update { none; };
};

zone "4.168.192.in-addr.arpa" IN {
    type master;
    file "rev.virtualix.local";
    allow-update { none; };
};
```

Explications

- L'emplacement de tous les fichiers de zones se détermine à partir du répertoire de référence donné comme option : /var/cache/bind, avec la directive directory dans le fichier named.conf.options.
- Pour information et par défaut sous BIND9, la directive auth-nxdomain à yes dans le fichier named.conf.options ne s'utilise qu'avec de vieux clients (directive supplémentaire has-old-clients).
- BIND9 utilise rndc pour pouvoir administrer en ligne de commande le démon bind9 à partir du serveur lui-même ou d'un hôte distant. Cet outil se base sur une clé secrète partagée et accordant des privilèges aux hôtes (ici en local par controls). Vous la retrouverez plus tard dans le chapitre orienté sur la sécurité.

© Editions ENI - Toute reproduction interdite

- L'instruction `allow-update { none; }` n'autorise pas de mise à jour dynamique du DNS par d'autres machines.

4.2.2 Construction des fichiers de zones

Vous trouverez dans les fichiers ci-dessous une référence à l'arobase soit `@`. Ce symbole indique un raccourci pour désigner le nom de la zone actuelle spécifié dans l'instruction `zone` du fichier `/etc/bind/named.conf`. Pour plus d'explications sur les informations portées, reportez-vous à une documentation spécifique au DNS. Il serait trop long (et pas en rapport avec le but de l'activité) d'expliquer tous les arcanes du DNS.

Créez le fichier pour la zone directe pour vos machines :

Fichier `/var/cache/bind/db.virtualix.local`

```
; Fichier pour la résolution directe
$TTL 86400
@  IN  SOA srvlan.virtualix.local. root.virtualix.local. (
    2009060101
    1w
    1d
    4w
    1w )
@    IN NS srvlan.virtualix.local.
srvlan  IN A 192.168.4.254
client  IN A 192.168.4.1
```

Créez ensuite le fichier pour la zone inverse :

Fichier `/var/cache/bind/rev.virtualix.local`

```
; Fichier pour la résolution inverse
$TTL 86400
@    IN SOA srvlan.virtualix.local. root.virtualix.local. (
    2009060101
    1w
    1d
    4w
    1w )
@    IN NS    srvlan.virtualix.local.
254    IN PTR  srvlan.virtualix.local.
1     IN PTR  client.virtualix.local.
```


© Editions ENI - Toute reproduction interdite

Notez que le numéro de série se compose de la date du jour du fichier lors de la rédaction de ces lignes, à "l'envers" et accolée à un numéro d'index de départ. Ce numéro d'index sert pour les échanges avec un serveur secondaire.

- Attribuez (**vérifiez aussi la même appartenance du groupe pour le répertoire**) ces deux fichiers de zones au groupe `bind` afin de les rendre accessibles au démon par :
```
[root]# chgrp bind /var/cache/bind/*
[root]# chmod 664 /var/cache/bind/*
```

4.2.3 Démarrage et tests du service

- Vérifiez le fichier `/etc/hosts` qui ne doit contenir (laissez en plus les lignes pour IPv6) que la référence à la boucle locale et le nom de l'hôte pleinement qualifié (ou FQDN pour *Fully Qualified Domain Name*) pour le serveur :

```
127.0.0.1        localhost.localdomain    localhost
192.168.4.254    srvlan.virtualix.local   srvlan
```

- Modifiez le fichier `/etc/resolv.conf` pour qu'il contienne les lignes suivantes :

```
domain virtualix.local
search virtualix.local
nameserver 192.168.4.254
```

Rappel : la directive `domain` fixe le domaine courant, `search` fait ajouter le domaine `virtualix.local` par défaut aux demandes avec un nom d'hôte non entièrement qualifié. Ensuite votre serveur DNS sera interrogé.

- Lancez l'utilitaire de vérification `named-checkconf` (si c'est bon il ne retourne rien) qui vérifie par défaut le fichier `/etc/bind/named.conf`.

- Lancez le deuxième utilitaire de vérification `named-checkzone` sur vos fichiers de zone, exemple :

```
[root]# cd /var/cache/bind/
[root]# named-checkzone -d virtualix.local db.virtualix.local
```

© Editions ENI - Toute reproduction interdite

Cette commande retourne normalement :

```
........
loading "virtualix.local" from "db.virtualix.local" class IN
zone virtualix.local/IN: loaded serial 2009060101
OK
```

- Ouvrez sur une autre console par la combinaison [Alt] [F2], connectez-vous en tant que `root` et lancez la commande permettant de voir en temps réel le fichier de logs général :
  `[root]# tail -f /var/log/syslog`

- Revenez sur la première console cette fois par [Alt] [F1] et relancez (vérifiez par `sysvconfig` son démarrage automatique au démarrage du serveur) le service `bind9` par :
  `[root]# /etc/init.d/bind9 restart`

Déjà vous devez voir sur la deuxième console si le service a démarré (`Stopping` puis `Starting domain name service`) ou s'il indique des erreurs : examiner dans ce cas les lignes incriminées (on oublie souvent les points...). Autre possibilité : voir sur la deuxième console les lignes concernant le service BIND9 et notamment celle contenant le mot-clé `running`, mais ce n'est pas forcément un gage de réussite...

```
Jun  1 18:30:43 srvlan named[6949]: automatic empty zone: 254.169.IN-ADDR.ARPA
Jun  1 18:30:43 srvlan named[6949]: automatic empty zone: 2.0.192.IN-ADDR.ARPA
Jun  1 18:30:43 srvlan named[6949]: automatic empty zone: 255.255.255.255.IN-ADD
R.ARPA
Jun  1 18:30:43 srvlan named[6949]: automatic empty zone: 0.0.0.0.0.0.0.0.0.0.0.
0.0.0.0.0.0.0.0.0.0.0.0.0.0.0.0.0.0.0.0.0.IP6.ARPA
Jun  1 18:30:43 srvlan named[6949]: automatic empty zone: 1.0.0.0.0.0.0.0.0.0.0.
0.0.0.0.0.0.0.0.0.0.0.0.0.0.0.0.0.0.0.0.0.IP6.ARPA
Jun  1 18:30:43 srvlan named[6949]: automatic empty zone: D.F.IP6.ARPA
Jun  1 18:30:43 srvlan named[6949]: automatic empty zone: 8.E.F.IP6.ARPA
Jun  1 18:30:43 srvlan named[6949]: automatic empty zone: 9.E.F.IP6.ARPA
Jun  1 18:30:43 srvlan named[6949]: automatic empty zone: A.E.F.IP6.ARPA
Jun  1 18:30:43 srvlan named[6949]: automatic empty zone: B.E.F.IP6.ARPA
Jun  1 18:30:43 srvlan named[6949]: command channel listening on 127.0.0.1#953
Jun  1 18:30:43 srvlan named[6949]: command channel listening on ::1#953
Jun  1 18:30:43 srvlan named[6949]: zone 0.in-addr.arpa/IN: loaded serial 1
Jun  1 18:30:43 srvlan named[6949]: zone 127.in-addr.arpa/IN: loaded serial 1
Jun  1 18:30:43 srvlan named[6949]: zone 4.168.192.in-addr.arpa/IN: loaded seria
l 2009060101
Jun  1 18:30:43 srvlan named[6949]: zone 255.in-addr.arpa/IN: loaded serial 1
Jun  1 18:30:43 srvlan named[6949]: zone virtualix.local/IN: loaded serial 20090
60101
Jun  1 18:30:43 srvlan named[6949]: zone localhost/IN: loaded serial 2
Jun  1 18:30:43 srvlan named[6949]: running
```

Sortie des messages de logs pour le service bind9

© Editions ENI - Toute reproduction interdite

4.2.4 Vérification plus approfondie

Un bon administrateur ouvre toujours une deuxième console afin d'y surveiller les journaux de logs, donc gardez la numéro deux ouverte. Sur le serveur vous allez utiliser deux outils de vérification du service DNS : `host` et `dig`. Ces deux outils s'installent par le paquetage logiciel `dnsutils`. Pour les "Linuxiens" avertis, nous avons volontairement passé sous silence l'outil `nslookup`, plus ancien et moins souple que `dig (domain information groper)`. Ce choix peut ne pas être le vôtre...

Tapez les commandes :

```
[root]# aptitude install dnsutils
[root]# host -v srvlan.virtualix.local
```

La sortie écran est assez longue : elle doit vous montrer les différentes questions (QUESTION SECTION) au service DNS et les bonnes réponses pour les enregistrements conformes à vos fichiers de configuration.

Tapez la commande `[root]# dig SOA virtualix.local.`

```
; <<>> DiG 9.5.1-P2 <<>> SOA virtualix.local
;; global options:  printcmd
;; Got answer:
;; ->>HEADER<<- opcode: QUERY, status: NOERROR, id: 37
;; flags: qr aa rd ra; QUERY: 1, ANSWER: 1, AUTHORITY: 1, ADDITIONAL: 1

;; QUESTION SECTION:
;virtualix.local.               IN      SOA

;; ANSWER SECTION:
virtualix.local.        86400   IN      SOA     srvlan.virtualix.local. root.vir
tualix.local. 2009060101 604800 86400 2419200 604800

;; AUTHORITY SECTION:
virtualix.local.        86400   IN      NS      srvlan.virtualix.local.

;; ADDITIONAL SECTION:
srvlan.virtualix.local. 86400   IN      A       192.168.4.254

;; Query time: 9 msec
;; SERVER: 192.168.4.254#53(192.168.4.254)
;; WHEN: Mon Jun  1 18:43:12 2009
;; MSG SIZE  rcvd: 111
```

Affichage de la commande dig

© Editions ENI - Toute reproduction interdite

Vérifiez enfin la résolution DNS interne et externe avec :

- votre zone par un `ping` sur `srvlan.virtualix.local` ;
- votre client par un `ping` sur `client.virtualix.local` (pensez à **désactiver le pare-feu** sur le client Windows !) ;
- l'extérieur par un `ping` sur www.google.fr par exemple.

Que faire en cas d'erreur ?

L'erreur la plus fréquente est que vous n'arrivez pas à contacter le serveur DNS pour une raison X, dans ce cas le message de retour peut être :

```
;;connection time out; no servers could be reached
```

Pas de panique ! Il est rare de réussir une configuration DNS du premier coup... Dans ce cas, reprenez depuis le début l'activité en contrôlant plus soigneusement la présence, les noms et les droits des fichiers de configuration. Neuf fois sur dix le problème se situe au niveau de la syntaxe des fichiers : un point-virgule manquant, etc.

4.2.5 S'appuyer sur un DNS externe

Votre DNS fonctionne mais vous allez le rendre plus performant. Actuellement, il s'occupe des résolutions de la zone `virtualix.local` mais aussi des résolutions externes pour les machines de votre réseau et construit donc son cache. Notez que pour tout ce qui concerne les demandes de résolutions externes (par le biais de la récursivité comme par exemple `google.fr`), la tâche est dévolue aux serveurs racines (fichier `/etc/bind/db.root`) ce qui n'est pas a priori leur travail... De façon à réduire la charge de travail de votre DNS (et surtout des autres), vous pouvez faire en sorte que cette seconde tâche soit dévolue au serveur DNS "au-dessus de lui".

Commentez les lignes ayant trait aux serveurs racines dans le fichier `/etc/bind/named.conf` de façon à ce qu'il ne puisse plus les "importuner" :

```
// Référence aux serveurs racines
//zone "." {
//  type hint;
//  file "/etc/binc/db.root";
//};
```


© Editions ENI - Toute reproduction interdite

Modifiez les lignes suivantes dans le fichier /etc/bind/named.conf.options :

```
options {
        directory "/var/cache/bind";
        forward only;
        forwarders { 192.168.254.2; };
        auth-nxdomain no;
        allow-recursion { localnets; };
listen-on-v6 { any; }
};
```

Ceci demande quelques explications :

- La résolution d'une adresse extérieure pour le serveur et pour les clients s'effectue à l'aide des instructions `forward` et `forwarders` (le serveur DNS de VMware ou celui d'un réseau physique).
- L'instruction `forward only` construit son cache et envoie ses requêtes en premier à un transmetteur désigné par l'instruction `forwarders`. De cette façon, toutes les requêtes ne concernant pas votre zone seront dirigées obligatoirement vers l'extérieur et cela permet de ne pas surcharger le serveur (il est aussi possible d'indiquer `forward first`).
- On autorise la possibilité de récursivité uniquement pour les réseaux locaux (interfaces du serveur) par l'instruction `allow-recursion`.

Positionnez à `no` pour l'utilisation de `resolvconf` (paquet logiciel chargé de gérer les multiples serveurs DNS) dans le fichier /etc/default/bind9 :
`RESOLVCONF=no`

Relancez les services réseau et DNS et testez à nouveau une résolution externe à partir du serveur SRVLAN, la résolution devrait être plus rapide...

4.3 Tests à partir des clients

Client Windows

Démarrez le client Windows et changez le DNS dans la connexion au réseau local par 192.168.4.254, soit l'adresse de la passerelle et maintenant serveur DNS pour le réseau local.

Entrez un `ipconfig /all` dans une console DOS (menu **Démarrer**, ligne **Exécuter**, tapez **cmd**) pour vérifier.

© Editions ENI - Toute reproduction interdite

- Toujours dans la console vous pouvez saisir : `nslookup virtualix.local`, ce qui vous retourne le nom du serveur qui vous a répondu, c'est-à-dire **srvlan** (sous Windows on utilise `nslookup...`).

- Dans une console DOS, faites un `ping` sur `srvlan.virtualix.local`.

- Lancez Internet Explorer et vérifiez la possibilité d'aller sur Internet.

Client Ubuntu

- Démarrez le client Ubuntu et changez de la même façon le DNS dans l'application Network Manager par un clic droit sur l'icône (deux ordinateurs en haut à droite), ligne **Modifications des connexions**, onglet **Filaire**, ligne **Connexion filaire**, bouton **Modifier**, onglet **Paramètres IPv4**.

- Installez **dnsutils**.

- Effectuez par `dig` la même vérification que celle du serveur.

- Lancez le navigateur Firefox et vérifiez la possibilité d'aller sur Internet.

Simulation de panne

C'est très simple : il suffit d'arrêter le service BIND sur SRVLAN :

```
[root]# /etc/init.d/bind9 stop
```

Vous devez aussi redémarrer les clients pour effacer le cache DNS. N'oubliez pas non plus de relancer le service...

5 Service DHCP et DNS dynamique

DHCP constitue la suite logique au DNS dans l'élaboration d'un réseau. Cela ne concerne bien sûr que les ordinateurs sur notre réseau local. La règle étant de pouvoir s'affranchir de toutes les contraintes d'une configuration IP fixe. Le serveur DHCP donne le "la" en transmettant adresse IP, adresse du serveur passerelle, du serveur de temps, etc.

5.1 Principes de fonctionnement

Historiquement **BootP** (*Boostrap Protocol*) a été le premier protocole de configuration complet. Il est devenu la base du protocole DHCP qui fonctionne sur les mêmes ports que BootP : UDP 67 et 68.

© Editions ENI - Toute reproduction interdite

Le principe de base consiste à affecter dynamiquement une adresse IP à chaque client avec différents paramètres tels que serveur DNS, passerelle par défaut, etc. Cette allocation possède une durée limitée : le bail, renouvelé suivant un intervalle défini. De son côté, le client libère cette adresse quand la session se termine.

L'inconvénient majeur repose essentiellement sur la surcharge du réseau car le protocole utilise des trames de `broadcast` (diffusion multiple) pour rechercher le serveur DHCP sur le réseau. En cas de demandes simultanées, comme par exemple tous les PC d'une entreprise s'allumant le matin entre 8h et 9h, le réseau saturera si l'équipement n'a pas été prévu pour (sous-réseau, débit de l'équipement physique...).

5.1.1 Détails sur la demande de bail

À partir de la moitié environ de la durée du bail, le client cherchera à renouveler son bail directement auprès du serveur. Ceci entraîne deux choses :

- il ne faut pas poser une durée de bail trop courte sous peine de hausse du trafic réseau ;
- la plupart du temps le client conserve la même adresse.

Un peu avant la fin (7/8ème de la durée) et en cas d'échec le client renouvelle sa demande mais cette fois-ci sur le réseau.

Vous trouverez plus de renseignements sur l'Internet, comme par exemple à l'adresse : http://www.frameip.com/dhcp/.

5.1.2 Explications complémentaires (RFC 1541/2131)

Le message DHCPNAK est émis du serveur au client et indique que la notion d'un client pour les adresses réseau est incorrecte, (par exemple lors du déplacement d'un client sur un nouveau sous-réseau ou en cas d'expiration du bail). Si la requête du client est invalide (toujours par exemple en cas de changement de sous-réseau), les serveurs DEVRAIENT répondre par un message DHCPNAK au client. Les serveurs NE DEVRAIENT PAS répondre si l'exactitude de leurs informations n'est pas garantie. Par exemple, un serveur qui identifie une requête pour une affectation périmée et détenue par un autre serveur NE DEVRAIT PAS répondre avec un DHCPNAK à moins que les serveurs n'utilisent un mécanisme explicite pour maintenir une cohérence entre les serveurs. Comme votre serveur DHCP sera le seul officiel sur votre réseau, on peut le déclarer en **serveur autoritaire**.

Cette notion de serveur autoritaire répond au problème de plusieurs serveurs DHCP sur le même réseau physique mais avec des configurations logiques différentes.

© Editions ENI - Toute reproduction interdite

5.1.3 L'agent relais DHCP

Un agent relais DHCP écoute les requêtes d'amorçage DHCP et les transfère à un serveur DHCP. À noter que l'agent relais doit se trouver sur le même segment de réseau que le client DHCP (problème de la requête en adresse de diffusion limitée) mais pas forcément sur celui du serveur car la communication s'établit cette fois avec l'adresse IP. Le relais DHCP s'exécute par la commande `dhcrelay`. Le paquetage `dhcp3-relay` installe sur Ubuntu :

- le script `/etc/init.d/dhcp3-relay` ;
- le fichier de configuration `/etc/default/dhcp3-relay`.

Avec pour ce dernier par exemple :

```
# le serveur relayé, exemple le votre
SERVERS="192.168.4.254"
# écoute les requêtes DHCP sur l'interface du LAN
INTERFACES="eth1"
```

Dans le réseau Virtualix, vous ne pourrez mettre en œuvre cette configuration, ne disposant pas de structure adaptée c'est-à-dire d'agent relayeur (il faudrait une machine supplémentaire). La mise en place du service ne présente en tout cas pas de difficulté.

5.2 Installation du service DHCP

Vous allez monter un service DHCP sur le serveur SRVLAN pour les clients du réseau local avec intégration des inscriptions des clients dans le DNS. Cette installation se fera pour et à partir de l'interface `eth1`, celle branchée sur le LAN (réseau local).

5.2.1 Processus d'installation

➘ Utilisez classiquement `aptitude` :

```
[root]# aptitude install dhcp3-server
```

Vous avez déjà un paquetage DHCP sur votre machine mais il a trait à la notion de client. L'installation **provoque une erreur** au démarrage du service DHCP car celui-ci n'est pas encore configuré. On peut regretter qu'Ubuntu comme Debian s'obstine à démarrer par défaut les services lors de leur installation...

➘ Sauvegardez le fichier de configuration par défaut `dhcpd.conf` :

```
[root]# cp /etc/dhcp3/dhcpd.conf /etc/dhcp3/dhcpd.conf.sauv
```


© Editions ENI - Toute reproduction interdite

TELECOM Lille
Bibliothèque

Modifiez le fichier comme suit :

Fichier /etc/dhcp3/dhcpd.conf

```
........
ddns-update-style none;
option domain-name "virtualix.local"
option domain-name-servers 192.168.4.254;
# durée du bail par défaut sans demande express du client en secondes
default-lease-time 86400;
# durée du plus long bail possible (7 jours, je vous évite le calcul…)
max-lease-time 604800;
authoritative ;
log-facility local7;

subnet 192.168.4.0 netmask 255.255.255.0 {
       # passerelle par défaut soit srvlan
       option routers 192.168.4.254;
       # masque de sous-réseau
       option subnet-mask 255.255.255.0;
       # étendue de la plage DHCP
       range 192.168.4.11 192.168.4.100;
}
```

Explications

- l'adresse du serveur DNS est passée par adresse IP de préférence (on n'est pas sûr de la résolution à ce stade) ;
- l'option `domain-name-servers` est globale au réseau local et à toutes les étendues, c'est pour cela qu'elle est en "dehors" du `subnet;` idem pour le nom de domaine ;
- l'étendue propose une centaine d'adresses ;
- l'instruction `log-facility local7` indique un fichier de logs de niveau `debug` mais toujours dans le gros fichier `/var/log/syslog`.

Séparez les logs DHCP de `syslog` dans un fichier à part nommé `dhcpd.log` en ajoutant la ligne suivante dans le fichier `/etc/syslog.conf` :

```
local7.* /var/log/dhcpd.log
```

Relancez le démon `syslog` par (la première fois indique une erreur normale sur la non présence du fichier `dhcpd.log`) :

```
[root]# /etc/init.d/sysklogd restart
```

© Editions ENI - Toute reproduction interdite

- **Supprimez les lignes d'attribution statique** de l'adresse du client 192.168.4.1 pour le DNS au niveau du fichier `db.virtualix.local` et `rev.virtualix.local` (répertoire `/var/cache/bind`).
- Relancez le service DNS sur SRVLAN
- Éditez le fichier `/etc/default/dhcp3-server` et modifiez la ligne INTERFACES de façon à indiquer la bonne interface réseau (celle du LAN) :
  `INTERFACES="eth1"`
- Lancez à nouveau le service DHCP par `/etc/init.d/dhcpd3-server start`.
- Lancez dans une autre console la commande `tail -f /var/log/dhcpd.log`, vous devez lire les lignes concernant le service.

5.2.2 Vérification de l'attribution d'adresse

Sur le client Windows

- Positionnez la **Connexion au réseau local** en DHCP par les **Propriétés**, **Protocole Internet** (TCP/IP), bouton **Propriétés** :
- Revenez sur SRVLAN dans la deuxième console : les requêtes DHCP doivent s'y trouver pour le client (DHCPDISCOVER ou demande du client, DHCPOFFER ou offre du serveur, DHCPREQUEST ou acceptation du client et DHCPACK ou délivrance du serveur) :

```
Jul  3 11:53:47 srvlan dhcpd: DHCPDISCOVER from 00:0c:29:68:78:70 via eth1
Jul  3 11:53:48 srvlan dhcpd: DHCPOFFER on 192.168.4.13 to 00:0c:29:68:78:70
(client.intra.virtualix.fr) via eth1
Jul  3 11:53:48 srvlan dhcpd: DHCPREQUEST for 192.168.4.13 (192.168.4.254) fr
om 00:0c:29:68:78:70 (client.intra.virtualix.fr) via eth1
Jul  3 11:53:48 srvlan dhcpd: DHCPACK on 192.168.4.13 to 00:0c:29:68:78:70 (c
lient.intra.virtualix.fr) via eth1
```

Sortie des messages de logs pour le service dhcpd

© Editions ENI - Toute reproduction interdite

- Sur la console DOS du client, tapez `ipconfig /all`, l'attribution IP est manifeste ainsi que le bail :

```
C:\Documents and Settings\max>ipconfig /all

Configuration IP de Windows

        Nom de l'hôte . . . . . . . . . . : client
        Suffixe DNS principal . . . . . . :
        Type de noud . . . . . . . . . . : Inconnu
        Routage IP activé . . . . . . . . : Non
        Proxy WINS activé . . . . . . . . : Non
        Liste de recherche du suffixe DNS : virtualix.local

Carte Ethernet Connexion au réseau local:

        Suffixe DNS propre à la connexion : virtualix.local
        Description . . . . . . . . . . . : VMware Accelerated AMD PCNet Adapter

        Adresse physique . . . . . . . . .: 00-0C-29-BB-3F-C0
        DHCP activé. . . . . . . . . . . : Oui
        Configuration automatique activée . . . . : Oui
        Adresse IP. . . . . . . . . . . . : 192.168.4.1
        Masque de sous-réseau . . . . . . : 255.255.255.0
        Passerelle par défaut . . . . . . : 192.168.4.254
        Serveur DHCP. . . . . . . . . . . : 192.168.4.254
        Serveurs DNS . . . . . . . . . .  : 192.168.4.254
        Bail obtenu . . . . . . . . . . . : mercredi 3 juin 2009 14:49:13
        Bail expirant . . . . . . . . . . : jeudi 4 juin 2009 14:49:13
```

Configuration réseau du client

Vous pouvez à ce stade entrer un `ipconfig /release` suivi d'un `ipconfig /renew` pour un renouvellement du bail, qui somme toute fournira la même adresse IP car non attribuée entre-temps. **Vérifiez également votre accès à Internet**.

Sur le client Linux

- Allez dans l'application **Network Manager** par un clic droit sur l'icône (deux ordinateurs en haut à droite), ligne **Modifications des connexions**, onglet **Filaire**, supprimer la ligne **Connexion filaire**, il ne doit rester que la ligne **Auto eth0**.

- Tapez la commande `ifconfig` dans une console pour vérifier l'attribution d'adresse et vérifiez votre connexion Internet.

5.2.3 Compléments

- Les baux attribués se trouvent sur le serveur dans le fichier `/var/lib/dhcp3/dhcpd.leases`.
- On peut si on le désire réserver une ou plusieurs adresses IP de la plage d'adresses dans le cas par exemple d'un cadre muni d'un portable avec un accès privilégié ou d'un serveur d'imprimante.

© Editions ENI - Toute reproduction interdite

Exemple de réservation en fonction de l'adresse MAC (en dehors de la plage d'attribution) :

```
host le_nom {
        hardware ethernet 00:A0:78:8E:9E:AA; # exemple
        fixed-address 192.168.4.101; # exemple
}
```

- l'exclusion d'adresses IP n'est pas possible comme sur un serveur Windows ; la seule solution consiste à définir plusieurs directives subnet.

5.3 DNS dynamique

5.3.1 Pour Windows

Microsoft a quand même évolué en changeant son système d'identification des machines sur le réseau, passant de la notion de serveur WINS (*Windows Internet Naming Service*) à celle de DNS. À partir de Windows 2000, les stations de travail du domaine sous DHCP s'enregistrent également automatiquement sur le serveur DNS... Windows. Mais dans le cas d'un serveur Linux ? Il faut procéder à quelques modifications pour que les clients Windows puissent être enregistrés dynamiquement, sinon la résolution inter-clients ne peut se faire.

➘ Modifiez le fichier `/etc/bind/named.conf.local` (dans les deux zones) sur SRVLAN afin qu'il accepte des modifications venant ... de lui-même mais par le service DHCP (auparavant à `none`) : `allow-update { 127.0.0.1; };`

Dans le cas où le serveur DNS diffère du serveur DHCP, vous indiqueriez l'adresse IP de ce dernier au lieu de celle de SRVLAN.

➘ Ajoutez ou modifiez les lignes ci-dessous au début du fichier `/etc/dhcp3/dhcpd.conf` :

```
# méthode dynamique pour la mise à jour
ddns-updates-style interim;
# autorisation de la mise à jour
ddns-updates on;
# la mise à jour est faite par le serveur DHCP
ignore client-updates;
# mise à jour même en cas d'IP statiques
update-static-leases on;
# admettre aussi les clients inconnus au niveau de l'adresse MAC
allow-unknow-clients;
```


© Editions ENI - Toute reproduction interdite

Ajoutez en plus cette fois-ci à la fin du même fichier :

```
# donne précisément quel DNS à mettre à jour
zone virtualix.local. { primary 127.0.0.1; }
zone 4.168.192.in-addr.arpa. { primary 127.0.0.1; }
```

Relancez les services DNS et DHCP et démarrez le client sous le système Windows

Vous pouvez ouvrir à fins de vérification, le fichier `syslog` dans la console numéro deux et le fichier logs spécifique à DHCP (`/var/log/dhcpd.log`) dans la console numéro trois. Notez qu'en cas d'erreur les sorties écran sont suffisamment explicites pour pouvoir les corriger.

Vérifiez l'existence de l'inscription du client au niveau du fichier de logs, vous devez voir apparaître des mentions comme `added new forward map` et `added reverse map`.

Vérifiez l'inscription DNS par la création de deux fichiers de zones supplémentaires (le répertoire doit donc, comme vous avez dû le faire, appartenir au groupe bind) avec l'extension `.jnl` dans `/var/cache/bind`.

Attention ! Ces deux fichiers sont au format binaire et donc non lisibles par un éditeur de texte.

Dernière vérification : sur le serveur, un `ping client.virtualix.local` doit répondre (par contre on ne peut pas vérifier la résolution entre les clients parce qu'il n'y en a qu'un !).

5.3.2 Pour Linux

Plus simple que pour Windows, un ajout suffit sur le client (avec les modifications du serveur) au niveau du fichier de configuration DHCP client. Rappel, nous sommes sur le client avec le "super utilisateur", donc vous utiliserez la commande `sudo`.

Exemple pour la première commande : `sudo vi /etc/dhcp3/dhclient.conf` dans une console.

Modifiez la ligne sur le **client** Ubuntu dans le fichier `/etc/dhcp3/dhclient.conf` :
`send host-name "client.virtualix.local";`

Relancez sur le serveur et dans l'ordre les services bind9 et dhcp3-server.

© Editions ENI - Toute reproduction interdite

Relancez sur le client le service networking :

```
[root]# sudo /etc/init.d/networking restart
```

L'inscription s'effectue à la différence de Windows directement dans les fichiers de zone :

```
$ORIGIN .
$TTL 86400      ; 1 day
virtualix.local         IN SOA  srvlan.virtualix.local. root.virtualix.local. (
                                2009060102 ; serial
                                604800     ; refresh (1 week)
                                86400      ; retry (1 day)
                                2419200    ; expire (4 weeks)
                                604800     ; minimum (1 week)
                                )
                        NS      srvlan.virtualix.local.
$ORIGIN virtualix.local.
$TTL 43200      ; 12 hours
client                  A       192.168.4.1
                        TXT     "31b73f4a87ea4b05e7966987c2d6fade8f"
$TTL 86400      ; 1 day
srvlan                  A       192.168.4.254
```

Inscription du client Linux dans le fichier db.virtualix.local

Attention ! Si vous avez fait les configurations l'une à la suite de l'autre, le bail du premier peut être encore valide ce qui a entraîné une attribution différente entre les clients... Dans ce cas la résolution DNS du client pose problème. Il faut réduire la durée du bail ou attendre que celui-ci se termine.

© Editions ENI - Toute reproduction interdite

Chapitre 3

Services pour intranet et Internet

1 La plate-forme LAMP

La fourniture d'un site pour le réseau ou l'extérieur implique l'emploi d'un serveur Web robuste, des pages dynamiques avec un langage adapté et d'un serveur performant de base de données relationnelle. Dans le monde Open Source, les éléments se traduisent par **L** pour Linux, **A** pour Apache, **M** pour MySQL et **P** pour PHP.

1.1 Services combinés et serveur spécialisé

Les services liés au Web nécessitent un serveur différent et ce pour deux points de vue :

- celui de la **sécurité**, car en liaison avec le monde extérieur la machine aura une politique de sécurité draconienne (vu dans le chapitre sur la sécurité avec la notion de zone démilitarisée ou DMZ) ;
- celui de la charge système, car nécessitant des accès importants en liaison avec un serveur de base de données.

1.1.1 Le logiciel Apache

Logo Apache

Selon les derniers chiffres **Apache**, logiciel libre, maintient sa part de marché aux alentours de un serveur sur deux dans le monde, contre un sur trois pour **IIS** (*Internet Information Server*) le logiciel concurrent de Microsoft. Cela dit, il existe une version d'Apache pour Windows mais considérée comme non fiable en situation de production. On parle ici de la dernière version, c'est-à-dire la version 2 d'Apache. Voici ce qu'il faut retenir de son installation :

- le répertoire `/etc/apache2` contient plus spécialement les fichiers de configuration générale ;
- le répertoire `/var/www` contient les pages Web des sites.

Le site officiel : http://www.apache.org. Très actif, il contient beaucoup d'autres projets : Java Struts, Cocoon, Tomcat, etc.

© Editions ENI - Toute reproduction interdite

1.1.2 Le langage PHP

Logo PHP

Il entre dans le cadre des langages libres (licence GNU), et fonctionne côté serveur (`server side`) à la différence par exemple du langage JavaScript qui fonctionne côté client. Le navigateur client ne reçoit que le résultat du script PHP et **ne peut pas avoir accès au code**. Il permet de développer des pages Web dynamiques à l'instar des scripts CGI mais avec de meilleures performances, notamment dans son approche native des bases de données. Nous en sommes actuellement à la version 5 de ce langage (bientôt 6).

L'intégration dans Apache se fait automatiquement par l'intermédiaire d'un module et parfois d'un fichier de configuration annexe :

- dans le répertoire `/etc/apache2/mods-avaible` pour les modules possibles ;
- dans le répertoire `/etc/apache2/mods-enabled` pour les modules chargés (en fait, c'est un lien vers le premier répertoire).

Le site officiel : http://www.php.net, et pour la documentation en français les pages sont sur le même serveur : http://www.php.net/manual/fr.

1.1.3 Le SGBD MySQL

Logo MySQL

Sur une plate-forme Linux, le choix des SGBDR (*Système de Gestion de Base de Données Relationnelle*) peut hésiter entre PostgreSQL et MySQL. Plus habitués au couple PHP/MySQL les administrateurs utilisent le plus souvent ce système. Stable et rapide, ce SGBDR reste simple dans son utilisation quotidienne avec une large intégration du standard SQL-92, enrichi d'un certain nombre d'extensions.

© Editions ENI - Toute reproduction interdite

Outre l'installation du démon `mysql` dans `/etc/init.d`, MySQL fonctionne avec un "front-end", c'est-à-dire une console d'utilisation en mode texte nécessitant une authentification d'un administrateur unique différent de `root` (la notion de compte est différente mais en règle générale on utilise le compte administrateur système comme administrateur MySQL). Pour les réfractaires à la ligne de commandes, il existe le logiciel **PHPMyadmin** offrant une interface de gestion graphique plus simple d'utilisation. En fait on devrait parler de plate-forme LAMPP au lieu de LAMP, le dernier P faisant référence à PHPMyAdmin.

Le site officiel de MySQL en français se situe à l'adresse http://www.mysql.fr alors que la version anglaise a pour domaine `.com`, bien qu'en Open Source (la version Entreprise est payante). Le manuel de référence se trouve, quant à lui, à l'adresse http://dev.mysql.com/doc/#manual.

1.2 Installation d'un serveur dédié au WEB

Ce troisième chapitre voit l'installation du troisième serveur : SRVDMZ. Ce serveur sera pour l'instant relié :

- architecture physique : par le même commutateur de SRVLAN et client (ou un câble croisé sur une deuxième interface supplémentaire sur SRVLAN) ;
- architecture VMware : sur **vmnet4**.

Plus tard, ce schéma changera lors de la construction du serveur SRVFWL. Il se trouvera dans la DMZ ou zone démilitarisée, plus précisément derrière le routeur. Rappel : la notion de zone démilitarisée implique (c'est le but du serveur Web entre autres) qu'il accepte des connexions venant de l'extérieur, mais filtrées par le premier pare-feu (cela sera vu plus tard).

1.2.1 Installation du serveur SRVDMZ et des paquetages

Procédez à une installation et optimisation du serveur SRVDMZ identique à celle de SRVLAN, avec cependant ces différences :

- le nom bien sûr...
- la configuration réseau (une seule interface) : IP **192.168.4.10**, netmask **255.255.255.0**, network **192.168.4.0**, broadcast **192.168.4.255**, gateway **192.168.4.254**.

Sous VMware l'interface réseau se connecte via wmnet 4. Dans le cas de machines physiques vous avez besoin d'un commutateur. Temporairement SRVDMZ "passera" par SRVLAN pour accéder à Internet.

© Editions ENI - Toute reproduction interdite

- Installez les différents paquetages pour les services demandés :

```
[root]# aptitude install apache2 php5 php5-cli
mysql-server php5-mysql
```

Lors de l'installation, donnez un mot de passe administrateur pour le service MySQL.

Le paquetage `php5-cli` n'est pas véritablement nécessaire. Il s'installe si vous désirez faire de la programmation PHP en ligne de commande.

1.2.2 Configuration d'Apache

À partir de la version 2 d'Apache, les fichiers de configuration sont éclatés en plusieurs morceaux. Le fichier /etc/apache2/httpd.conf n'existe que pour maintenir une compatibilité avec certains modules d'Apache.

Autre changement : la directive `ServerName` n'est plus à spécifier expressément. En son absence, le serveur déduit le `hostname` en effectuant un "reverse lookup" sur l'adresse IP. Mais comme indiqué dans la documentation officielle d'Apache : "*...ne jamais configurer Apache de telle sorte qu'il s'appuie sur des résolutions DNS pour parcourir ses fichiers de configuration. Une telle configuration risque d'engendrer des problèmes de fiabilité (le serveur peut ne pas démarrer), des attaques de type déni et de vol de service (comme par exemple des utilisateurs volant les hits d'autres utilisateurs)*". Cela se traduit par le message d'erreur suivant si vous démarrez le service :

```
apache2 : Could not reliably determine the server's fully qualified
domain name, using 192.168.4.10 for ServerName
```

En clair : si vous avez un alias du type www.machinchouette.com dans votre DNS, **il faut inscrire la directive dans le fichier de configuration d'Apache**.

- Insérez dans le fichier `/etc/apache2/apache2.conf` après la deuxième ligne d'intitulé `ServerRoot` : `ServerName srvdmz`.

Ceci sera changé quand vous verrez le principe des sites virtuels. D'autre part, vérifiez que vous avez bien la ligne `192.168.4.10 srvdmz` dans le fichier `/etc/hosts`.

1.2.3 Vérifications

- Lancez une vérification de la configuration d'Apache par l'utilitaire `apache2ctl` qui doit vous retourner `Syntax OK` :

```
[root]# apache2ctl -t
```

© Editions ENI - Toute reproduction interdite

Créez une simple page HTML avec un message de bienvenue et placez-la dans le répertoire des pages du serveur Web (pardon pour le non respect de la syntaxe préconisé par le consortium W3C...) :

Fichier `/var/www/index.html`

```
<html>
 <head>
  <title> Site de l'entreprise VIRTUALIX </title>
 </head>

 <body bgcolor="#EEEEEE">
  <p> Site de l'entreprise VIRTUALIX (en construction). </p>
 </body>
</html>
```

Sur le client (Windows ou Ubuntu), testez avec un navigateur Web l'URL de ce serveur par l'adresse IP (pas de résolution DNS pour l'instant) avec `http://192.168.4.10/`.

1.3 Configuration de PHP

Normalement l'installation de PHP suffit pour intégrer le module dynamiquement dans Apache. Ces fichiers (`php5.load` et `php5.conf`) se trouvent (vérifiez-le) dans `/etc/apache2/mods-enabled/`.

Créez le fichier `/var/www/testphp.php` avec le code suivant :

```
<html>
 <head>
  <title>Page de vérification PHP</title>
 </head>

 <body>
  <?php phpinfo(); ?>
 </body>
</html>
```


© Editions ENI - Toute reproduction interdite

- Sur le client, recommencez le test avec cette fois-ci l'URL `http://192.168.4.10/testphp.php`.

PHP Version 5.2.6-3ubuntu4.1

System	Linux srvlan 2.6.28-13-server #45-Ubuntu SMP Tue Jun 30 20:51:10 UTC 2009 i686
Build Date	Apr 23 2009 14:11:52
Server API	Apache 2.0 Handler
Virtual Directory Support	disabled
Configuration File (php.ini) Path	/etc/php5/apache2
Loaded Configuration File	/etc/php5/apache2/php.ini
Scan this dir for additional .ini files	/etc/php5/apache2/conf.d
additional .ini files parsed	/etc/php5/apache2/conf.d/ldap.ini, /etc/php5/apache2/conf.d/pdo.ini
PHP API	20041225
PHP Extension	20060613

Visualisation de la configuration PHP sur le serveur Web

1.4 Configuration de MySQL

Il existe deux types d'accès à MySQL : celui à partir de la même machine donc en local, et celui à partir de l'extérieur.

- Lancez dans une console et en root la commande pour la sécurisation de MySQL :

```
[root]# mysql_secure_installation
```

Il vous sera proposé :

- la demande de mot de passe de l'administrateur MySQL (donnez celui indiqué lors de l'installation) ;
- le changement de celui-ci (tapez `n`) ;
- la suppression de la connexion au serveur MySQL pour les utilisateurs anonymes (répondez `Y` pour plus de sécurité) ;
- la désactivation du compte administrateur pour une connexion à distance (répondez `Y` car il vaut mieux passer par SSH, ce sera vu plus tard) ;
- la suppression de la base de test (à vous de choisir...).

© Editions ENI - Toute reproduction interdite

La dernière question et sa réponse positive permettent de prendre en compte les modifications des "privilèges" ou droits MySQL.

1.4.1 Création d'une base et d'une table

La connexion au front-end MySQL se réalise par une commande de ce type :

```
[root]# mysql -h hostname -u user -p database
```

Explications

- l'option `h` (pour `host`) indique le nom de machine et peut-être omis en cas de connexion locale ;
- l'option `u` indique le nom de l'utilisateur MySQL habilité à se connecter ;
- l'option `p` indique la présence d'une demande de mot de passe ;
- le mot `database`, optionnel, indique une connexion avec utilisation de la base de donnée choisie de nom database.

Exemple le plus court (connexion en administrateur) :

```
[root]# mysql -u root -p
```

Exemple le plus long (connexion utilisateur à distance sur une base de données nommée `cirque`) :

```
[root]# mysql -h 192.168.4.10 -u donald -p cirque
```

Connectez-vous sur SRVDMZ selon l'exemple le plus court (avec `root`), créez la structure de la base avec une ligne et visualisez le tout :

```
mysql> CREATE DATABASE cirque;
mysql> USE cirque;
mysql> CREATE TABLE animal (num INTEGER NOT NULL PRIMARY KEY, nom VARCHAR(20));
mysql> INSERT INTO animal VALUES (1,'Lion');
mysql> SELECT * FROM animal;
```


© Editions ENI - Toute reproduction interdite

Ce qui donne à l'écran :

```
mysql> CREATE DATABASE cirque;
Query OK, 1 row affected (0.00 sec)

mysql> USE cirque;
Database changed
mysql> CREATE TABLE animal (num INTEGER NOT NULL PRIMARY KEY, nom VARCHAR(20));
Query OK, 0 rows affected (0.02 sec)

mysql> INSERT INTO animal VALUES (1,'Lion');
Query OK, 1 row affected (0.00 sec)

mysql> SELECT * FROM animal;
+-----+------+
| num | nom  |
+-----+------+
|   1 | Lion |
+-----+------+
1 row in set (0.01 sec)
```

Création, initialisation et affichage de la table animal dans la base cirque

- Sortez de `mysql` par [Ctrl] D ou par la commande `exit`.
- Créez le script permettant d'afficher le contenu de la table :

Fichier `/var/www/testmysql.php`

```
<html>
 <head>
  <title>Test de MySQL avec PHP</title>
 </head>

 <body>
<?php
 // Connexion à la base de données
 // Remplacez le mot de passe par le vôtre
 // La connexion est localhost car le script est sur le même serveur
 if ( !( $cxion = mysql_connect( "localhost","root","passe" ))) {
  print( "Pas de connexion possible..." );
  exit;
 }

 // Sélection de la base
 mysql_select_db( "cirque" ) or die( "Pas de connexion possible..." );
```

© Editions ENI - Toute reproduction interdite

```
// Construction et exécution de la requête générale
$rqut = "SELECT * FROM animal;";
$rslt = mysql_query( $rqut );

if (!$rslt) {
 print("Erreur de la requête");
 exit;
}

// Initialisation et lecture des lignes
$nb = mysql_num_rows( $rslt );

for ( $i=0; $i<$nb; $i++ ) {
 $ligne = mysql_fetch_row( $rslt );
 $tabnum[$i] = $ligne[0];
 $tabnom[$i] = $ligne[1];
}

// Fermeture de la connexion
mysql_close( $cxion );

// Affichage des résultats dans un tableau HTML
print("<table border=1>\n");

for ( $y=0; $y<$nb; $y++ ) {
 print("<tr>\n");
 print("<td>$tabnum[$y]</td>\n");
 print("<td>$tabnom[$y]</td>\n");
 print("</tr>\n");
}

print("</table>\n");
?>
</body>
</html>
```


© Editions ENI - Toute reproduction interdite

Vérifiez à partir du navigateur client l'URL `http://192.168.4.10/testmysql.php`. Le contenu de la table doit apparaître :

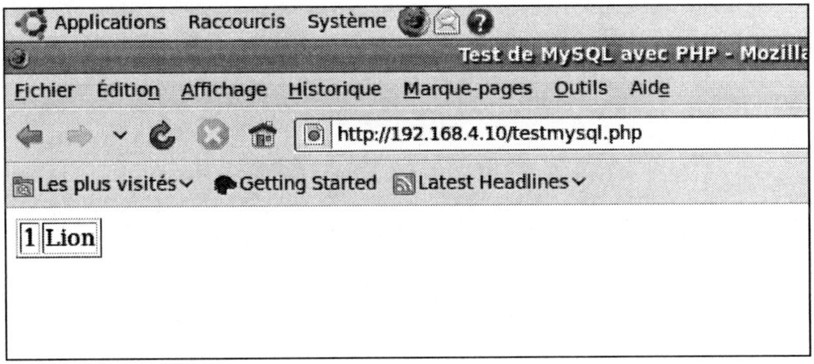

Affichage de la table animal via PHP par le serveur Web

1.5 Utilisation de PHPMyAdmin

PHPMyAdmin gère MySQL via l'interface graphique d'un navigateur et apporte une administration plus aisée du système de base de données. Dans le cas d'hébergements externes, il devient incontournable car l'utilisateur ne peut plus utiliser la ligne de commandes.

Installez le paquetage sur SRVDMZ :

```
[root]# aptitude install phpmyadmin
```

PhpMyAdmin utilise Apache ce qui se traduit à son installation par une question relative à la configuration du serveur Web, que vous sélectionnez évidemment. Il a besoin aussi d'une base de données ce qui conduit à la deuxième question et la validation à `Yes` pour la configuration automatique avec `dbconfig-common`. Dernier détail, utilisez le même mot de passe pour MySQL et PHPMyAdmin pour simplifier. Avant de se connecter à partir du client, il faut autoriser un utilisateur à se connecter à la base de données :

Connectez-vous au front-end Mysql et créez tout ce qu'il faut pour un utilisateur :

```
[root]# mysql -u root -p
mysql> CREATE USER 'donald'@'%';
mysql> GRANT USAGE ON *.* TO donald;
mysql> SET PASSWORD FOR 'donald'@'%' = PASSWORD('secret');
mysql> GRANT ALL PRIVILEGES ON cirque.* TO donald;
```

© Editions ENI - Toute reproduction interdite

Sur le CLIENT, connectez-vous par un navigateur à l'URL : `192.168.4.10/phpmyadmin`

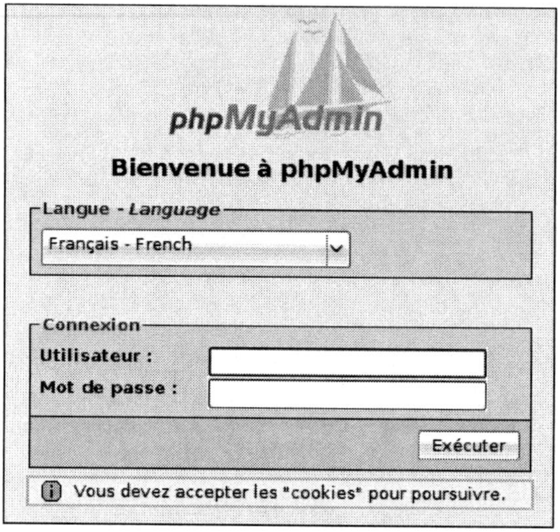

Interface PHPMyAdmin

Après connexion, vous pouvez sélectionner la base `cirque` et l'administrer (voir la documentation du logiciel) :

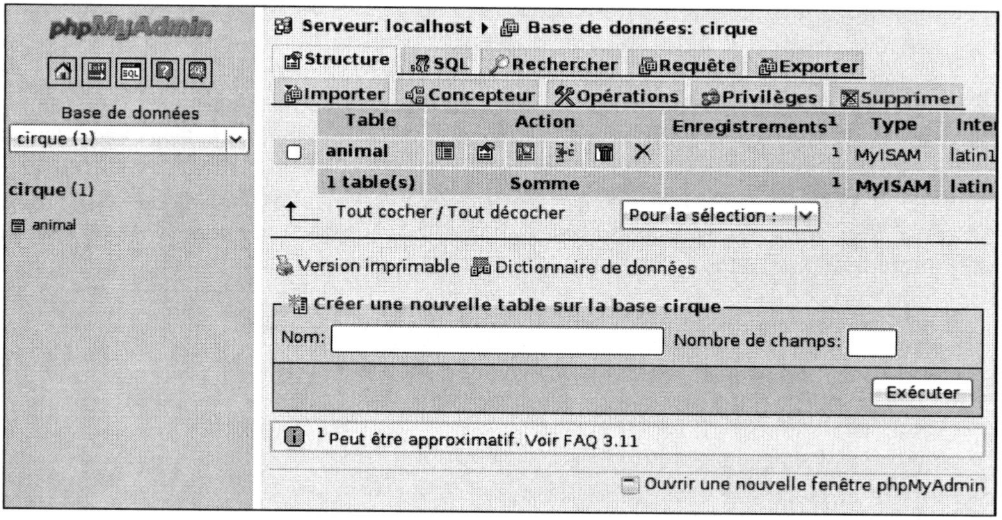

Interface PHPMyAdmin pour la base cirque

© Editions ENI - Toute reproduction interdite

L'administration bien qu'à partir du client se fait en "`localhost`", le service Apache se situant sur le serveur de base de données. Pour autoriser un accès externe en ligne de commandes, il faut commenter, outre la déclaration de l'utilisateur, les deux lignes `skip-external-locking` et `bind-address` dans le fichier de configuration de MySQL `/etc/mysql/my.cnf`.

2 Transfert de fichiers et délégation DNS

Sur un réseau, l'échange d'informations entre les machines est réalisé selon deux méthodes : soit classiquement par des partages réseaux via Samba ou NFS ; soit en s'affranchissant des réseaux, d'une manière plus universelle par le protocole FTP. Dans ce dernier cas, le transfert de fichiers a souvent pour objectif la mise à jour d'un site web.

2.1 Éléments d'informations sur le protocole FTP

Le protocole FTP (*File Transfer Protocol*) transfère des fichiers en s'inscrivant dans un modèle client/serveur avec TCP (TFTP utilise UDP et se réserve à des transferts spécifiques). Au-delà de sa définition, l'outil se révèle indispensable. La seule difficulté consiste à choisir le "bon" serveur FTP, c'est-à-dire le plus robuste, sécurisé et d'un maniement aisé. Retenez simplement les deux modes de fonctionnement de FTP :

- le **mode actif** : le client détermine le port de connexion avant le transfert de données. Ce type de fonctionnement est peu courant car il impose une configuration supplémentaire derrière un pare-feu, voire problématique en cas de NAT.
- le **mode passif** : le serveur détermine le port de connexion ce qui laisse la possibilité au client de l'initialisation (port 21) et simplifie les règles d'un pare-feu.

Les transferts s'effectuent soit en mode ASCII pour les fichiers texte, soit en mode binaire pour tous les autres. Classiquement un client FTP possède l'option permettant le choix automatique du mode de transfert.

2.1.1 Le choix des logiciels

Pour un serveur FTP et le système Linux/Ubuntu (meilleure combinaison), le choix est large : `proftpd`, `pure-ftpd`, `twoftpd`, `wu-ftpd`, `vsftpd...` S'il ne doit y avoir qu'une seule raison pour le choix, gardons celle de la sécurité. Pour cela le logiciel serveur VsFTP (*Very secure FTPd*) porte en son nom son orientation (`vsftpd.beasts.org`).

© Editions ENI - Toute reproduction interdite

À l'autre "bout" de la chaîne se trouve le client. Pour les utilisateurs :

- Sous Windows, le meilleur à mon sens est **FileZilla** (`filezilla.sourceforge.net/`)
- Sous Linux, le choix dépend de l'environnement graphique comme `gsftp` sous Gnome, `kftpGrabber` sous KDE ; mais vous pouvez aussi choisir FileZilla...

2.2 Mise en place du serveur FTP

Vous allez mettre en place un serveur FTP sécurisé sur SRVDMZ suivant deux scénarios et avec deux types d'authentification.

2.2.1 Configuration du service dans le cadre d'une connexion anonyme

Cette pratique propose un accès FTP anonyme dans le cadre du serveur SRVDMZ pour des clients extérieurs à l'entreprise.

➘ Installez le paquetage `[root]# aptitude install vsftpd ccze`.

Vous installez aussi le très sympathique `ccze` qui a pour simple fonction de coloriser les logs de beaucoup de logiciels comme VsFTP évidemment, mais aussi Postfix, Apache, etc. Pour en voir la liste exacte, reportez-vous au manuel en ligne dans la partie PLUGINS.

Son utilisation se fait d'après le manuel par une redirection, mais cela est peu pratique dans le cas d'un long fichier comme `syslog`, préférez alors la pratique du tube.

➘ Testez les deux formes de commande :

```
[root]# ccze </var/log/syslog
[root]# tail -f /var/log/syslog | ccze
```

L'installation de VsFTP ne provoque pas de question et il s'installe (à la différence d'un autre serveur FTP ProFTPD) en "standalone" (c'est-à-dire en service indépendant) et non avec le "super-démon" `inetd`. L'installation crée l'utilisateur `ftp` et le groupe `nogroup`.

➘ Créez un fichier quelconque par `touch /home/ftp/test.txt`, ce fichier ne dispose que des droits en lecture pour le groupe et le reste du monde (644). C'est là que seront entreposés les fichiers destinés au public.

© Editions ENI - Toute reproduction interdite

- Connectez-vous à partir du client (Linux) à partir d'une connexion dans la console et en anonymous avec un mot de passe vide (sortie par `exit`) :

```
root@client:~# ftp 192.168.4.10
Connected to 192.168.4.10.
220 (vsFTPd 2.0.7)
Name (192.168.4.10:max): anonymous
331 Please specify the password.
Password:
230 Login successful.
Remote system type is UNIX.
Using binary mode to transfer files.
ftp> ls
200 PORT command successful. Consider using PASV.
150 Here comes the directory listing.
-rw-r--r--    1 0        0               0 Jun 10 15:11 test.txt
226 Directory send OK.
ftp>
```

Connexion FTP sur le serveur SRVDMZ et la commande `ls`

Vous pouvez adopter les modifications suivantes afin de "cadrer" cette utilisation anonyme :

Fichier `/etc/vsftpd.conf`

```
{...}
# Pas d'autorisation pour les utilisateurs locaux
local_enable=NO
{...}
# Par défaut, mais il vaut mieux l'écrire pour être sûr si vous
# ne le voulez pas
anon_upload_enable=NO
anon_mkdir_write_enable=NO
```

- Relancez le service par `/etc/init.d/vsftpd restart` ; dès lors, une connexion avec un utilisateur du serveur SRVDMZ s'avère impossible (message : `530 This FTP serve anonymous only`).

© Editions ENI - Toute reproduction interdite

2.2.2 Configuration du service dans le cadre d'une connexion authentifiée

Cette pratique propose un accès FTP authentifié pour des clients soit de façon classique, soit par le service LDAP. Vous allez utiliser le service FTP sur le réseau interne supposé sûr. Chaque utilisateur local à la machine (ou validé comme tel, on le verra plus tard par LDAP) dispose de son répertoire FTP.

Les changements à apporter sur les directives du fichier `/etc/vsftpd.conf` sont indiqués en **gras** :

```
........
# Configuration pour les utilisateurs locaux
# Démon en standalone et mutuellement exclusif avec listen_ipv6
listen=YES
# Plus d'accès anonyme cette fois, on doit mettre explicitement
# la directive à NO
anonymous_enable=NO

# Autorisation pour les utilisateurs locaux à YES
local_enable=YES

# Autorisation pour les utilisateurs locaux, évidemment à YES pour écrire
write_enabled=YES

# Masque appliqué pour l'écriture, droits à 644 (fichiers), 755 (répertoires)
local_umask=022

# Active l'affichage des fichiers .message à l'entrée dans les répertoires
dirmessage_enable=YES

# Activation du fichier de log
xferlog_enable=YES

# Obliger les connexions par le port 20
connect_from_port_20=YES

# Message lors de la connexion
ftpd_banner=Bienvenue sur le service FTP du serveur SRVLAN

# Restreindre l'utilisateur à son répertoire (préférable)
chroot_local_user=YES

# Liste des utilisateurs autorisés A NE PAS ETRE EN CHROOT
```


© Editions ENI - Toute reproduction interdite

```
# si l'option précédente est activée (le CONTRAIRE sinon)
chroot_list_enable=YES
chroot_list_file=/etc/vsftpd.chroot_list

# Spécifications liées à VsFTPD
secure_chroot_dir=/var/run/vsftpd
pam_service_name=vsftpd
rsa_cert_file=/etc/ssl/certs/ssl-cert-snakeoil.pem
rsa_private_key_file=/etc/ssl/privvate/ssl-cert-snakeoil.key
```

- Créez à vide le fichier `/etc/vsftpd.chroot_list`.
- Créez un utilisateur nommé `donald` sur le serveur SRVDMZ (`adduser donald`) et relancez le service `vsftpd`.
- Installez **gFTP** (par `aptitude install gftp` et sur le client dans le menu Internet) et testez une connexion à partir du client avec cet utilisateur et son mot de passe ; celui-ci doit se trouver dans son répertoire personnel (`/home/donald` sur SRVDMZ).

2.3 Variations et vérifications sur la configuration

- Testez aussi l'impossibilité de se connecter maintenant en `anonymous`
- Inscrivez l'utilisateur `donald` dans le fichier `/etc/vsftpd.chroot_list` sur le serveur FTP et vérifiez par une autre connexion FTP à partir du client que celui-ci a maintenant accès **à tout** le système de fichiers.

Cela ne veut pas dire que `donald` peut faire des modifications... mais il peut les transférer et lire des fichiers, ce qui en soi pose des problèmes de sécurité importants. Dans le registre de la sécurité (la connexion par certificats ou par cryptage sera vue dans le chapitre Sécurisation et optimisation), ne pas oublier le fichier `/etc/ftpusers` qui contient les comptes locaux disponibles sur le serveur (comme le `root`) n'ayant pas le droit de se connecter au service FTP.

2.3.1 Un peu de sécurité avec les utilisateurs virtuels

Une variante de l'authentification pour VsFTP existe avec le principe de l'utilisateur virtuel. Un utilisateur virtuel dispose d'un compte... virtuel dans lequel il est emprisonné (ou "chrooté"). En fait, il passe par un compte utilisateur réel, mais spécial. On s'appuie pour cela sur le mécanisme d'authentification PAM avec sa base de données au format **Berkeley** et le paquetage `db4.7-util` (pour la Jaunty 9.04).

© Editions ENI - Toute reproduction interdite

- Installez les utilitaires Bekerley :
  `[root]# aptitude install db4.7-util`

- Indiquez dans un fichier texte nommé par exemple `users.txt`, les couples login/mot de passe (évidemment non existants en tant que comptes locaux), chacun sur une ligne différente **avec un CR/LF (retour chariot) sur la dernière ligne** :

```
riri
neveu1
fifi
neveu2
loulou
neveu3
```

Vous avez dans cet exemple, trois utilisateurs : `riri`, `fifi` et `loulou`.

- Créez la base proprement dite comme suit :

```
[root]# mkdir /etc/vsftpd
[root]# db4.7_load -T -t hash -f users.txt /etc/vsftpd/users.db
[root]# chmod 600 /etc/vsftpd/users.db
```

Utilisation de PAM

- Mettez dans le fichier `/etc/pam.d/vsftpd` les **seules lignes** ci-dessous afin d'utiliser notre base de données pour authentifier les utilisateurs :

```
auth required pam_userdb.so db=/etc/vsftpd/users
account required pam_userdb.so db=/etc/vsftpd/users
```

Vous ne pouvez laisser les autres lignes concernant l'authentification classique (ou LDAP), ou alors indiquez `sufficient` pour toutes les lignes sous peine de non fonctionnement du login des utilisateurs virtuels. Le mécanisme d'authentification PAM sera vu plus en détail dans le chapitre suivant).

© Editions ENI - Toute reproduction interdite

La mise en place de l'utilisateur non-privilégié

En fait, les utilisateurs virtuels de notre base de données vont en réalité passer par un utilisateur système, réel et unique, qu'il faut créer ainsi que son répertoire (mais bizarrement sans que celui-ci lui appartienne et sans droit d'écriture...) :

- Réalisez cette création par :

```
[root]# mkdir -p /home/ftp/virtuel
[root]# groupadd vsftp
[root]# useradd -g vsftp -d /home/ftp/virtuel picsou
[root]# chown root.vsftp /home/ftp/virtuel
[root]# chmod 2750 /home/ftp/virtuel
```

Ainsi, l'utilisateur picsou se retrouve confiné dans `/home/ftp/virtuel`.

La modification du fichier `vsftpd.conf`

- Elle s'effectue à partir de la configuration des utilisateurs locaux ; modifiez ou ajoutez les directives suivantes :

```
# Active les utilisateurs virtuels
guest_enable=YES

# Fait correspondre tous les utilisateurs virtuels à l'utilisateur picsou
guest_username=picsou

# Utilisation de l'utilisateur non privilégié
nopriv_user=picsou

# Définition de son répertoire
secure_chroot_dir=/home/ftp/virtuel
```

- Relancez le service VsFTP sur SRVDMZ et tentez (et réussissez !) une connexion à partir de SRVLAN en tant que `riri`, `fifi` ou `loulou`.

Dans `vsftpd`, les utilisateurs virtuels ont les mêmes privilèges que les utilisateurs anonymes. Pour qu'ils aient accès en écriture au dossier partagé, indiquez en plus l'option : `write_enable=YES`.

© Editions ENI - Toute reproduction interdite

2.4 Changement de DNS

Actuellement le serveur SRVLAN sert de serveur DNS pour la zone `virtualix.local`. Il faut maintenant passer dans une optique d'entreprise avec un nom de domaine en `.fr` soit `virtualix.fr`. Dans ce cadre on aura :

- SRVDMZ, serveur DNS pour la zone `virtualix.fr` ;
- SRVLAN, serveur DNS en délégation pour la zone `intra.virtualix.fr`.

On supprime donc la zone `virtualix.local` au profit d'une délégation de zone en Intranet. Le fait d'utiliser un nom de domaine "normal", c'est-à-dire dans l'arborescence mondiale reconnue (`.fr`) sans être déposé peut poser problème à votre (et aux autres) serveur DNS qui, comme je l'ai dit, s'intégre dans une hiérarchie. Vous ne devez jamais le faire... et pourtant là je vous le demande ! Contradiction ? Non ! et ce pour plusieurs raisons :

- j'ai déposé le nom de domaine `virtualix.fr` auprès de l'AFNIC, ainsi vous n'encourez pas le risque d'interférer avec une vraie entreprise en cas d'erreur ! L'URL retourne que le nom de mon site que vous pouvez visiter d'ailleurs...
- le serveur DNS principal se trouve pour l'instant "derrière" SRVLAN et la table de routage de votre système hôte (cas VMware) ou de votre ordinateur physique ne comporte pas de route statique pour y parvenir, il ne verra donc que le site externe réel.
- les serveurs DNS vont être réglés pour ne pas utiliser les serveurs racines (en commentaire) et endosser le rôle de transmetteur (instructions `forward` et `forwarders`).

2.4.1 Installation du nouveau service DNS

Installez BIND9 sur SRVDMZ comme indiqué dans la section Installation du service DNS du chapitre Configuration des services de base avec cette fois les zones suivantes :

Fichier `/etc/bind/named.conf.local`

```
// Les zones
zone "virtualix.fr" IN {
    type master;
    file "db.virtualix.fr";
    allow-update { none; };
};

zone "4.168.192.in-addr.arpa" IN {
    type master;
    file "rev.virtualix.fr";
```


© Editions ENI - Toute reproduction interdite

```
    allow-update { none; };
};
```

Créez le fichier pour la zone directe avec l'inscription d'un serveur en délégation pour la zone `intra.virtualix.fr` et de l'alias pour le serveur WEB et FTP.

Fichier `/var/cache/bind/db.virtualix.fr`

```
; Fichier pour la résolution directe
$TTL 86400
@        IN SOA srvdmz.virtualix.fr. root.virtualix.fr. (
         2009061201
         1w
         1d
         4w
         1w )
@        IN NS srvdmz.virtualix.fr.
intra    IN NS srvlan.intra.virtualix.fr.
srvdmz                        IN A 192.168.4.10
srvlan.intra.virtualix.fr.    IN A 192.168.4.254
ftp                           IN CNAME srvdmz
```

Vous notez la présence de l'enregistrement NS pour la zone `intra` (on aurait pu mettre `intra.virtualix.fr.` pour la qualification complète) et de l'enregistrement A nécessaire car le serveur de nom de la zone déléguée se trouve dans la même arborescence. Cet enregistrement est indispensable pour que le serveur puisse être contacté (on appelle cela le **mécanisme de la "glue"**). La présence de l'alias résout l'adresse de type `ftp.virtualix.fr` au lieu de `srvdmz.virtualix.fr`, pour la normalisation Internet.

Créez ensuite le fichier pour la zone inverse :

Fichier `/var/cache/bind/rev.virtualix.fr`

```
; Fichier pour la résolution inverse
$TTL 86400
@        IN SOA srvdmz.virtualix.fr. root.virtualix.fr. (
         2009061201
         1w
         1d
         4w
         1w )
@        IN NS srvdmz.virtualix.fr.
10       IN PTR srvdmz.virtualix.fr.
```

© Editions ENI - Toute reproduction interdite

- Vérifiez le fichier `/etc/hosts` qui ne doit contenir (laissez en plus les lignes pour IPv6) que la référence à la boucle locale et le nom de l'hôte positionné cette fois sur la zone `virtualix.fr` :

```
127.0.0.1 localhost
192.168.4.10 srvdmz.virtualix.fr srvdmz
```

- Vérifiez le fichier `/etc/resolv.conf` pour qu'il contienne :

```
domain virtualix.fr
search virtualix.fr
nameserver 192.168.4.10
```

- Effectuez les manipulations de la section Installation du service DNS du chapitre Configuration des services de base - S'appuyer sur un DNS externe (le `forward` sur 192.168.254.2, ne pas mettre la directive `allow-recursion` et le commentaire des fichiers racines à faire absolument).

2.4.2 Transformation du DNS sur SRVLAN

- Modifiez sur SRVLAN le fichier de zones :

Fichier `/etc/bind/named.conf.local`

```
// Les zones
zone "intra.virtualix.fr" IN {
    type master;
    file "db.intra.virtualix.fr";
    allow-update { 127.0.0.1; };
};

zone "4.168.192.in-addr.arpa" IN {
    type master;
    file "rev.intra.virtualix.fr";
    allow-update { 192.168.4.254; };
};
```


© Editions ENI - Toute reproduction interdite

- Toujours sur SRVLAN, créez le fichier pour la zone directe, cette fois-ci adapté à la délégation de la zone :

Fichier `/var/cache/bind/db.intra.virtualix.fr`

```
; Fichier pour la résolution directe
$TTL 86400
@  IN  SOA srvlan.intra.virtualix.fr. root.intra.virtualix.fr. (
    2009061201
    1w
    1d
    4w
    1w )
@      IN NS srvlan.intra.virtualix.fr.
srvlan IN A 192.168.4.254
```

- Créez ensuite le fichier pour la zone inverse :

Fichier `/var/cache/bind/rev.virtualix.fr`

```
; Fichier pour la résolution inverse
$TTL 86400
@    IN SOA srvlan.intra.virtualix.fr. root.intra.virtualix.fr. (
    2009060101
    1w
    1d
    4w
    1w )
@      IN NS    srvlan.intra.virtualix.fr.
254    IN PTR  srvlan.intra.virtualix.fr.
```

- Changez le fichier `/etc/hosts` **avec** `srvlan.intra.virtualix.fr` et dans le même ordre d'idée le fichier `/etc/resolv.conf` :

```
domain intra.virtualix.fr
search intra.virtualix.fr
nameserver 192.168.4.254
```

© Editions ENI - Toute reproduction interdite

- Dernière manipulation sur SRVLAN : le changement du `forwarders` à 192.168.4.10 au lieu de 192.168.254.2 et le remplacement de `virtualix.local` par `intra.virtualix.fr` dans le fichier de configuration du DHCP `/etc/dhcp3/dhcpd.conf`.

- Modifiez la ligne sur le **client** Ubuntu dans le fichier `/etc/dhcp3/dhclient.conf` :

```
send host-name "client.intra.virtualix.fr";
```

Le plus simple passe ensuite par le redémarrage de l'ensemble des systèmes (entre autres pour vider le cache DNS). Le principe de résolution devient le suivant pour le client (faire les vérifications sur le client Ubuntu plus approprié...) :

- une requête sur `intra.virtualix.fr` sera traitée par SRVLAN, tout le reste étant dévié sur SRVDMZ
- une requête sur `virtualix.fr` sera traitée par SRVDMZ, tout le reste étant dévié sur le DNS externe

- Vérifiez cela à partir du client Ubuntu avec :
  - la commande `dig SOA intra.virtualix.fr` qui doit retourner le serveur `srvdmz.virtualix.fr` dans la section AUTHORITY ;
  - la commande `dig SOA google.fr` qui doit retourner le serveur `ns1.google.com` dans la section AUTHORITY.

Si vous voyez une page avec la référence à mon site, c'est que votre résolution DNS a été la chercher à l'extérieur. Revoyez alors cette configuration DNS !!!

Simulation d'un test venant de l'extérieur

Pour une machine sur l'Internet, l'URL http://www.virtualix.fr renvoie sur la page externe correspondant au DNS enregistré auprès de l'AFNIC. En situation réelle c'est le site que vous venez d'installer qui devrait être visible et accessible de l'extérieur car c'est lui qui aurait été déposé auprès de l'organisme français. Comment simuler une demande de la part de l'extérieur et voir si votre DNS réagit correctement ? En fait la réponse est très simple : il suffit d'ajouter **une route statique sur votre système hôte vers le serveur SRVDMZ**.

Si vous êtes dans la situation de quatre machines physiques, cette route sera ajoutée sur un cinquième PC ce qui est facile dans le cas de VMware car la machine hôte fera office de cinquième PC.

© Editions ENI - Toute reproduction interdite

Je prends la situation où l'ordinateur hôte a pour système un Windows XP, les manipulations se font avec la console DOS.

- Ouvrez une console DOS et tapez la commande `route print` :

```
Microsoft Windows XP [version 5.1.2600]
(C) Copyright 1985-2001 Microsoft Corp.

C:\Documents and Settings\max>route print
===========================================================================
Liste d'Interfaces
0x1 ........................... MS TCP Loopback interface
0x2 ...00 50 56 c0 00 08 ...... VMware Virtual Ethernet Adapter for VMnet8
0x3 ...00 13 a9 0e 3a d6 ...... Intel(R) PRO/100 VE Network Connection - Minipor
t d'ordonnancement de paquets
0x4 ...00 13 02 05 7f 8c ...... Intel(R) PRO/Wireless 3945ABG Network Connection
 - Miniport d'ordonnancement de paquets
===========================================================================
===========================================================================
Itinéraires actifs :
Destination réseau    Masque réseau  Adr. passerelle   Adr. interface Métrique
          0.0.0.0          0.0.0.0    192.168.0.254     192.168.0.20      25
        127.0.0.0        255.0.0.0        127.0.0.1        127.0.0.1       1
      192.168.0.0    255.255.255.0     192.168.0.20     192.168.0.20      25
     192.168.0.20  255.255.255.255        127.0.0.1        127.0.0.1      25
    192.168.0.255  255.255.255.255     192.168.0.20     192.168.0.20      25
    192.168.254.0    255.255.255.0    192.168.254.1    192.168.254.1      20
    192.168.254.1  255.255.255.255        127.0.0.1        127.0.0.1      20
  192.168.254.255  255.255.255.255    192.168.254.1    192.168.254.1      20
        224.0.0.0        240.0.0.0     192.168.0.20     192.168.0.20      25
        224.0.0.0        240.0.0.0    192.168.254.1    192.168.254.1      20
  255.255.255.255  255.255.255.255     192.168.0.20                3       1
  255.255.255.255  255.255.255.255     192.168.0.20     192.168.0.20       1
  255.255.255.255  255.255.255.255    192.168.254.1    192.168.254.1       1
Passerelle par défaut :      192.168.0.254
===========================================================================
Itinéraires persistants :
  Aucun
```

Table de routage d'un système hôte Windows XP

- Ajoutez la route statique vers le réseau 192.168.4.0 (SRVDMZ) en lui indiquant de passer par le serveur SRVLAN (192.168.254.10, que l'on peut atteindre par l'interface `vmnet8`) :
  `route add 192.168.4.0 mask 255.255.255.0 192.168.254.10`

- Dans un navigateur, **sur le système hôte** (Windows dans notre cas), inscrivez l'adresse IP 192.168.4.10 comme URL : la page de votre serveur Web sur SRVDMZ doit apparaître.

Si vous voulez utiliser l'adresse http://www.virtualix.fr à la place de l'adresse IP, il faut mettre comme serveur DNS principal 192.168.4.10 dans les propriétés de votre connexion au réseau local, **toujours sur le système hôte**. Autre remarque, les modifications de la table de routage s'effacent après le redémarrage du système. Pour les rendre permanentes, placez-les dans un fichier batch (`.bat`) exécuté à l'initialisation du système ou plus simplement par la commande `route -p`.

© Editions ENI - Toute reproduction interdite

3 Serveurs Web virtuels

Le principe de l'hébergement virtuel est devenu incontournable dans la version 2 d'Apache, à tel point que l'on imagine plus l'un sans l'autre. Cette technique propose l'hébergement de plusieurs sites sur un même serveur Web avec possibilité d'un premier niveau de sécurité par un filtrage des utilisateurs.

3.1 Le principe de l'hébergement virtuel

Cette technique se rencontre naturellement chez les fournisseurs d'accès Internet qui proposent à leurs clients, outre l'accès, un espace d'hébergement pour les pages Web personnelles. Dans le cadre d'une entreprise, la segmentation par sites sépare logiquement les services (service support, administration, ventes, etc.) et nécessite des droits adaptés pour chacun.

3.1.1 Type d'hébergement virtuel

Il existe trois grands types d'hébergement virtuel :

- par **adresse IP** ;
- par **nom** ;
- **dynamique** (non abordé ici, plus difficile et spécialement destiné aux fournisseurs d'accès Internet).

Au moment de l'installation, Apache gère un seul et unique site virtuel nommé `000-default` chargé de répondre à toutes les demandes. Il se situe dans le répertoire `/etc/apache2/sites-enabled` et est en fait un lien du répertoire `sites-available` suivant le même principe que pour les modules. Les directives regroupées sous forme de blocs ont pour ligne de départ `<VirtualHost *:80>` ce qui indique que le site répond à toutes les demandes (l'étoile) sur le port 80. Par défaut l'hébergement virtuel se fait par le nom (techniquement ici : tous les noms, toutes les IP).

L'hébergement virtuel par adresse IP nécessite normalement une adresse IP différente suivant les sites. Il s'utilise dans le cas de serveurs sécurisés par SSL et rendu nécessaire par la teneur intrinsèque du protocole SSL. Plus de combinaisons sont possibles mais dépasse le cadre de l'ouvrage. Vous trouverez plus de renseignements dans la documentation en ligne d'Apache : httpd.apache.org/docs/2.2/fr/vhosts/examples.html.

© Editions ENI - Toute reproduction interdite

3.2 Gestion avancée des utilisateurs

Parallèlement à l'utilisation d'hébergement virtuel, deux principes peuvent être étudiés : celui de la gestion de sites différenciés suivant l'utilisateur et celui des quotas. Le deuxième découle du premier dans le sens où si vous laissez aux utilisateurs un espace (exemple : cadre du travail collaboratif), il convient de limiter la taille de chaque espace afin de ne pas avoir de problème sur des dépassements de capacités.

3.2.1 Rappel sur la gestion des comptes utilisateurs

Il existe deux types d'utilisateurs sous Linux : les utilisateurs système (virtuels) ou propriétaires de processus et les utilisateurs humains dont `root` (l'administrateur) est un type particulier.

Les principales commandes

- gestion des comptes utilisateur : `useradd`, `usermod`, `userdel` ;
- gestion des groupes : `groupadd`, `groupmod`, `groupdel`, `groups` ;
- administration des utilisateurs : `passwd`, `chfn`, `chsh`, `id`, `last`, `su`, `sudo`, `who`, `whoami`.

L'administration des comptes utilisateurs, outre le fait qu'elle occupe une bonne part du temps de l'administrateur, consiste classiquement à accomplir des tâches de création, de suppression, de modification et de consultation. Il faut évidemment être connecté en `root`...

Utilisation des quotas disque pour les utilisateurs

Installer des quotas de disque consiste à fixer des limites de capacité de stockage pour chaque utilisateur. On ne peut pas utiliser les quotas sur une partition racine, ou plus exactement une partition qui contient le répertoire spécial (pseudo système de fichiers) `/proc`. Le plus simple pour affecter des quotas utilisateurs, **c'est d'avoir une partition spécifique pour `/home`**.

3.2.2 Changement de la structure de la table de partitions (facultatif)

Vous pouvez utiliser cette technique sur SRVLAN afin de proposer des accès sur un site WEB interne (un autre service Apache). Deux solutions sont possibles : la réduction de la partition racine et création d'une partition `/home` séparée ou l'ajout d'un nouveau disque. Cette dernière façon de faire sera vue dans un chapitre ultérieur aussi vous verrez ici uniquement la première solution.

© Editions ENI - Toute reproduction interdite

Les étapes

1. La commande `df` sur SRVLAN montre actuellement pour `/dev/sda1` une occupation de 14% (pour un disque de 8 Go).

2. Mettre le CD-Rom Linux Ubuntu Desktop et démarrer **srvlan** pour utilisation de la distribution en Live.

3. Menu **Administration - Éditeur de partitions**.

4. Clic droit sur la partition et réduire la dimension en laissant un espace libre de 3072.

5. Clic sur **Appliquer** et sur la confirmation.

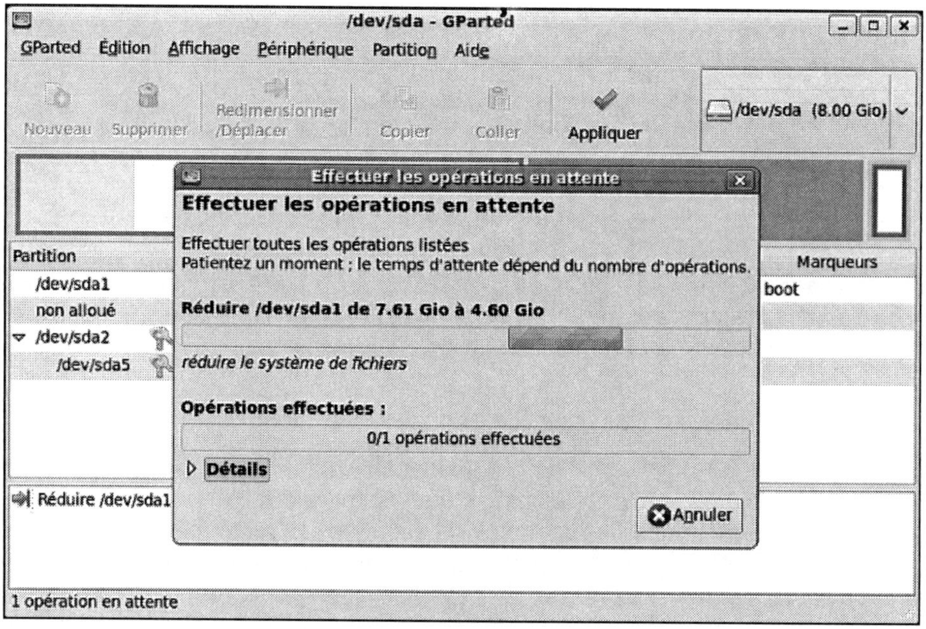

Nouveau dimensionnement de la partition

6. Clic droit sur le nouvel espace libre et mettre comme renseignements `partition primaire`, `ext3`, `/attente` et appliquer.

Pourquoi `/attente` ? Parce que mettre tout de suite `/home` écraserait le contenu de l'ancien répertoire avec les fichiers utilisateurs.

7. Il ne reste plus qu'à fermer et redémarrer le système.

© Editions ENI - Toute reproduction interdite

8. La commande `df` passe à 23% ce qui est tolérable ; la commande `ls /` ne montre pas la nouvelle partition ce qui est normal car elle n'est pas montée.

9. Exécution dans une console de `mkdir /attente` et `mount /dev/sda3 /attente`.

La commande `df` montre la nouvelle partition avec 3% d'occupation.

10. Copie du contenu de l'ancien répertoire des utilisateurs (avec préservation des droits par l'option `p`) par `cp -Rpf /home/* /attente`.

11. Modifiez le fichier `/etc/fstab` en ajoutant la ligne :

```
/dev/sda3 /home ext3 defaults,usrquota 1 2
```

12. Installation du paquetage par `aptitude install quota`.

13. Redémarrage du système, le boot apporte deux lignes supplémentaires `Checking quotas` et `Turning on quotas` (le fichier `aquota.user` a été créé dans `/home` et contient la table des quotas).

3.2.3 Utilisation des quotas

La commande `edquota -u utilisateur` sert à fixer par l'éditeur `nano` les limites souple (`soft`) et stricte (hard) de l'espace disque et du nombre de fichiers.

Exemple avec un utilisateur nouvellement créé :

```
Système de fichiers  blocs  souple  stricte     inodes  souple  stricte
/dev/sda3            16     8182    10240       8       512     1024
```

L'exemple montre pour une limite d'espace disque à 8 Mo en souple et 10 Mo en stricte et un nombre de fichiers à 512 en souple et 1024 en stricte. Un dépassement de la limite souple affiche un message d'alerte et on ne peut pas dépasser la limite stricte.

D'autres commandes existent :

- la génération de rapports : `repquota -a` ;
- l'affichage d'information pour un utilisateur : `quota -u utilisateur` ;
- le paramètre `grace` qui fixe la période possible du dépassement de la limite souple : `edquota -t` ;
- ne pas oublier non plus la commande d'affichage d'occupation de l'espace disque : `du -h /home/utilisateur`.

© Editions ENI - Toute reproduction interdite

3.3 Hébergement virtuel simple différencié par utilisateur

Il s'agit de proposer sur le serveur SRVLAN, le service Apache pour des utilisateurs en interne sur le réseau, avec pour chacun son propre espace.

- Installez classiquement Apache et situez-vous dans le répertoire des modules activés :

```
[root]# aptitude install apache2
[root]# cd /etc/apache2/mods-enabled
```

- Créez les liens nécessaires pour l'utilisation du module `userdir` :
  `[root]# ln -s ../mods-available/userdir.* .`

Cette manipulation se révèle la même pour n'importe quel autre module comme par exemple le module `rewrite`, utilisé dans les redirections d'URL.

- Connectez-vous sous l'identité d'un utilisateur dans une autre console et créez le répertoire `/home/max/public_html` qui contiendra les pages HTML (cela se change dans le fichier `userdir.conf` ; ici mon utilisateur s'appelle `max`) :
  `[max]$ mkdir public_html`

- Inscrivez dans le DNS un alias pour l'URL `www` :
  `www IN CNAME srvlan`

- Relancez le service DNS et ensuite le service Apache :

```
[root]# /etc/init.d/bind9 restart
[root]# /etc/init.d.apache2 restart
```


© Editions ENI - Toute reproduction interdite

Pour vérifier tout ceci, sur le client ouvrez un navigateur et tapez l'URL `www.intra.virtualix.fr/~max` (toujours pour mon exemple d'utilisateur). Vous obtenez quelque chose comme ceci (vide car il n'y a pas encore de pages) :

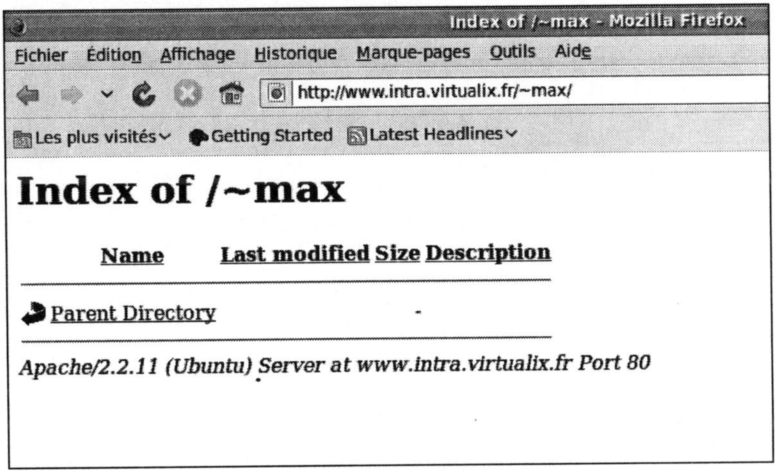

Espace Web personnalisé par utilisateur

3.4 Hébergement virtuel par adresse IP

L'objectif consiste à proposer l'installation sur SRVDMZ de deux hôtes virtuels par adresse IP (mécanisme de l'alias) pour pouvoir plus tard mettre en place un accès SSL.

Avant toute chose l'installation de deux hôtes virtuels par adresse IP nécessite... deux adresses IP ! Soit le serveur dispose de deux cartes réseaux (sous VMware c'est facile), soit, et c'est ce que vous allez faire, on construit un nouvel alias IP. La même carte réseau "répondra" donc à deux IP différentes.

- Ajoutez l'alias IP sur `eth0` dans le fichier `/etc/network/interfaces` :

```
auto eth0:0
iface eth0:0 inet static
   address 192.168.4.9
   netmask 255.255.255.0
   network 192.168.4.0
   broadcast 192.168.4.255
```

© Editions ENI - Toute reproduction interdite

- Relancez bien évidemment le service réseau avec un test par `ping` sur la nouvelle adresse...

Vous allez installer deux hôtes virtuels par l'IP car on désirera un accès sécurisé SSL (`https`) et la couche des sockets sécurisés exige un couple unique adresse IP/nom d'hôte. Pour l'instant l'accès en sera théorique, la mise en place se fera dans un autre chapitre.

- Créez les deux répertoires nécessaires pour les deux hébergements virtuels (on ne laisse plus le serveur principal à la racine) :

```
[root]# mkdir /var/www/secu /var/www/web
```

Le premier désigne l'accès sécurisé, le deuxième l'accès normal. Transférez d'ailleurs dans ces deux répertoires des fichiers HTML de test.

- Créez ensuite les répertoires pour les fichiers de logs :

```
[root]# mkdir /var/www/secu/logs /var/www/web/logs
```

- Effacez le fichier `/etc/apache2/sites-enabled/000-default`, c'est plus simple ! Rappel : vous pouvez le récupérer car il s'agit en fait d'un lien dont le fichier original se trouve dans `/etc/apache2/sites-available/`.

- Créez et remplissez ensuite le fichier : `/etc/apache2/sites-available/sites-virtualix` avec :

Fichier `/etc/apache2/sites-available/sites-virtualix`

```
<VirtualHost 192.168.4.9>
   ServerName secu.virtualix.fr
   ServerAdmin webmaster@localhost
   DocumentRoot /var/www/secu
   ErrorLog /var/www/secu/logs/error_log
   TransferLog /var/www/secu/logs/access_log
</VirtualHost>

<VirtualHost *:80>
   ServerName www.virtualix.fr
   ServerAdmin webmaster@localhost
   DocumentRoot /var/www/web
   ErrorLog /var/www/web/logs/error_log
   TransferLog /var/www/web/logs/access_log
</VirtualHost>
```


© Editions ENI - Toute reproduction interdite

Ce n'est pas encore fini... Il vous reste à configurer le DNS, partant du principe qu'il ne faut jamais configurer Apache de telle sorte qu'il s'appuie sur les résolutions de ses fichiers de configuration : c'est au DNS de renseigner Apache !

- Ajoutez dans le fichier `/var/cache/bind/db.virtualix.fr` les lignes :

```
........
secu    IN    A        192.168.4.9
www     IN    CNAME    srvdmz
```

Notez que pour la première ligne, il ne s'agit pas d'un alias mais bien d'une adresse particulière. Il vous reste encore plusieurs manipulations à réaliser...

- Établissez un lien du fichier `sites-virtualix` vers le répertoire `sites-enables` (attention : partir du chemin absolu) :

```
........
[root]# ln -s /etc/apache2/sites-available/sites-virtualix /etc/apache2/
sites-enabled/
```

- Relancez le service DNS et le service Apache2 sur SRVDMZ et SRVLAN (entre autres pour vider les caches DNS).
- Vérifiez par un `ping` à partir du client la bonne réponse sur `secu.virtualix.fr`.
- Vérifiez par le client dans un navigateur la bonne conformité des réponses, à la fois pour `www.virtualix.fr` et pour `secu.virtualix.fr`.

3.5 Hébergement virtuel par le nom

Il s'agit cette fois-ci d'installer en plus deux hôtes virtuels par le nom en gardant l'accès sécurisé par l'IP. Les deux techniques se combinent et c'est pour cela que nous avons mis en premier dans le fichier des hôtes virtuels l'adresse 192.168.4.9. Il est préférable de définir la configuration dans cet ordre.

Vous allez diviser le serveur virtuel `www` en deux : toujours `www.virtualix.fr` et `support.virtualix.fr` dans l'hypothèse où l'entreprise a besoin d'un site spécifique pour un support client avec un accès nécessitant une authentification.

- Créez un troisième répertoire, avec celui des logs les deux en même temps :

```
[root]# mkdir -p /var/www/sup/logs
```

© Editions ENI - Toute reproduction interdite

Modifiez à nouveau votre fichier des hôtes virtuels :

Fichier /etc/apache2/sites-available/sites-virtualix

```
........
<VirtualHost 192.168.4.9:80>
   ServerName secu.virtualix.fr
   ServerAdmin webmaster@localhost
   DocumentRoot /var/www/secu
   ErrorLog /var/www/secu/logs/error_log
   TransferLog /var/www/secu/logs/access_log
</VirtualHost>

NameVirtualHost 192.168.4.10:80

<VirtualHost 192.168.4.10:80>
   ServerName www.virtualix.fr
   ServerAdmin webmaster@localhost
   DocumentRoot /var/www/web
   ErrorLog /var/www/web/logs/error_log
   TransferLog /var/www/web/logs/access_log
</VirtualHost>

<VirtualHost 192.168.4.10:80>
   ServerName sup.virtualix.fr
   ServerAdmin webmaster@localhost
   DocumentRoot /var/www/sup
   ErrorLog /var/www/sup/logs/error_log
   TransferLog /var/www/sup/logs/access_log
</VirtualHost>
```

Une petite remarque : si d'aventure l'envie vous prenait de diviser le site secu.virtualix.fr, il vous faudrait ajouter la directive NameVirtualHost pour l'adresse IP 192.168.4.11 suivant le principe utilisé pour l'adresse 192.168.4.10.

Ajoutez dans le fichier /var/cache/bind/db.virtualix.fr l'alias nécessaire (cela en fait maintenant trois) :
sup IN CNAME srvdmz

Commentez ou effacez la ligne NameVirtualHost * :80 dans le fichier /etc/apache2/ports.conf.

Relancez les services DNS et Apache sur le serveur et créez une page de démonstration dans /var/www/sup.

© Editions ENI - Toute reproduction interdite

4.1 La structure d'un système de messagerie

Le fonctionnement du courrier électronique respecte le modèle d'architecture client/serveur. Le système de messagerie compte plusieurs éléments :

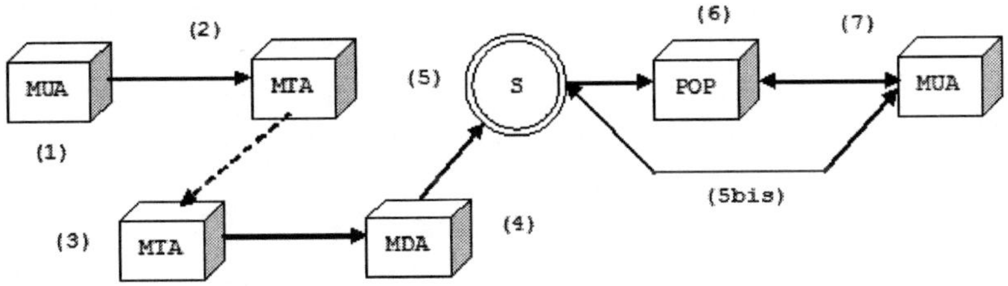

Architecture d'un système de messagerie

Explications

- Pour expédier un message (1), l'agent utilisateur (*Mail User Agent* ou MUA ; ex : `mail` le plus simple, `mutt` en mode console, `Thunderbird` en mode graphique) le compose d'abord, et l'envoie ensuite à un serveur de courrier exécutant un MTA.
- Le MTA (*Mail Transfer Agent* ; ex : `sendmail`, `postfix`, `exim4`) reçoit (2) par le protocole SMTP (on parlera donc de serveur SMTP) le message, détermine s'il doit le prendre ou non, ou le transmet à un autre MTA.
- Le MTA acceptant (3) le message le passe à un MDA (*Mail Delivery Agent* ; ex : `procmail`, `postfix` peut jouer le rôle) soit pour le stocker (4), soit pour le transmettre dans une base de données spécialisée.
- Le courrier est relevé par un MUA qui contacte un serveur POP/IMAP. Celui-ci relève le courrier (5) et le transmet au MUA (6).
- Si le stockage est local, la distribution l'est aussi (5 bis) directement par le MUA.

Il existe aussi des MTA spécialisés comme `Fetchmail` qui récupère le courrier électronique depuis des serveurs distants et le transfère au MTA local.

4.1.1 Composants du système de messagerie

Les protocoles

- **SMTP** (*Simple Mail Transfer Protocol*) : port 25, permet le transfert d'un message entre un MUA et un MTA, ou entre deux MTA ;
- **POP** (*Post Office Protocol*) : port 110, récupère une boîte aux lettres en local afin de consulter les messages ;

© Editions ENI - Toute reproduction interdite

- **IMAP** (*Internet Message Access Protocol*) : port 143, fait la même chose que le protocole POP mais gère en plus directement les messages sur le serveur sans téléchargement.

Le format des adresses

Les formats d'adresses sont nombreux, aussi il ne sera donné que deux exemples :

- **adresses globales** : elles spécifient un site sans spécifier de chemin pour y arriver, en cela, elles sont valides à n'importe quel point de l'Internet, exemple : jdupond@enterprise.fr ;
- **adresses littérales** : la présence des crochets indique une adresse numérique, qui doit être prise telle quelle, exemple : jdupond@[186.240.2.15].

Le format MIME (Multipurpose Internet Mail Extensions)

Il s'agit d'une extension du système de courrier électronique existant : MIME s'occupe du contenu du message et non de son acheminement. MIME étend le contenu possible d'un message par :

- la gestion des types de données comme l'ajout d'autres langues ou la possibilité de transférer des données binaires ;
- la gestion des messages plus complexes contenant plusieurs parties et la possibilité d'objets (images, audio, etc.).

4.1.2 Les problèmes du courrier électronique

Ils sont au nombre de deux : les virus car le courrier électronique est actuellement leur principale source de diffusion (avec actuellement une recrudescence sur la messagerie instantanée) et le spam.

Le SPAM

Tout simplement un courrier non désiré envoyé à de multiples personnes, comme les prospectus qui inondent votre boîte aux lettres postale. Pour l'anecdote, le terme **spam** a deux origines possibles (et pas forcément exclusives). Pour certains, il s'agit d'une marque américaine d'aliments bon marché de mauvaise qualité, alors que pour d'autres, il viendrait d'un sketch des Monty Python.

On peut classer les courriers non sollicités en plusieurs catégories :

- UBE (*Unsollicited Bulk Email*) : le classique courrier non désiré de masse.
- UCE (*Unsollicited Commercial Email*) : courriers purement commerciaux de démarchage éventuellement individuels.

© Editions ENI - Toute reproduction interdite

- MMF (*Make Money Fast*) : chaînes de courriers (interdites en France et aux États-Unis entre autres pays) : comment devenir riche rapidement et sans effort, etc. ; arnaques en somme...

On peut ajouter les prétendues pétitions, les blagues à diffuser, les fausses nouvelles, etc., la liste est longue ! Quelle que soit la catégorie, un **spam** est toujours un problème.

4.2 Mise en place de base du serveur de messagerie

Vous utiliserez comme serveur SMTP (MTA) le logiciel libre Postfix à la place de Sendmail (ou Exim4) car il est simple à configurer, son niveau de sécurité est bon et il consomme moins de ressources système. Un serveur de messagerie complet se compose de plusieurs serveurs : le serveur de courrier entrant (SMTP) et celui sortant (POP et IMAP). Concrètement votre système de messagerie se composera de :

- l'UA (*User Agent*) chargé de poster et de lire le courrier (**Thunderbird** sur le client Ubuntu et Windows) ;
- un MTA (*Message Transfer Protocol*) chargé de l'envoi et de la réception d'un message (**Postfix** sur SRVDMZ) ;
- le MDA (*Mail Delivery Agent*) chargé de délivrer le message provenant du MTA dans une boîte aux lettres (**Procmail** sur SRVDMZ) ;
- un serveur POP chargé de la récupération du courrier en local (**Dovecot-pop3d** sur SRVDMZ).

4.2.1 Postfix en tant que serveur local de messagerie

La première étape consiste à configurer un MTA sur le serveur SRVDMZ, ce qui correspond à une installation locale (pas de réseau). Dans ce type de configuration les messages sont envoyés et reçus localement par les utilisateurs du réseau interne (dans un premier temps, avec une connexion vers l'extérieur dans la section Postfix en serveur pour un domaine).

Installez les paquetages de Postfix et de l'agent simple mail :

```
[root]# aptitude install postfix postfix-doc mailx procmail
```

Après le message d'information, choisissez pour l'instant `Local uniquement`. Validez le nom de courrier par défaut : `srvdmz.virtualix.fr`. Le MTA Postfix démarre.

© Editions ENI - Toute reproduction interdite

Première configuration

- Enlevez le commentaire de la première ligne concernant votre nom de serveur, vérifiez le nom du serveur pleinement qualifié dans le fichier `/etc/postfix/main.cf` et vérifiez la ligne indiquant à Postfix l'utilisation de `procmail` :

```
........
myorigin = /etc/mailname
myhostname = srvdmz.virtualix.fr
mailbox_command = procmail -a "$EXTENSION"
```

- Votre nom de courrier :
  `mydestination = $myhostname,localhost.virtualix.fr,localhost`

- La portée de l'écoute :
  `inet_interfaces = localhost`

On peut consulter le fichier de configuration totale, tel qu'il résulte de l'ajout des paramètres par défaut par la commande `postconf` (le résultat est assez long !!!). Heureusement l'option `-n` permet de lister uniquement les réglages qui ne sont pas ceux par défaut, ce qui donne dans notre cas :

```
........
alias_database = hash:/etc/aliases
alias_maps = hash:/etc/aliases
append_dot_mydomain = no
biff = no
config_directory = /etc/postfix
default_transport = error
html_directory = /usr/share/doc/postfix/html
inet_interfaces = localhost
mailbox_command = procmail -a "$EXTENSION"
mailbox_size_limit = 0
mydestination = $myhostname,localhost.virtualix.fr,localhost
myhostname = srvdmz.virtualix.fr
mynetworks = 127.0.0.0/8 [::ffff:127.0.0.0]/104 [::1]/128
myorigin = /etc/mailname
readme_directory = /usr/share/doc/postfix
recipient_delimiter = +
relay_transport = error
relayhost =
smtp_tls_session_cache_database = btree:${data_directory}/smtp_scache
smtpd_banner = $myhostname ESMTP $mail_name (Ubuntu)
smtpd_tls_cert_file = /etc/ssl/certs/ssl-cert-snakeoil.pem
```


© Editions ENI - Toute reproduction interdite

```
smtpd_tls_key_file = /etc/ssl/private/ssl-cert-snakeoil.key
smtpd_tls_session_cache_database = btree:${data_directory}/smtpd_scache
smtpd_use_tls = yes
```

Premiers tests

- Relancez `postfix` : `[root]# /etc/init.d/postfix restart`.
- Regardez la bonne réactivité de Postfix en utilisant le protocole Telnet (à installer par `aptitude install telnet`) : `[root]# telnet localhost 25`.

Le serveur Postfix vous répond (`quit` pour sortir) :

```
Trying ::1...
Trying 127.0.0.1...
Connected to localhost.
Escape character is '^]'
220 srvdmz.virtualix.fr ESMTP Postfix (Ubuntu)
```

- Testez aussi la syntaxe du fichier `/etc/postfix/main.cf` par :
  `[root]# /etc/init.d/postfix check`

Cela peut sembler un luxe de précaution, mais la mise en place d'un serveur mail nécessite une méthodologie rigoureuse sous peine de chercher **très longtemps** l'erreur... Le résultat de la commande ne vous retourne rien en cas de bonne configuration. Après une modification du fichier `/etc/postfix/main.cf`, un simple `/etc/init.d/postfix reload` suffit (sauf si vous touchez à la directive `inet_interfaces`).

Le courrier du `root`

En règle générale, le courrier de l'utilisateur `root` est dirigé vers un autre compte : le vôtre ou celui indiqué à l'installation du serveur. Il vous permet de surveiller votre système sans devoir se connecter avec tous les droits. Vous devez utiliser les alias dans le fichier `/etc/aliases` (dans mon cas l'utilisateur privilégié : `max`) :

- Ajoutez l'alias du `root` dans le fichier `/etc/aliases` : `root: max`.
- Faites prendre en compte cette modification par `[root]# newaliases`.

© Editions ENI - Toute reproduction interdite

Le scénario de test

À partir de deux utilisateurs locaux avec mots de passe (mon exemple : `frodon` et `sam` déjà créés avec le paragraphe sur les sites virtuels d'Apache (cf. Serveurs Web virtuels - Un peu de sécurité), voici le scénario envisagé :

- envoi en tant que `root` d'un message à `frodon` et `sam` ;
- envoi en tant que `frodon` d'un message à `sam` ;
- envoi en tant que `frodon` d'un message à `root`, reçu en fait par `max`.

Vous allez utiliser comme MUA le programme `mail` et plusieurs consoles.

Pour envoyer un message : on lance `mail` *`nom_utilisateur`*, on renseigne le sujet, on tape le message, on termine par une ligne contenant seulement par un point et un [Entrée] simple sur `Cc`.

Pour consulter un message : commande `mail`, puis `t 1` pour lire le premier mail (etc.), `d` *`nmail`* pour détruire, `?` pour voir l'aide, `q` pour quitter.

Connectez-vous en tant que `root` et envoyez un message de test à `frodon` et `sam`.

Connectez-vous en tant que `frodon`, la commande simple `mail` vous indique un message reçu (un message vous le dit aussi lors de l'ouverture de session) :

```
Ubuntu 9.04 srvdmz tty2

srvdmz login: frodon
Password:
Last login: Tue Jun 16 17:11:54 CEST 2009 on tty2
Linux srvdmz 2.6.28-11-server #42-Ubuntu SMP Fri Apr 17 02:48:10 UTC 2009 i686

The programs included with the Ubuntu system are free software;
the exact distribution terms for each program are described in the
individual files in /usr/share/doc/*/copyright.

Ubuntu comes with ABSOLUTELY NO WARRANTY, to the extent permitted by
applicable law.

To access official Ubuntu documentation, please visit:
http://help.ubuntu.com/
You have new mail.
frodon@srvdmz:~$ mail
Mail version 8.1.2 01/15/2001.  Type ? for help.
"/var/mail/frodon": 1 message 1 new
>N  1 root@srvdmz.virtu  Fri Jun 19 11:48   14/469   test1
& _
```

Affichage du message envoyé à frodon par le root

Toujours en tant que `frodon`, envoyez un message à `sam` et au `root`.

© Editions ENI - Toute reproduction interdite

- Connectez-vous en tant que `sam` : il doit recevoir deux messages.

- Connectez-vous en tant que `max` (ou bien sûr votre utilisateur principal), et vérifiez la présence du message de `frodon` adressé au `root`.

Comme nous sommes dans le cadre d'une distribution locale, les courriers sont stockés dans le répertoire `/var/mail/nom_utilisateur`.

4.2.2 Postfix en serveur pour un domaine

Vous allez ajouter à votre serveur MTA la capacité d'un serveur POP. Pour cela, il faut le transformer en serveur pour un domaine. À partir du client, un utilisateur pourra consulter ses courriers de la machine SRVDMZ. Vous utiliserez comme serveur POP le logiciel **Dovecot**, serveur performant, sécurisé et, ce qui ne gâte rien, plus facile à configurer que des serveurs comme Cyrus ou WU. La coopération entre Postfix et un serveur POP est simple : lorsque Postfix accepte la distribution d'un courrier, il le place dans l'espace de stockage. Ce dernier est utilisé ensuite par le serveur POP pour récupérer les courriers.

Installation du serveur POP

- Installez les paquetages du service POP :

```
[root]# aptitude install dovecot-pop3d
```

Vous allez utiliser pour commencer une politique d'authentification simple en "`plain text`" donc sans sécurité.

- Remplacez la valeur de la ligne suivante du fichier de configuration de `/etc/dovecot/dovecot.conf` (63ème ligne environ) :

```
disable_plaintext_auth = no
```

Aide: comme c'est un fichier assez long... utilisez, si vous êtes sous VIM, la fonction de recherche soit [Echap] + /, suivi du motif (du texte à chercher).

- Relancez le service Dovecot :

```
[root]# /etc/init.d/dovecot restart
```

Ne vous inquiétez pas du message sur d'éventuels troubles au niveau de l'authentification.

- Vérifiez la bonne marche du serveur POP en local avec l'utilisateur `frodon` (après la connexion, tapez `user frodon` et `pass` *`passe_de_frodon`*) :

```
[root]# telnet localhost 110
```

© Editions ENI - Toute reproduction interdite

Le serveur Dovecot vous répond :

```
Trying ::1...
Trying 127.0.0.1...
Connected to localhost.
Escape character is '^]'
+OK Dovecot ready.
user frodon
+OK
pass frodon
+OK Logged in.
```

Modifiez le fichier de configuration Postfix `/etc/postfix/main.cf` :

```
(...)
mydomain = virtualix.fr
myhostname = srvdmz.$mydomain
(...)
mydestination = $myhostname,localhost.virtualix.fr,localhost,$mydomain
(...)
inet_interfaces = $myhostname, localhost
```

Respectivement le domaine DNS, le serveur, le domaine de la délivrance du courrier et l'écoute de toutes interfaces du serveur. Comme on retrouve des variables dans la succession des directives, **faites attention à l'ordre** notamment pour `$mydomain`. Certaines configurations font état de `inet_interfaces` à `all`, **ne le faites pas !** Cela pourrait entraîner un risque d'utilisation frauduleuse en relais de la part de gens mal intentionnés...

Autre partie de la modification :

```
relayhost = $mydomain
relay_domains = $mydestination
mynetworks = 192.168.4.0/24 127.0.0.0/8
```

La première ligne définit le domaine de relais du courrier et la deuxième l'autorisation du relais uniquement pour notre domaine. La dernière ligne énonce les réseaux autorisés (notre réseau interne et celui de boucle locale).

© Editions ENI - Toute reproduction interdite

Modification du DNS

Il faut indiquer à tout notre domaine la présence d'un serveur de messagerie et d'un serveur POP.

- Modifiez votre fichier de zone DNS `/var/cache/bind/db.virtualix.fr` en y ajoutant **à la fin** la référence au serveur de messagerie et les alias pour les serveurs SMTP et POP :

```
@       IN    MX 10     srvdmz.virtualix.fr.
smtp    IN    CNAME     srvdmz
pop     IN    CNAME     srvdmz
```

Le chiffre 10 indique le niveau de préférence. Pourquoi pas 1 ? Si vous êtes sûr de ne pas avoir à intercaler un autre serveur...

- Redémarrez les services DNS et Postfix :

```
[root]# /etc/init.d/bind9 restart
[root]# /etc/init.d/postfix restart
```

4.2.3 Vérifications sur les clients

Vérification sur le client Windows

Vous pouvez vous connecter sur le client Windows en administrateur et sur le domaine local. Il n'y a pas de relation entre les comptes utilisateurs et les comptes mails (même si normalement l'un ne va pas sans l'autre : mais vous êtes en phase de test). Les adresses e-mail sont de la forme *utilisateur*@virtualix.fr.

- Vérifiez dans la console DOS la bonne connectivité DNS par ping pour `pop.virtualix.fr` et `smtp.virtualix.fr`.

- Créez un compte mail avec **Thunderbird** pour les utilisateurs `frodon` et `sam` avec les serveurs `pop.virtualix.fr` pour le serveur de courrier entrant et `smtp.virtualix.fr` pour le serveur de courrier sortant.

© Editions ENI - Toute reproduction interdite

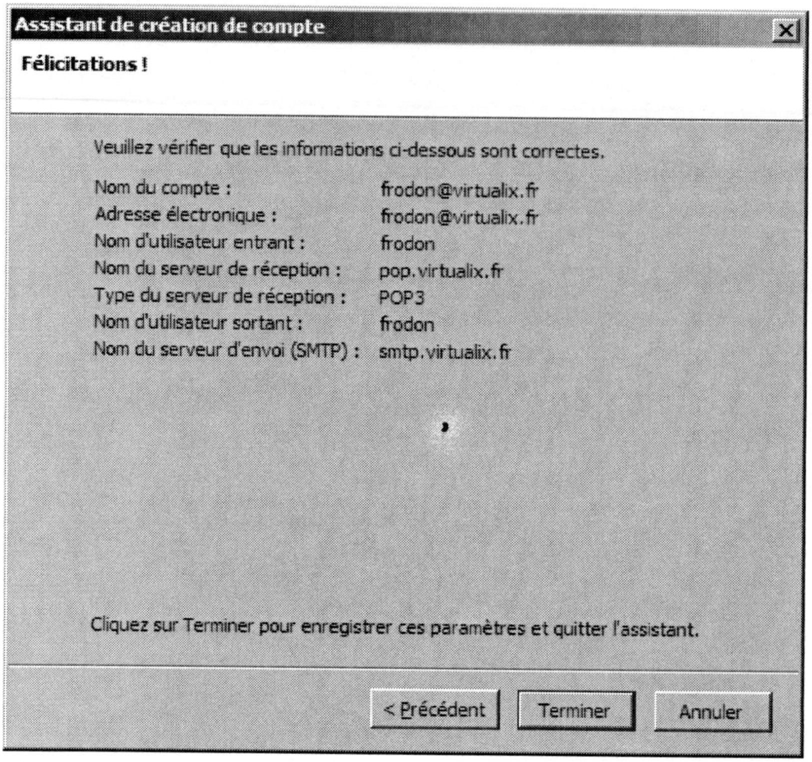

Définition des paramètres du compte mail de frodon

- Envoyez un message de `frodon` à `sam` avec une copie jointe pour le `root` (adresse mail `root@virtualix.fr`).

La relève de courrier chez `sam` montre ce message et, en local sur le serveur SRVDMZ, vous devez le trouver avec l'agent mail sur le compte de l'utilisateur à qui est transmis le courrier du `root`.

Vérification sur le client Ubuntu

La manipulation demeure identique (il faut installer **Thunderbird**). Rappelez-vous simplement que les messages ne sont plus stockés sur le serveur aussi, si vous les avez relevés sur le client Windows, ils n'apparaîtront pas de nouveau sur le client Ubuntu. Il faut en créer d'autres.

© Editions ENI - Toute reproduction interdite

4.2.4 Exploiter au mieux les logs du système de messagerie

Un utilitaire (`pflogsumm`) écrit en Perl permet d'analyser en détail les logs d'un serveur de messagerie. Son fonctionnement est très simple, après installation du paquetage de même nom sur le serveur, lancez la commande `pflogsumm /var/log/mail.log | less` et appréciez le résultat...

5 Serveur mandataire

Vous disposez de plusieurs sites virtuels en interne et bien sûr d'un accès vers Internet pour les utilisateurs. Très vite maintenant se pose la question de l'optimisation de cette relation avec l'extérieur. C'est là qu'intervient la notion de serveur proxy ou serveur mandataire chargé comme un chef de gare de réguler tout le trafic des requêtes réseaux sur le Web.

5.1 Principes du service

Le terme **proxy** se traduit littéralement par le mot procuration mais on lui préfère celui de mandat. Un serveur proxy se définit donc comme un serveur mandataire réalisant à votre place des requêtes réseaux protocolaires comme par exemple HTTP ou encore FTP. On dégage trois grandes fonctionnalités de ce type de serveurs :

- le **partage de connexion** Internet ;
- la **mise en cache** des éléments (images, pages HTML, sons...) ;
- le **filtrage** des données.

Si la première fonctionnalité peut être réalisée autrement, la deuxième accélère les réponses pour les navigateurs clients (on parlera généralement de proxy-cache) et la dernière offre la possibilité de sélectionner les sites autorisés et ceux qui ne le sont pas...

Dernière chose, un proxy agit selon deux modes différents, serveur ou transparent :

- en **mode serveur**, une modification se fera dans les paramètres de connexion du navigateur des postes clients afin d'indiquer l'adresse du serveur et le port sur lequel il doit s'y connecter.
- en **mode transparent**, aucune modification n'est nécessaire sur le poste client mais il ne peut plus y avoir alors d'authentification utilisateur.

© Editions ENI - Toute reproduction interdite

5.1.1 Le serveur Squid

Vous utiliserez le serveur **Squid** car ce dernier est le plus souvent livré en standard dans la plupart des distributions. Outre les paquetages obligatoires `squid` et `squid-common`, vous pouvez utiliser d'autres paquetages (ce que vous ferez pour quelques-uns) :

- `squidclient`, utilisateur en ligne de commande pour trouver une URL à partir du cache de Squid ;
- `squid-prefetch`, composant qui charge en tâche de fond le texte des pages dont les liens se trouvent sur la page en cours de lecture dans le navigateur ;
- `squidguard` filtre, redirecteur et plug-in de contrôle d'accès ;
- `squid-cgi` interface Web de configuration, statistiques... ;
- `chastity-list`, liste noire des sites à interdire ;
- `sarg` générateur de rapport d'analyse permettant de contrôler "où" vont vos utilisateurs sur l'Internet.

5.1.2 Le principe des ACL

Le principe de Linux basé sur l'identification de l'utilisateur, du groupe et des autres ("reste du monde") montre ses limites quand il s'agit d'appliquer des droits plus précis ou droits "atomiques" (droits multiples liés à un objet). Concrètement pour utiliser les ACL (*Access Control Lists*) vous devez :

- vérifier que le noyau de votre distribution (ce qui est le cas pour la Ubuntu) supporte les ACL au niveau de votre système de fichier (EXT3_FS par exemple) par la commande :

```
[root]# cat /boot/config-numero_noyau | grep ACL
```

```
root@srvdmz:~# cat /boot/config-2.6.28-13-server | grep ACL
CONFIG_EXT2_FS_POSIX_ACL=y
CONFIG_EXT3_FS_POSIX_ACL=y
CONFIG_EXT4_FS_POSIX_ACL=y
CONFIG_FS_POSIX_ACL=y
CONFIG_GENERIC_ACL=y
CONFIG_JFS_POSIX_ACL=y
CONFIG_NFSD_V2_ACL=y
CONFIG_NFSD_V3_ACL=y
CONFIG_NFS_ACL_SUPPORT=m
CONFIG_NFS_V3_ACL=y
CONFIG_REISERFS_FS_POSIX_ACL=y
CONFIG_TMPFS_POSIX_ACL=y
CONFIG_XFS_POSIX_ACL=y
```

Exemple du noyau generic 2.6.28-13 de la Jaunty

© Editions ENI - Toute reproduction interdite

- installer le paquetage ACL (dépôt `universe`) pour disposer des commandes `setfacl` et `getfacl`.

En ce qui concerne Squid, les ACL permettent de définir des conditions sur les IPs, les ports, le contenu de certains textes, etc. On parlera pour définir ces conditions de "restrictions" avec l'indication du comportement à adopter lorsque celles-ci se vérifient (d'où une certaine ambiguïté).

Règles de base

- L'autorisation ou l'interdiction se lit pour une ACL ou un groupe d'ACL.
- L'ordre des restrictions est très important : du moins restrictif au plus restrictif selon le principe de l'entonnoir.

5.2 Installation et configuration de Squid

Vous utiliserez le serveur SRVDMZ et son service Apache pour installer le service Squid. À partir de cette activité, le(s) client(s) passeront obligatoirement par le serveur SRVDMZ via Squid pour leurs requêtes Web à partir du navigateur.

➘ Installez Squid et celui pour les ACL :

```
[root]# aptitude install squid acl
```

Classiquement, le comportement d'un serveur Squid se contrôle par l'édition de son fichier `/etc/squid/squid.conf`.

➘ Dans l'état initial de Squid, paramétrez un navigateur client afin qu'il utilise le proxy (en configuration manuelle), par exemple FireFox sous Linux (par défaut le port est 3128) : menu **Edition**, option **Préférences**, icône **Avancé**, onglet **Réseau**, bouton **Paramètres**.

© Editions ENI - Toute reproduction interdite

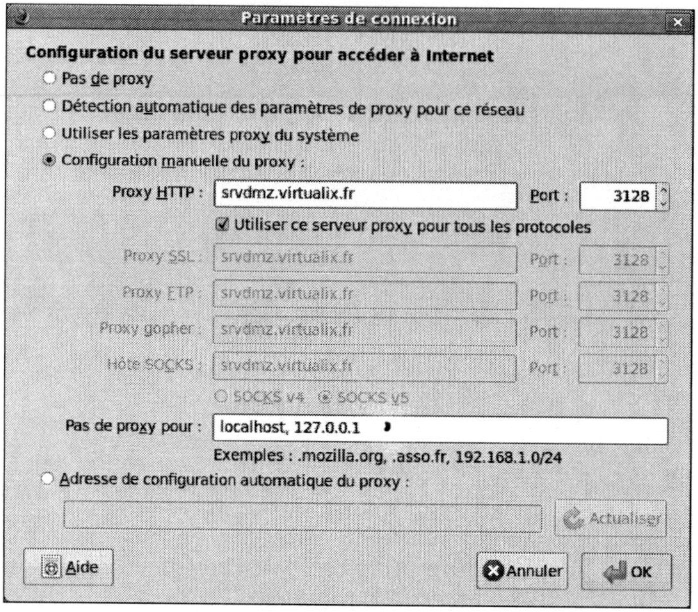

Paramétrage du proxy sous FireFox

Si vous allez sur Google, cela ne marchera pas car Squid a un comportement de blocage par défaut suite à l'installation :

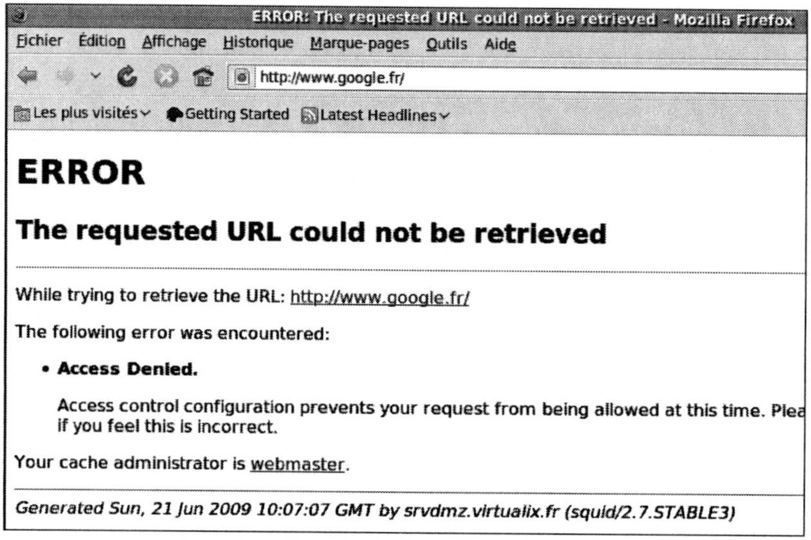

Accès impossible par le proxy Squid

© Editions ENI - Toute reproduction interdite

Ainsi que le montre la commande sur le serveur avec un joli TCP_DENIED :

```
[root]# tail -f /var/log/squid/access.log
```

Bien sûr l'accès se fera sans problème si l'on revient à la configuration initiale du navigateur. Pour interdire l'accès normal, il faudra passer par un pare-feu (mise en place dans le chapitre sur la sécurité).

Pour le réglage de Squid, on se heurte à un petit problème... vu l'importance du fichier de configuration (~5000 lignes...) et du nombre élevé de commentaires il faut au préalable après l'avoir sauvegardé, l'expurger par une commande (trois en fait reliées par des tubes) :

```
[root]# cd /etc/squid
[root]# cp squid.conf squid.conf.sauv
[root]# cat squid.conf.sauv | grep -v ^# | grep -v ^$ > squid.conf
```

Ce qui veut dire : édition du fichier `squid.conf.sauv` non par sur la sortie standard (l'écran) mais en entrée de la première commande `grep` qui filtre les lignes commençant par un dièze. La deuxième commande `grep` filtre quant à elle les lignes vides et envoie le résultat dans le fichier `squid.conf` (avec écrasement du contenu précédent).

Voici en tout cas ce que vous devez ajouter dans le fichier Squid de base (ce qui reste représente environ une cinquantaine de lignes) `/etc/squid/squid.conf` (mettre à la fin, **laissez les autres lignes présentes en l'état**) :

```
# Détermination de l'utilisateur effectuant les requêtes sur
# le serveur
cache_effective_user proxy
cache_effective_group proxy

# Emplacement de stockage des données et réglages des niveaux
cache_mem 16 MB
cache_dir ufs /var/spool/squid 1024 16 128
```

5.2.1 Configuration du contrôle d'accès

Entrons dans le vif du sujet avec la configuration du contrôle d'accès de vos machines clientes, but principal de Squid. Vous utiliserez à cet effet les contrôles de type ACL. Le fichier de configuration montre deux grandes parties : la définition des listes ACL, puis la détermination des droits.

© Editions ENI - Toute reproduction interdite

- Modifiez le fichier de configuration pour un contrôle de votre réseau juste **avant la ligne** sur le réseau local (`acl localhost`) :

```
# Ajout de la définition ACL pour votre réseau local
acl lan src 192.168.4.0/255.255.255.0
```

- Ajoutez ensuite l'autorisation pour ce même réseau comme **premier `http_access`** :

```
# Ajout du droit AU-DESSUS des autres http_access
http_access allow lan
```

Rappel : la ligne sur l'ACL lan se positionne **avant** les autres, on autorise le réseau local avant de tout bloquer par `http_access deny all.`

- Redémarrez le service Squid (`/etc/init.d squid restart`), cette fois-ci **l'accès est possible** à partir du navigateur client...

5.2.2 Contrôle d'accès suivant un horaire particulier

On peut faire beaucoup de choses avec le mécanisme des ACL, comme par exemple restreindre l'accès de certains clients à une plage horaire précise :

```
acl allowed_hosts src 192.168.4.100 192.168.4.101
acl limitehoraire time 08:00-17:30
http_access allow allowed_hosts limitehoraire
```

Dans cet exemple, l'accès est autorisé pour deux machines d'IP 100 et 101 entre 08 heures et 17 heures 30.

- Testez cette modification du fichier de configuration Squid.

On peut aussi limiter à certains jours comme le montre le format suivant :

`acl [mot_clef] time [liste_jours] [heure:minute-heure:minute]`

La liste de jours se manifeste par une liste d'initiales des jours en langue anglaise (attention ! le jeudi : t**H**ursday et le samedi : s**A**turday).

© Editions ENI - Toute reproduction interdite

5.2.3 Configuration personnalisée avec SquidGuard

Celle-ci concerne au premier chef la mise en œuvre d'un filtrage des sites pour adultes, de jeux d'argent, de thèses racistes, etc. Vous avez la possibilité d'utiliser les ACL avec l'utilisation d'expressions régulières mais la maintenance d'une telle liste est vite fastidieuse (voire impossible). On préfère lui substituer le paquetage **SquidGuard** avec la Blacklist Chastity-list ou liste noire. Les listes d'interdictions couvrent de nombreux domaines et sont mises à jour régulièrement par une université de Toulouse :
(`http://cri.univ- tlse1.fr/blacklists/`).

Vous pouvez alors entre autres :

- limiter l'accès au Net à partir d'une liste de sites web autorisés ;
- bloquer l'accès à des sites web présents dans une liste noire ;
- bloquer les accès aux sites présentant dans leurs URL certains mots clefs jugés ambigus ;
- interdire les accès aux sites accessibles uniquement sous forme d'adresses IP ;
- rediriger les utilisateurs vers une page d'information lorsqu'un site est interdit.

Installez le paquetage SquidGuard et l'outil `wget` :
`[root]# aptitude install squidguard wget`

Récupérez la liste noire à partir du site de Toulouse, décompressez-la et mettez l'ensemble dans le répertoire `/etc` :

```
[root]# wget ftp://ftp.univ-
tlse1.fr/pub/reseau/cache/squidguard_contrib/blacklists.tar.gz
[root]# tar -zxvf blacklists.tar.gz
[root]# mv blacklists /etc
```

Ajoutez ensuite à la fin du fichier `/etc/squid/squid.conf` la ligne pour rediriger Squid vers SquidGuard et pour indiquer le nombre de processus engendré (**attention ! bien mettre le G en majuscule** de squidGuard) :

```
url_rewrite_program /usr/bin/squidGuard
url_rewrite_children 5
```

Modifiez la variable `dbhome` dans le fichier de configuration de SquidGuard `/etc/squid/squidGuard.conf` :
`dbhome /etc/blacklists`

© Editions ENI - Toute reproduction interdite

Vous venez de créer deux utilisateurs dans le fichier `/etc/squid/squid_users`. Notez que les mots de passe (dernier mot) sont en clair sur la ligne de commande.

Modifiez le fichier `/etc/squid/squid.conf` :

```
........
# ATTENTION : à mettre au tout début du fichier
auth_param basic program /usr/lib/squid/ncsa_auth /etc/squid/squid_users
auth_param basic children 5
auth_param basic realm Squid proxy-caching web server
authenticate_ttl 1 hour
authenticate_ip_ttl 60 seconds
# ATTENTION : mettre l'ACL juste avant celle sur le lan
acl verif proxy_auth REQUIRED
# ATTENTION : mettre l'autorisation avant les autres http_access
http_access deny !verif
```

Remarque : pour une autorisation via le fichier `/etc/shadow`, nous aurions écrit :
`auth_param basic program /usr/lib/squid/ncsa_auth /etc/shadow`

Effectuez les modifications supplémentaires :

```
........
[root]# chown proxy.shadow /usr/lib/squid/ncsa_auth
[root]# chmod 2750 /usr/lib/squid/ncsa_auth
```

Les options commençant par `authenticate` spécifient le temps de connexion de l'utilisateur avant une nouvelle demande du mot de passe et l'intervalle de connexion pour des ordinateurs différents sur lesquels un même utilisateur peut se connecter.

Relancez le service Squid.

Une requête sur le client déclenche cette fois la demande d'un login et d'un mot de passe (nos utilisateurs `frodon` et `sam`) même pour les pages autorisées.

5.3.1 Utilisation d'une redirection par script CGI

La redirection peut s'effectuer au lieu de votre page d'erreur avec un script CGI fourni par SquidGuard. La procédure normale consiste alors à ajouter à Apache la possibilité d'exécuter des scripts CGI afin de modifier le message de sortie.

© Editions ENI - Toute reproduction interdite

- Prenez un des exemples fournis avec SquidGuard (il y en a un autre plus simple nommé... `squidGuard-simple.cgi.gz`) :

```
[root]# mv /usr/share/doc/squidguard/examples/squidGuard.cgi.gz
/usr/lib/cgi-bin/
[root]# gunzip /usr/lib/cgi-bin/squidGuard.cgi.gz
```

- Ajoutez à la fin du fichier de configuration d'Apache `/etc/apache2/apache2.conf` :
`AddHandler cgi-script .cgi`

- Créez le fichier de configuration CGI `/etc/apache2/mods-available/cgi.conf` :
`ScriptAlias /cgi-bin/ "/usr/lib/cgi-bin/"`

- Dernières manipulations, établissez le lien et attribuez les droits (bien respecter le chemin absolu pour la première commande) :

```
[root]# ln -s /etc/apache2/mods-available/cgi.conf /etc/apache2/mods-enabled/
[root]# chmod 775 /usr/lib/cgi-bin/squidGuard.cgi
```

- Relancez le service Apache, la demande d'un site non autorisé doit aboutir cette fois sur une page d'information de type **403 Interdit**.

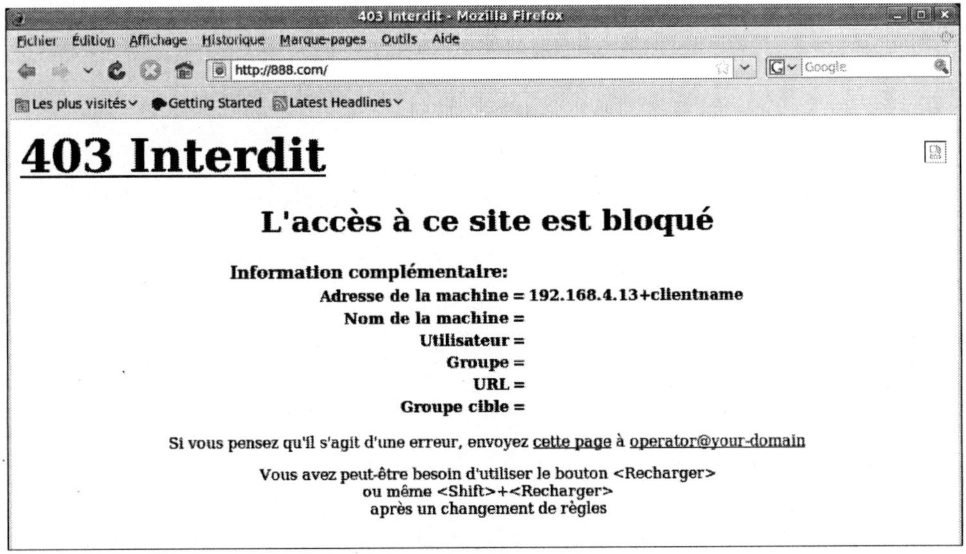

Avis plus motivé mais pas forcément plus clair d'un refus d'un site interdit

© Editions ENI - Toute reproduction interdite

5.3.2 Gestion des accès ou analyse des logs

Une fois vos utilisateurs authentifiés, il vous reste encore à exploiter vos fichiers journaux dans `/var/log/squid/` avec notamment :

- `access.log`, contient les demandes des utilisateurs ;
- `store.log`, contient les accès refusés.

Nous utiliserons dans cette fiche le paquetage SARG. Il permet de traiter les logs du serveur Squid et de les formater sous la forme d'une arborescence de type Web.

➘ Installation du paquetage :

```
[root]# aptitude install sarg
```

➘ Configurez SARG pour la langue française dans `/etc/squid/sarg.conf` :

```
language French
```

➘ Vérifiez, toujours dans ce fichier :

- la présence de la source de log Squid : `access_log /var/log/squid/access.log` ;
- l'endroit où les fichiers d'analyse sont générés : directive `output_dir` ; vous pouvez mettre plutôt `/var/www/`**`secu`**`/squid-reports` ;
- éventuellement la prise en compte de SquidGuard par la ligne : `squidguard_conf /etc/squid/squidGuard.conf`.

➘ Générez votre rapport par la commande : `sarg -n` (il existe d'autres options, voir pour cela le manuel en ligne).

➘ Paramétrez votre navigateur sur le CLIENT afin qu'il n'utilise pas le proxy pour l'adresse `secu.virtualix.fr`.

© Editions ENI - Toute reproduction interdite

La saisie dans le navigateur de l'URL `http://secu.virtualix.fr/squid-reports/` produit quelque chose comme cela (après un clic sur le lien fichier/période) :

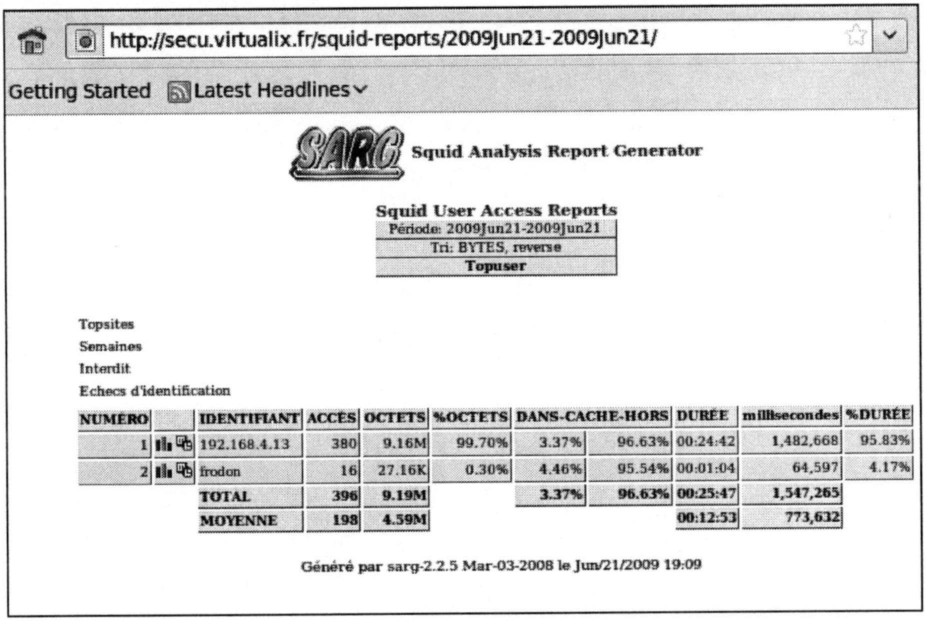

Page Web de traitement des logs

5.3.3 Intégration derrière un autre proxy

Quelquefois, dans le cas par exemple d'un service et non d'une entreprise, vous pouvez vous placer derrière un autre `proxy`. Dans cette hiérarchie, votre serveur sera "le fils" et l'autre "le père". Cela se détermine à l'aide de deux directives dans `squid.conf` :

```
cache_peer proxy.nom_du_parent parent 3128 0 no-query default
acl all src 0.0.0.0/0.0.0.0
never_direct allow all
```

La première directive indique le serveur mandataire parent, la deuxième ligne existe déjà et la deuxième directive interdit à votre serveur Squid de se connecter directement. **Ceci est donné à titre d'information** car vous n'avez pas ici deux serveurs proxy.

© Editions ENI - Toute reproduction interdite

© Editions ENI - Toute reproduction interdite

Chapitre 4
Intégration de clients au réseau

1 Installation d'un serveur de temps

Dans un orchestre, le chef donne le tempo. Si un ou plusieurs des musiciens ne jouent pas dans le rythme, la musique sera mauvaise... Pour un réseau, le serveur de temps synchronise toutes les machines au niveau de la date et de l'heure système ce qui facilite la tâche de l'administrateur en ce qui concerne des mises à jour, des fichiers de logs, etc.

1.1 Principe d'un serveur NTP

Une mauvaise synchronisation entraîne des dysfonctionnements dans les services et surtout des erreurs d'interprétation dans les fichiers journaux (logs). Cette synchronisation s'effectue à intervalle régulier, certaines horloges de machines ayant tendance à se dérégler. Dans le cadre d'une authentification centralisée, cette synchronisation s'avère indispensable.

Le service NTP (*Network Time Protocol*) se base sur un serveur de référence afin de régler son heure système. NTP, comme DNS se base sur une structure pyramidale comportant plusieurs niveaux ou strates. Chaque serveur se synchronise avec un élément au-dessus de lui et synchronise les éléments en dessous de lui : ceci implique qu'à part le premier niveau, que chaque serveur joue ***aussi*** le rôle d'un client.

1.1.1 Les différentes strates

Au sommet constituant la première strate, se trouvent les serveurs qui se synchronisent directement à des sources externes de temps comme avec une horloge atomique. **On ne doit jamais se synchroniser sur un serveur de niveau 1**, on peut par contre se synchroniser sur un serveur de niveau 2. Le principe de la structure pyramidale permet de répartir les demandes de synchronisation : il y a donc répartition des tâches. Le nombre de strates est limité à 15. Même si votre serveur ne se synchronise pas sur un serveur de niveau supérieur, vos clients peuvent se synchroniser sur vous ; cela fait qu'au moins dans votre réseau toutes les machines sont à la même heure, même fausse éventuellement !

1.1.2 Configuration

Le service NTP est géré par un fichier de configuration générale et un ensemble de commandes. Vous verrez qu'en fait on ne synchronise pas sur un seul serveur mais plusieurs car on ne peut être sûr de leurs disponibilités. Le paquetage NTP comprend `ntpdate`, programme permettant de récupérer la date et l'heure d'ordinateurs distants via un réseau et ntp, démon qui règle de façon continue l'heure système.

© Editions ENI - Toute reproduction interdite

Le réglage de l'horloge interne

Il faut à ce stade faire un petit distinguo : les systèmes Windows nécessitent que l'horloge CMOS (l'horloge système dans le BIOS) soit à l'heure locale, c'est-à-dire en fonction du fuseau horaire de votre lieu de résidence. Le système Linux lui, calcule tous les fuseaux horaires à partir de l'heure UTC, c'est-à-dire l'heure de Greenwich ou heure universelle. Vous comprenez aisément que dans le monde tous les serveurs Linux/Unix ont la même heure.

L'affichage de l'heure corrigée par le fuseau horaire n'est utile que pour l'humain... Construire un serveur NTP implique **obligatoirement** une déclaration de l'horloge système en UTC. Le système Linux s'accommode aussi d'une horloge système en heure locale dans le cas d'une cohabitation Windows/Linux (exemple : notre client). Dans ce cas, réglez l'heure en local car Windows a quelques impératifs...

Adresses de serveurs NTP disponibles en France

La liste des serveurs de temps pour NTP en France se trouve à l'adresse : http://www.cru.fr/NTP/serveurs_francais.html. Vous verrez que certains demandent à être prévenus en cas d'utilisation de votre part (simple politesse). On peut alors préférer dans une optique de test les serveurs en accès ouvert.

1.1.3 Une autre approche des serveurs NTP

La synchronisation sur un serveur de temps entraîne quelquefois des problèmes. Outre la synchronisation "à la barbare" sur des serveurs bien connus entraînant un problème de surcharge, on peut être confronté à des interruptions ou des limitations de service. Adrian von Bidder a eu l'idée de créer un ensemble (`pool`) de serveurs NTP derrière un `round robin` (ensemble variant) DNS. Les utilisateurs configurent leur client pour accéder à `pool.ntp.org` (ou sa variante française `fr.pool.ntp.org`) et tombent alors sur un serveur NTP bénévole (il y en a environ 111 d'actifs). En pratique, on indique une liste de plusieurs serveurs :

```
server 0.fr.pool.ntp.org
server 1.fr.pool.ntp.org
server 2.fr.pool.ntp.org
server 3.fr.pool.ntp.org
```

© Editions ENI - Toute reproduction interdite

1.2 Les trois outils de programmation de tâches

Ubuntu fournit trois outils de programmation de tâche correspondant à trois types de tâches à réaliser :

- le démon `atd` : exécute un travail donné à un moment donné, et ce, une seule fois ;
- le démon `crond` : exécute un ou plusieurs travaux à des horaires précis suivant un intervalle de temps défini ;
- le démon `anacron` : exécute un ou plusieurs travaux après un laps de temps déterminé.

Les informations qui suivent concernent les utilitaires `cron` et `anacron`.

1.2.1 Principe de fonctionnement de cron

Le démon `cron` examine le fichier `/etc/crontab` qui contient les entrées correspondant aux répertoires respectifs `/etc/hourly` (heures), `daily` (jours), `weekly` (semaines) et `monthly` (mois). Il exécutera les scripts de ces répertoires suivant une période inscrite dans `/etc/crontab`. Exemple :

```
# /etc/crontab: system-wide crontab
# Unlike any other crontab you don't have to run the 'crontab'
# command to install the new version when you edit this file.
# This file also has a username field, that none of the other crontabs do.

SHELL=/bin/sh
PATH=/usr/local/sbin:/usr/local/bin:/sbin:/bin:/usr/sbin:/usr/bin

# m h dom mon dow user  command
17 *    * * *   root    run-parts --report /etc/cron.hourly
25 6    * * *   root    test -x /usr/sbin/anacron || run-parts --report /etc/cron.daily
47 6    * * 7   root    test -x /usr/sbin/anacron || run-parts --report /etc/cron.weekly
52 6    1 * *   root    test -x /usr/sbin/anacron || run-parts --report /etc/cron.monthly
#
```

Contenu du fichier /etc/crontab

Les variables initialisées parlent d'elles-mêmes. Sachez simplement que la sortie standard des scripts (ou leurs erreurs) est envoyée par mail. Les quatre dernières lignes donnent la périodicité sous forme minute/heure/jour/mois/jour de la semaine, ce qui donne :

- la 17ème minute de chaque heure pour `/etc/cron.hourly` ;
- chaque jour à 6 heures 25 pour `/etc/cron.daily` ;
- chaque semaine le dimanche à 6 heures 47 pour `/etc/cron.weekly` ;
- le premier de chaque mois à 6 heures 52 pour `/etc/monthly`.

© Editions ENI - Toute reproduction interdite

Il est possible de définir une fréquence (intervalle ou "pas") et d'autres éléments, voir dans ce cas le manuel en ligne. Un utilisateur peut aussi créer une "crontable" ou fichier particulier de requête qui sera copié par la commande `crontab` dans `/var/spool/cron`. Exemple de script utilisateur nommé `ma_crontable` :

```
# Exemple de fichier perso crontable
01 08 * * * /bin/rm .*.swp
```

Ce qui aura pour effet de supprimer tous les fichiers cachés se terminant par `.swp` (dans le répertoire de l'utilisateur par défaut) tous les jours à 8 heures et 1 minute si la machine est allumée (notez la présence obligatoire du chemin absolu pour la commande).

Exemples d'utilisation de la commande `crontab` :

```
crontab [-u utilisateur] ma_crontable
# installe le fichier de requête si l'option u est omise
# l'utilisateur connecté sera celui utilisé par défaut

crontab -l
# liste la crontab active

crontab -e
# édite par vi et modifie la crontab active, on ne doit pas
# passer directement par vi

crontab -r
# arrête la crontab active
```

Il est possible d'attribuer des permissions pour autoriser ou non la commande `crontab`. Sur Ubuntu tous les utilisateurs ont par défaut le droit de l'exécuter.

1.2.2 Principe de fonctionnement d'anacron

Le démon `anacron` examine le fichier `/etc/anacrontab` qui contient les entrées correspondantes à chaque tâche. Chaque ligne du fichier de configuration a le format :

`periode delai tâche commande`

Ce qui correspond à :

- `periode` : fréquence (en jours) utilisée pour l'exécution de la commande ;
- `delai` : temps d'attente en minutes ;

© Editions ENI - Toute reproduction interdite

- `tâche` : description de la tâche ;
- `commande` : commande à exécuter.

Pour chaque tâche, `Anacron` détermine si elle a été exécutée sur la période spécifiée ; dans le cas contraire, `Anacron` exécute la commande spécifiée après avoir respecté le délai d'attente spécifié. Une fois la tâche terminée, la date est enregistrée dans le répertoire `/var/spool/anacron`, la valeur de tâche étant utilisée comme nom de fichier. Pour plus de détails, voir le manuel en ligne pour `anacrontab`. Exemple :

Fichier `/etc/anacrontab` :

```
# /etc/anacrontab: configuration file for anacron
# See anacron(8) and anacrontab(5) for details.

SHELL=/bin/sh
PATH=/usr/local/sbin:/usr/local/bin:/sbin:/bin:/usr/sbin:/usr/bin
MAILTO=root

1 65 cron.daily run-parts /etc/cron.daily
7 70 cron.weekly run-parts /etc/cron.weekly
30 75 cron.monthly run-parts /etc/cron.monthly
```

1.3 Mise en place du service de temps

Vous allez installer le service NTP sur le serveur SRVLAN de façon à ce que le serveur SRVDMZ et le CLIENT puissent s'y référer afin de se synchroniser. Avant toute chose, veuillez mettre à l'heure votre horloge système : au niveau du BIOS de la machine (physique ou VMware), indiquez comme heure celle du temps universel ou UTC (ou heure de Greenwich).

Exemple : si vous êtes en France à 15 H 18 de l'après-midi en septembre, l'heure UTC est : 13 H 18 soit GMT - 2 (avec l'heure d'été). Pour connaître avec précision les différentes heures voir le site : http://www.fil-info-france.com/7-info-heures.htm.

- Vérifiez au niveau du fichier `/etc/defautlt/rcS` la détermination de votre système en UTC : `UTC=yes`.

- Installez les paquetages NTP : `[root]# aptitude install ntp`.

Ce qui a pour effet d'installer le serveur avec les dépendances `ntp` (utilitaires) et `ntp-simple` (démon) et sa documentation.

© Editions ENI - Toute reproduction interdite

1.3.1 Configuration du serveur

Elle passe par le fichier `/etc/ntp.conf` :

```
# Emplacement du fichier contenant l'écart moyen de l'horloge
driftfile /var/lib/ntp/drift

# Fichiers statistiques de NTP
statsdir /var/log/ntpstats/
statistics loopstats peerstats clockstats
filegen loopstats file loopstats type day enable
filegen peerstats file peerstats type day enable
filegen clockstats file clockstats type day enable

# Serveurs de synchronisation
server 0.fr.pool.ntp.org
server 1.fr.pool.ntp.org
server 2.fr.pool.ntp.org
server 3.fr.pool.ntp.org prefer

# Synchronisation sur l'horloge locale si les serveurs ne
# répondent pas le niveau de notre serveur est fixé à la strate
# 9 pour être tranquille
server 127.127.1.0
fudge 127.127.1.0 stratum 9

# Permet la synchronisation de temps avec notre source mais ne
# permet pas à la source de questionner ou modifier le service
# sur ce système
restrict -4 default kod notrap nomodify nopeer noquery
restrict -6 default kod notrap nomodify nopeer noquery

# Restreint les fonctions d'administration à la boucle locale
restrict 127.0.0.1 nomodify
restrict ::1

# Restreint la synchronisation au réseau indiqué
restrict 192.168.4.0 mask 255.255.255.0 nomodify notrap
```

Vous avez quatre serveurs de temps de niveau (strate) 2 normalement disponibles, le mot-clé `prefer` indique, vous vous en doutez, le serveur interrogé de préférence... (c'est juste pour montrer que l'option existe).

© Editions ENI - Toute reproduction interdite

Stoppez le service s'il est en fonctionnement :

```
[root]# /etc/init.d/ntp stop
```

Ceci est nécessaire pour effectuer les opérations suivantes.

Un préalable : la synchronisation forcée du serveur

Lors de la toute première demande de synchronisation, votre serveur peut présenter un écart trop important, entraînant un problème de démarrage. Le mieux est de le positionner comme client et de déclencher une synchronisation forcée.

Le service `ntpdate` ne s'installe pas au démarrage pour le serveur et cela nous convient. Par défaut, il indique dans son fichier de configuration `/etc/default/ntpdate` comme NTPSERVERS le serveur NTP d'Ubuntu avec demande d'utilisation du fichier de configuration `ntp.conf` :

Changez ces deux lignes avec les renseignements ci-dessous :

```
NTPDATE_USE_NTP_CONF=no
NTPSERVERS="fr.pool.ntp.org"
```

Indépendamment de cela (`ntpdate` ne s'exécute qu'une fois par jour), synchronisez votre serveur directement par la commande `ntpdate` :

```
[root]# ntpdate -dv fr.pool.ntp.org
```

Les messages de sortie (longs) vous indiquent normalement une bonne synchronisation. Un exemple en est donné plus loin pour la synchronisation du client (le serveur NTP **doit** être arrêté).

Vérification du serveur

Vous pouvez lancer cette fois-ci le service NTP :

```
[root]# /etc/init.d/ntp start
```


© Editions ENI - Toute reproduction interdite

Deux commandes sont possibles :

- première commande : `ntpq -p`

Nous voyons bien les deux serveurs de synchronisation et le niveau des strates (la commande montre lequel des serveurs du pool vous a répondu). Si vous lisez le terme `.INIT.` dans la colonne `refid`, c'est que le serveur est en voie d'initialisation. Relancez alors la même commande au bout d'un certain temps (une dizaine de minutes...), vous devez avoir une étoile sur la ligne du serveur de synchronisation. **Il faut attendre que l'étoile se trouve face à un serveur et non pas face à LOCAL** :

```
root@srvlan:~# ntpq -p
     remote           refid      st t when poll reach   delay   offset  jitter
==============================================================================
 67-220-194-133. 216.45.57.39     3 u    1   64    1  311.419  -41.360   0.001
 LOCAL(0)        .LOCL.           9 l    1   64    1    0.000    0.000   0.001
```

Premier résultat de la commande `ntpq -p`

```
root@srvlan:~# ntpq -p
     remote           refid      st t when poll reach   delay   offset  jitter
==============================================================================
*67-220-194-133. 216.45.57.39     3 u    3   64  177  217.094    4.637  19.549
 LOCAL(0)        .LOCL.           9 l    6   64  177    0.000    0.000   0.001
```

Deuxième résultat de la commande `ntpq -p`

- deuxième commande : `ntptrace`

Elle vous donne entre autres, votre niveau de strate soit 4. **Attention, la configuration n'est pas immédiate !** Il vous faut attendre de quelques minutes à une demi-heure... Le niveau de strate indiqué pour le LOCAL passe du niveau 9 au niveau 4 car NTP considère la synchronisation sur l'ensemble des deux serveurs et se considère en n+1 après le serveur de plus bas niveau. À ce moment là seulement, votre serveur NTP est opérationnel.

J'ai eu parfois des problèmes avec les serveurs du pool et je mets alors à la place le serveur de l'université de Versailles dans le fichier `ntp.conf` :

```
root@srvlan:~# ntptrace
localhost.localdomain: stratum 10, offset 0.000000, synch distance 0.018120
soleil.uvsq.fr: stratum 2, offset 0.001723, synch distance 0.049515
xoon.curie.fr: stratum 1, offset 0.000000, synch distance 0.000280, refid 'PPS'
```

Résultat final de la commande `ntptrace` avec `ntp.uvsq.fr`

➘ Sur le serveur SRVLAN, lancez la commande `tail -v /var/log/syslog` pour visualiser la synchronisation.

© Editions ENI - Toute reproduction interdite

Le message `set_rtc_mmss`

L'affichage intempestif du message `set_rtc_mmss: can't update from...` signifie que le noyau n'arrive pas synchroniser l'heure locale et donc que vous n'avez pas indiqué l'heure système (BIOS) en UTC.

1.3.2 Synchronisation du CLIENT

Cette étape est à réaliser sur chaque système. Pour la démonstration, prenez le serveur SRVDMZ en tant que client.

- Indiquez la référence à SRVLAN dans le fichier `/etc/default/ntpdate` du serveur SRVDMZ :
  `NTPSERVERS="192.168.4.254"`

Préférez toujours l'IP au nom DNS car NTP a quelquefois des problèmes avec la résolution de nom (ordre de démarrage des services).

- Lancez la commande `ntpdate -dv 192.168.4.254` pour effectuer immédiatement la synchronisation :

```
receive(192.168.4.254)
transmit(192.168.4.254)
receive(192.168.4.254)
transmit(192.168.4.254)
receive(192.168.4.254)
transmit(192.168.4.254)
receive(192.168.4.254)
transmit(192.168.4.254)
server 192.168.4.254, port 123
stratum 4, precision -20, leap 00, trust 000
refid [192.168.4.254], delay 0.02591, dispersion 0.00003
transmitted 4, in filter 4
reference time:    cdea369f.fa89e77e  Mon, Jun 22 2009 18:58:07.978
originate timestamp: cdea3801.84a2a7ca  Mon, Jun 22 2009 19:04:01.518
transmit timestamp:  cdea3802.5a6277c4  Mon, Jun 22 2009 19:04:02.353
filter delay:  0.02631  0.02605  0.02591  0.02591
         0.00000  0.00000  0.00000  0.00000
filter offset: -0.83502 -0.83524 -0.83518 -0.83517
         0.000000 0.000000 0.000000 0.000000
delay 0.02591, dispersion 0.00003
offset -0.835188

22 Jun 19:04:02 ntpdate[4532]: step time server 192.168.4.254 offset -0.835188 s
ec
```

Extrait du résultat de la synchronisation de SRVDMZ sur SRVLAN

Cet exemple montre une synchronisation du serveur SRVDMZ. On voit bien vers le milieu le niveau 4 pour le stratum.

© Editions ENI - Toute reproduction interdite

Pour Windows XP

Sur XP, la gestion de l'heure s'accompagne d'un onglet **Temps Internet** permettant la synchronisation de celle-ci sur un serveur de temps. L'ajout de notre serveur de temps s'effectue en écrivant par-dessus l'adresse IP de notre serveur. Ensuite bouton **Appliquer** et bouton **Mettre à jour** :

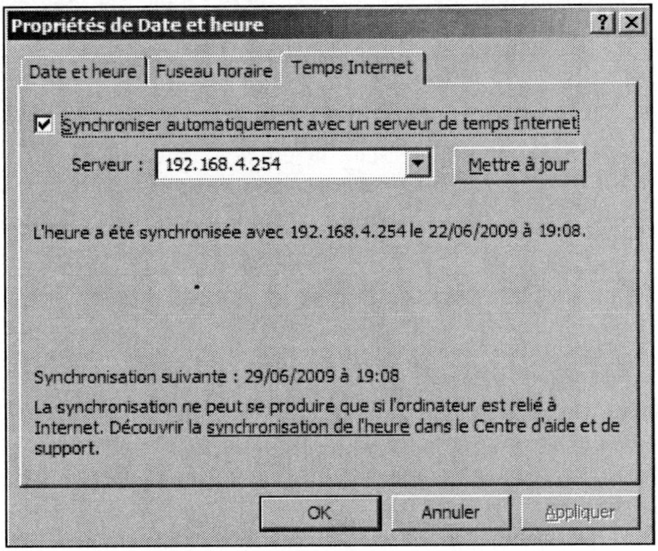

Panneau de configuration Windows XP

2 Intégration d'un client Linux à un domaine NIS

Tâche essentielle de l'administrateur : la gestion des utilisateurs c'est-à-dire la gestion globale des comptes utilisateurs pour tout le réseau local, avec accès pour chacun aux ressources soit personnelles, soit publiques du serveur. Ce service se décline de deux façons suivant la nature du système client : Linux avec NIS ou Windows avec SAMBA.

2.1 Le service NIS

NIS construit une base de données (ou annuaire) centralisée pour un ensemble de stations de travail sur un réseau local, appelé domaine NIS. Il faut distinguer deux notions :

- l'**authentification** dont s'occupe NIS pour l'accès aux ressources,
- la **mise à la disposition** des répertoires personnels et publics par le service NFS.

© Editions ENI - Toute reproduction interdite

C'est pour cela que l'on trouve généralement une solution NIS + NFS (ou son équivalent par le service Samba dans un réseau hétérogène).

Anciennement "Sun Yellow Pages" de la société... Sun, NIS (ou NYS) constitue la première base de données administrative. En rapport avec son origine, toutes les commandes de NIS commencent par `yp`. Le nouveau système NIS+ de Sun, plus complexe et parfois non supporté par certaines plates-formes ne sera pas abordé dans cet ouvrage.

Cette pratique (NIS+NFS) tend selon certains à devenir obsolète car peu sécurisée. On lui préfère maintenant LDAP pour l'authentification des utilisateurs et Samba avec `smbfs` (qui sort là de son cadre Windows) pour le partage de fichier même avec des clients Linux. La nouvelle version de NFS (4) changera-t-elle la donne ? Rien n'est moins sûr... En tout cas vous devez pour maîtriser cette activité vous reporter à une documentation plus complète de NFSv4 (site officiel http://nfsv4.org) ; voir aussi le site (wiki) de Clubic.com.

2.1.1 Notion de domaine NIS

Un domaine NIS est constitué d'un serveur et de clients. Le serveur maintient les copies des fichiers système et distribue ceux-ci après conversion sous forme de fichiers de bases de données. C'est pour cela qu'une modification des fichiers sur le serveur maître entraîne à chaque fois une conversion pour NIS. Les informations de NIS sont stockées sous forme d'un ensemble de fichiers binaires appelés **cartes** ou "maps" ou encore tables dans le répertoire :

`/var/yp/`*`nom_du_domaine_NIS`*

Il ne faut pas confondre domaine NIS à vocation administrative et domaine DNS (base de données pour la résolution de noms). NIS constitue le premier pas vers la notion de service d'annuaire centralisé.

Types d'informations échangées

Le service NIS peut gérer les associations noms/adresse IP du fichier hosts, les mots de passe, les groupes etc. Voir ci-dessous quelques exemples de fichiers source et des tables NIS résultantes :

Fichier source	Carte NIS
/etc/passwd	passwd.byname,passwd.byuid
/etc/group	group.byname,group.bygid
/etc/hosts	hosts.byname,hosts.byaddr
/etc/services	services.byname,services.bynumber

© Editions ENI - Toute reproduction interdite

Remarquez qu'un même fichier peut servir deux cartes NIS comme par exemple `passwd.byuid` qui permet de trouver un utilisateur à partir de son identifiant et `passwd.byname` qui effectue la même opération mais à partir de son nom.

2.2 Le service NFS

NFS (*Network File System*) ou système de fichier réseau, permet de partager des systèmes de fichiers entre différents ordinateurs. En cela, NFS est un système client/serveur. La **version 4** de NFS (présente sur Ubuntu) montre une rupture totale avec les versions précédentes. Plus stable et performante, **`NFS en version 4`** intègre entre autres points importants une meilleure gestion de la sécurité, de la stabilité et une reprise sur incidents. NFSv4 supporte Unix et maintenant Windows (2003).

2.2.1 Principes de base

NFS est un protocole RPC (*Remote Procedure Call*). Celui-ci gère les échanges entre le client et le serveur. Il s'appuie sur le service `portmap` qui gère le catalogue des programmes RPC. Avec `portmap`, deux autres processus obligatoires assurent qu'une connexion NFS est autorisée et peut s'effectuer sans erreur :

- `rpc.mountd` : processus en cours d'exécution qui reçoit la demande de montage du client NFS et vérifie si elle correspond à un système de fichiers actuellement exporté ;
- `rpc.nfsd` : processus qui applique la partie au niveau utilisateur du service NFS ; il travaille avec le noyau Linux pour répondre aux demandes dynamiques des clients NFS, offrant par exemple aux clients NFS des threads serveur supplémentaires à utiliser.

Ensuite, nous avons les options suivantes :

- `rpc.lockd` : ce démon est compris dans le paquetage `nfs-utils` pour les utilisateurs qui se servent d'anciens noyaux n'offrant pas cette fonctionnalité par défaut (option non utilisée avec NFSv4) ;
- `rpc.statd` : applique le protocole RPC *Network Status Monitor* (NSM), cela fournit un avis de redémarrage lorsqu'un serveur NFS est relancé sans être éteint correctement ;
- `rpc.rquotad` : serveur RPC qui fournit des informations de quotas pour les utilisateurs distants.

© Editions ENI - Toute reproduction interdite

2.3 Configuration du service NFS

Vous allez exporter des répertoires du serveur SRVLAN par NFS et élire ce serveur au rang de **serveur de domaine** NIS à des fins d'authentification pour les utilisateurs. Vous allez installer NIS avec NFS sur le serveur SRVLAN afin de disposer d'un contrôleur de domaine pour le client Ubuntu. Comme lors de l'activité précédente, le mieux est de tout installer d'un coup. De plus un paquetage est commun au deux : `portmap` (installé normalement par défaut sur la plupart des distributions mais pas sur la Ubuntu).

Installez sur SRVLAN les paquetages nécessaires pour NFS et NIS :

```
[root]# aptitude install portmap nfs-kernel-server nis
```

Comme nous sommes sur le serveur, vous devez choisir un nom de domaine NIS. Choisissez celui par défaut : `intra.virtualix.fr`. Ensuite, à l'issue d'un délai plus ou moins long, le système vous informe qu'il ne parvient pas à se connecter à un serveur YP (NIS) ce qui est normal car Ubuntu comme Debian s'obstine à vouloir démarrer le service dès son installation !

Vérifiez la présence des scripts ci-dessous dans le répertoire `/etc/init.d` :

- `portmap`
- `nfs-common`
- `nfs-kernel-server`
- `nis`

2.3.1 Premier test : un répertoire public à exporter

Créez le répertoire public (par convention on l'appelle `export` et nous allons le placer dans le répertoire des utilisateurs) avec les droits en lecture/écriture pour tout le monde :

```
[root]# mkdir /home/export
[root]# chmod a+rwxt /home/export
```

Ajoutez dans le fichier `/etc/exports` la ligne suivante :

```
/home/export *(rw,async,fsid=0,crossmnt,insecure,no_subtree_check)
```


© Editions ENI - Toute reproduction interdite

Ce qui signifie que l'on exporte pour tout le réseau LAN le répertoire `/home/export` en lecture/écriture (attention pas d'espace entre le * et la parenthèse ouvrante) et ce en transfert asynchrone (pas de blocage éventuel du client si le serveur est occupé). Pour les autres options reportez-vous à la documentation de NFS version 4. Notez simplement la présence de `fsid=0`, principale différence avec la version 3 de NFS et qui impose un pseudo système de fichiers lors du montage chez le client au lieu d'un simple ajout de répertoires.

- Faites prendre en compte la modification par la commande `exportfs` :
  `[root]# exportfs -rv`

La sortie écran de cette commande vous indique : `exporting *:/home/export`.

- Vérifiez la présence du répertoire de reprise sur incidents `/var/lib/nfs/v4recove-ry`, nouveauté de NFS v4.

- Modifiez le domaine pour le processus `rpc.idmapd` (traducteur dans les deux sens nom utilisateur/ID Nfsv4) dans le fichier `/etc/idmapd.conf` :
  `Domain = intra.virtualix.fr`

Vous voyez par la même occasion le "mapping" de l'utilisateur dans ce fichier de configuration, c'est-à-dire l'identité que prend l'utilisateur via NFS sur le serveur NFS (`nobody` d'où les droits à 777 du répertoire `export`).

- Indiquez le besoin d'IDMAPD dans le fichier `/etc/default/nfs-common` :
  `NEED_IDMAPD=yes`

- Le démarrage manuel des services s'effectue dans l'ordre suivant :

```
[root]# /etc/init.d/portmap restart
[root]# /etc/init.d/nfs-common restart
[root]# /etc/init.d/nfs-kernel-server restart
```

- Vérifiez le bon lancement sur le serveur en visualisant d'abord la liste des RPC en fonctionnement :

```
[root]# rpcinfo -p
   program no_version protocole  no_port
    100000    2   tcp     111  portmapper
    100007    2   udp     771  ypbind
    100007    1   udp     771  ypbind
    100007    2   tcp     772  ypbind
```

© Editions ENI - Toute reproduction interdite

```
100007   1   tcp    772  ypbind
100000   2   udp    111  portmapper
100024   1   udp  41322  status
100024   1   tcp  55080  status
100003   2   udp   2049  nfs
100003   3   udp   2049  nfs
100003   4   udp   2049  nfs
100021   1   udp  36919  nlockmgr
100021   3   udp  36919  nlockmgr
100021   4   udp  36919  nlockmgr
100021   1   tcp  55912  nlockmgr
100021   3   tcp  55912  nlockmgr
100021   4   tcp  55912  nlockmgr
100003   2   tcp   2049  nfs
100003   3   tcp   2049  nfs
100003   4   tcp   2049  nfs
100005   1   udp  52300  mountd
100005   1   tcp  44880  mountd
100005   2   udp  52300  mountd
100005   2   tcp  44880  mountd
100005   3   udp  52300  mountd
100005   3   tcp  44880  mountd
```

- Puis vérifiez le répertoire exporté, le retour montrant le répertoire `/home/export` :

```
[root]# showmount -e
```

2.3.2 Vérification sur le client Ubuntu

- Installez les paquetages nécessaires pour NFS :

```
[root]# aptitude install portmap nfs-common
```

- Vérifiez la possibilité du montage NFS du serveur SRVLAN (en utilisant l'adresse IP ou plus simplement son `hostname`) :

```
[root]# showmount -e 192.168.4.254
```

Soit :

```
Export list for 192.168.4.254 :
/home/export *
```

- Créez le répertoire de destination, par convention on met le nom du serveur :

```
[root]# mkdir /home/srvlan
```

- Effectuez les modifications identiques au serveur sur le client pour les fichiers `/etc/id-mapd.conf` et `/etc/default/nfs-common`.

© Editions ENI - Toute reproduction interdite

Relancez les services `portmap` et `nfs-common`.

Dans ce premier test, vous allez utiliser le montage manuel, plus simple à mettre en place.

Montez le répertoire NFS (rappel : attention en NFSv4, le client voit l'ensemble des répertoires exportés par le serveur dans un même système de fichier, appelé `pseudo-filesystem`) :

```
[root]# mount.nfs4 srvlan:/ /home/srvlan
```

Créez un fichier sur le client et vérifiez sa présence sur le serveur dans le répertoire `/home/export` :

```
[root]# touch /home/srvlan/test.txt
```

Vous remarquez que ses droits sont à 644, son propriétaire est `nobody` et il est membre du groupe `nogroup`. Un fichier créé par un utilisateur sur SRVLAN aura les droits liés au compte et ne sera pas modifiable à partir du client.

2.3.3 Filtrage des accès (optionnel)

On peut dans un souci de sécurité se permettre de filtrer les accès NFS à notre seul réseau interne `192.168.4.0` en interdisant tout dans `/etc/hosts.deny` sur SRVLAN :

```
portmap: ALL
```

Et en autorisant un seul réseau dans `/etc/hosts.allow` :

```
portmap: 192.168.4.0/255.255.255.0
```

2.4 Configuration du serveur NIS

Vous allez maintenant utiliser NFS+NIS pour exporter les répertoires des utilisateurs. Vous n'avez donc pas à créer de répertoire : **chaque client se connectant au serveur NIS/NFS le sera via son répertoire utilisateur personnel**.

2.4.1 Déclaration du domaine NIS et démarrage

Dans le fichier `/etc/defaultdomain`, vérifiez (ou indiquez) le nom de domaine NIS :

```
intra.virtualix.fr
```

Ensuite, indiquez que vous êtes un serveur et non un client dans le fichier `/etc/default/nis` :

```
NISSERVER=master
NISCLIENT=false
```

© Editions ENI - Toute reproduction interdite

- Ajoutez (si vous l'avez fait) les processus `ypserver` et `ypbind` dans le fichier `hosts.allow` (en faisant les réciproques pour `hosts.deny`) :

```
........
portmap : 192.168.4.0/255.255.255.0
ypserv : 192.168.4.0/255.255.255.0
ypbind: 192.168.4.0/255.255.255.0
```

- Lancez la commande `domainname` : `[root]# domainname`.

L'affichage résultant vous retourne `intra.virtualix.fr` pour le domaine NIS.

2.4.2 Génération des tables NIS

Le serveur NIS que vous installez comporte en particulier les fichiers `passwd`, `group`, `hosts` tel que le fichier `/var/yp/Makefile` (vers la ligne 119) le montre et qui va servir à créer les cartes NIS :

```
ALL: passwd group hosts rpc services netid protocols netgrp
```

- Générez les cartes NIS : `[root]# /usr/lib/yp/ypinit -m`.
- Vérifiez le choix du serveur NIS maître (première ligne `next host to add`) et terminez par [Ctrl] D, à la deuxième ligne `next host to add`.
- Validez la création des cartes par `y`. Vérifiez la création des fichiers dans `/var/yp/intra.virtualix.fr/` :

```
root@srvlan:~# ls /var/yp/intra.virtualix.fr/
group.bygid     netgroup.byhost   protocols.byname     services.byservicename
group.byname    netgroup.byuser   protocols.bynumber   shadow.byname
hosts.byaddr    netid.byname      rpc.byname           ypservers
hosts.byname    passwd.byname     rpc.bynumber
netgroup        passwd.byuid      services.byname
```

Génération des cartes NIS

Après chaque création ou modification d'un utilisateur, il faut régénérer les cartes par un simple `make` **dans** le répertoire `/var/yp`.

© Editions ENI - Toute reproduction interdite

2.4.3 Modification du fichier de configuration et démarrage

Le fichier principal de configuration de NIS /etc/ypserv.conf traite entre autres des accès au serveur. Dans notre cas, vous allez autoriser l'ensemble du réseau, ici 192.168.4.0.

- Ajoutez les lignes (utilisez les deux lignes commentées) pour l'autorisation du réseau dans le fichier /etc/ypserv.conf :

```
# Host              : Domain      : Map               : Security
192.168.4.0         : *           : passwd.byname     : port
192.168.4.0         : *           : passwd.byuid      : port
```

- Redémarrez les services portmap, nfs-common, nfs-kernel-server et nis.

2.4.4 Configuration NFS spécifique

Sous NFSv4 toute exportation, vous l'avez vu, s'effectue grâce à une racine virtuelle identifiée lors de l'exportation par l'option fsid=0. Dans notre exemple, cette racine virtuelle s'appelle /home/export. Tout répertoire ou fichier exporté supplémentaire doit appartenir à l'arborescence de cette racine, mais comme vous voulez exporter /home, il vous faut changer la racine de cette arborescence virtuelle.

- Modifiez le fichier /etc/exports avec ces deux lignes :

```
/home *(rw,sync,fsid=0,crossmnt,insecure,no_subtree_check)
/home/export *(rw,async,nohide,insecure,no_subtree_check)
```

- Faites prendre en compte la modification par la commande exportfs :

```
[root]# exportfs -rv
```

Dans le cas d'un répertoire non situé dans l'arborescence de la racine virtuelle (exemple : si vous voulez monter /var au lieu de /home/export), il faudra utiliser au préalable la commande mount avec l'option bind.

© Editions ENI - Toute reproduction interdite

2.5 Mise en place de NIS/NFS sur le CLIENT Ubuntu

- Installez le paquetage nécessaire pour NIS et indiquez `intra.virtualix.fr` comme nom de domaine NIS :
  `[root]# aptitudet install nis`

- Dans le fichier `/etc/default/nis`, vérifiez que vous êtes bien cette fois le client et non le serveur (par défaut) :

```
NISSERVER=false
NISCLIENT=true
```

- Indiquez la ligne suivante dans le fichier `/etc/yp.conf` pour donner au système l'adresse du serveur NIS :
  `ypserver 192.168.4.254`

Ceci afin d'éviter d'engendrer un `broadcast` sur tout le réseau pour trouver le domaine NIS, en préférant une indication par l'IP.

- Dans le fichier `/etc/defaultdomain`, vérifiez le nom de domaine NIS :
  `intra.virtualix.fr`

- Pour vérification, la commande `domainname` doit vous retourner le nom de domaine `intra.virtualix.fr`.

2.5.1 Configuration du fichier /etc/nsswitch.conf

Cette configuration importante configure les bases de données système avec les services de noms ou plus exactement ajouter une nouvelle possibilité d'authentification système.

- Modifiez les lignes de ce fichier afin d'ajouter NIS comme possibilité d'authentification des utilisateurs :

```
........
passwd: compat nis
group: compat nis
shadow: compat nis
hosts: files nis mdns4_minimal [NOTFOUND=return] dns mdns4
```

- Redémarrez le service NIS : `/etc/init.d/nis restart`.

© Editions ENI - Toute reproduction interdite

Montez à nouveau le répertoire mais cette fois-ci le répertoire des utilisateurs en premier :

```
[root]# umount /home/srvlan
[root]# mount -t nfs4 srvlan:/ /home
```

La commande `ypwhich` doit vous retourner le nom du serveur NIS soit `srvlan.intra.virtualix.fr`.

Ensuite, vérifiez la carte `passwd` pour les utilisateurs présents sur le serveur par :

```
[root]# ypcat -t -d intra.virtualix.fr passwd.byname
max:x:1000:1000:max,,,:/home/max:/bin/bash
testnis:x:1001:1001:,,,:/home/testnis:/bin/bash
.
```

Vous disposez d'au moins un utilisateur (l'utilisateur privilégié). Générez éventuellement un autre utilisateur sur le serveur nommé `testnis` pour tester le service (ne pas oublier la commande `make` dans le répertoire `/var/yp` pour la prise en compte de ce dernier).

Le montage s'effectue dans le répertoire `/home` et "écrase" les comptes locaux existants. Cela pose un problème si vous avez un utilisateur commun aux deux machines. On peut toujours indiquer le montage dans `/home/srvlan/` mais dans ce cas la création des comptes utilisateurs NIS **sur le serveur** doit tenir compte de ce changement de répertoire (dans le fichier `/etc/passwd` avec `/home/srvlan/testnis` au lieu de `/home/testnis` et le déplacement de son répertoire personnel). Cela complique les choses inutilement, donc il est préférable de ne pas avoir d'utilisateurs locaux communs aux deux machines.

2.5.2 Le vrai test

Connectez-vous sur le client dans une autre console en fermant la session (**ne redémarrez pas le CLIENT**) avec le login `testnis` (uniquement déclaré sur le serveur) ou faites un simple `su testnis` (puis `cd /home/tesnis`).

© Editions ENI - Toute reproduction interdite

Si vous prenez l'exemple de l'utilisateur `testnis`, après connexion le répertoire de l'utilisateur `/home/testnis` sur le client est en fait celui sur le serveur. Vérifiez-le en créant un simple fichier texte à partir du client et en constatant sa présence sur SRVLAN. Il n'y a plus de répertoire `/home/srvlan` sur le client car `/home` a carrément été remplacé par celui de SRVLAN (il existe donc un `/home/export`...). Les droits du fichier créé à partir du CLIENT sont bien ceux de `testnis` :

```
root@client:~# su testnis
testnis@client:/root$ cd
testnis@client:~$ touch essai.txt
testnis@client:~$ ls -ail
total 24
173185 drwxr-xr-x 2 testnis testnis 4096 2009-06-23 14:11 .
     2 drwxr-xr-x 8 root    root    4096 2009-06-23 13:54 ..
173190 -rw------- 1 testnis testnis  149 2009-06-23 14:11 .bash_history
173186 -rw-r--r-- 1 testnis testnis  220 2009-06-23 13:54 .bash_logout
173188 -rw-r--r-- 1 testnis testnis 3115 2009-06-23 13:54 .bashrc
173189 -rw-r--r-- 1 testnis testnis    0 2009-06-23 14:11 essai.txt
173187 -rw-r--r-- 1 testnis testnis  675 2009-06-23 13:54 .profile
testnis@client:~$
```

Manipulations avec `testnis`

2.5.3 Montage automatique

Le principe du montage automatique au démarrage des ressources partagées passe a priori par le fichier `/etc/fstab`. Cette notion est importante afin que chaque utilisateur retrouve automatiquement son répertoire lors de sa connexion sans passer par la commande `mount`. Pour l'avoir testée, cette solution pose souvent des problèmes, aussi j'en substitue une autre plus simple :

- Ajoutez les lignes des montages dans le fichier `/etc/rc.local` avant la ligne `exit 0` :

```
........
/sbin/mount.nfs4 192.168.4.254 :/ /home
/sbin/mount.nfs4 192.168.4.254 :/export /home/export
```

Ce n'est peut-être pas très orthodoxe mais cela fonctionne très bien ! Je vous renvoie à la documentation d'`autofs` (http://www.autofs.org) pour un montage automatique plus dans les normes.

© Editions ENI - Toute reproduction interdite

3 Intégration d'un client Windows à un domaine Samba

Le projet Samba force l'admiration : d'abord pour la qualité de l'ensemble de ses programmes ; ensuite pour le principe : offrir une interopérabilité accrue entre divers systèmes ou plus précisément faire croire à une station Windows qu'elle se trouve en présence d'un réseau de même nature alors qu'elle parle à un système concurrent : Linux.

3.1 Le protocole SMB

Le service Samba implémente l'ensemble de protocoles CIFS (*Common Internet File System*) appelé autrefois SMB (*Server Message Block*). SMB était une extension de Microsoft pour permettre la redirection des entrées/sorties vers NetBIOS (*Network Basic Input/Output System* ou aussi NetBT c'est-à-dire *NetBIOS over TCP/IP*). SMB a été conçu pour le transfert de données entre machines Windows : partage de fichiers, impression et messagerie électronique. Ce protocole se base sur le mode question-réponse : le client envoie des requêtes au serveur qui les interprète, puis retourne la réponse au client.

Il existe deux niveaux de sécurité :

- le niveau dit de partage, lié à la ressource ;
- le niveau de sécurité utilisateur, lié à son authentification.

NetBIOS ne décrit pas en fait un protocole, mais plutôt une interface logicielle qui comprend les noms des machines, des groupes de travail, des domaines, etc. et ce sur tous les réseaux Microsoft (jusqu'à Windows 2000). Il fait fonctionner le **Voisinage réseau** et, de par son mode de fonctionnement, induit une charge importante sur les réseaux. NetBIOS est le système de noms des réseaux SMB (Microsoft) à l'instar (mais à une autre échelle) de DNS.

3.1.1 Activation de NetBIOS

Sous Windows XP, l'activation passe par le Partage de fichiers et d'imprimantes (paramètre dans les propriétés de la connexion au réseau local). Afin de supporter entre autres l'activité de routage (uniquement sur Windows XP Professionnel), NBT (*NetBIOS over TCP/IP*) a été implémenté, comme son nom l'indique, au-dessus de TCP/IP.

Microsoft a développé le protocole SMB permettant :

- le parcours du **voisinage réseau** (`browsing`) ;
- la **résolution de noms** NetBIOS en adresses IP (WINS) ;
- l'**authentification centralisée** (notion de domaine).

L'amélioration de ce protocole a abouti à CIFS (*Common Internet File System*).

© Editions ENI - Toute reproduction interdite

3.1.2 L'authentification des éléments d'un réseau Microsoft

Le nom NetBIOS d'une machine comprend 15 caractères maximum plus un 16ème. Le deuxième nom utilisé est le nom du groupe de travail (`workgroup`). Le 16ème caractère en hexadécimal caractérise le nom NetBIOS. Voyez le résultat dans une console de la commande `nbtstat -A` sur l'IP du client Windows 2000 Pro ayant pour nom CLIENT et appartenant au groupe de travail WORKGROUP :

```
C:\Documents and Settings\max>nbtstat -A 192.168.4.12

Connexion au réseau local:
Adresse IP du noeud : [192.168.4.12] ID d'étendue : []

    Table de noms NetBIOS des ordinateurs distants

       Nom                 Type          État
    ---------------------------------------------------
    CLIENT          <00>  UNIQUE       Inscrit
    WORKGROUP       <00>  Groupe       Inscrit
    CLIENT          <20>  UNIQUE       Inscrit
    WORKGROUP       <1E>  Groupe       Inscrit
    WORKGROUP       <1D>  UNIQUE       Inscrit
    ..__MSBROWSE__.<01>  Groupe       Inscrit

    Adresse MAC = 00-0C-29-68-78-70
```

Exemple de sortie de `nbtstat`

La signification du 16ème caractère se trouve dans les tableaux liste ci-dessous :

Noms uniques	
`machine <00>`	Service station de travail
`nom_de_domaine <1B>`	Maître explorateur du domaine
`machine <03>`	Service messagerie (net send)
`nom_de_domaine <1D>`	Serveur WINS
`machine <06>`	Serveur d'accès distant (RAS)
`machine <1F>`	Service NetDDE
`machine <20>`	Client WINS
`machine <21>`	Client RAS
`machine <BE>`	Agent du moniteur réseau (SMS)
`machine <BF>`	Serveur SMS
`utilisateur <03>`	Utilisateur connecté localement

© Editions ENI - Toute reproduction interdite

Noms de groupes	
nom de domaine <00>	Nom du groupe de travail ou domaine
nom_de_domaine <1C>	La machine est contrôleur du domaine
nom de domaine <1E>	La machine est éligible au rang de maître explorateur
..__MSBROWSE__. <01>	La machine est LE maître explorateur sur le réseau

Un client SMB demandera sur le réseau par diffusion (`broadcast`) QUI (quelle machine) possède un nom NetBIOS terminant par `<1C>` et est donc le contrôleur du domaine. Attention : la terminologie Microsoft est ambiguë : cette notion de domaine recouvre à la fois le groupe de travail et le domaine de type NT/2000. Pour finir, indiquons que NetBIOS utilise principalement les ports 137, 138 et 139.

3.2 Le voisinage réseau

Les diffusions NetBIOS ne passant pas les routeurs, la notion de voisinage réseau désigne l'ensemble des stations de travail utilisant le protocole NetBIOS sur un même segment de réseau IP.

On appelle **maître explorateur** (*master browser*) le PC, et pas forcément un serveur, tenant à jour la liste des ordinateurs utilisés par le service voisinage réseau. L'enregistrement des noms NetBIOS sur le réseau engendre beaucoup de trafic dans un réseau Microsoft car vous avez :

- l'annonce de la présence de l'ordinateur au maître explorateur toutes les 12 minutes ou au moment de son allumage ;
- l'élection du maître explorateur et la mise à jour de la liste toutes les 15 minutes.

C'est pour cela que lorsqu'un ordinateur s'éteint, un laps de temps de quelques minutes s'écoule avant qu'il ne disparaisse du voisinage réseau.

L'élection du maître explorateur

Par ordre de priorité sont éligibles : les contrôleurs principaux de domaine, les serveurs NT, 200X et en dernier lieu les stations de travail. Sur un réseau Microsoft, un ordinateur est le maître explorateur jusqu'à ce qu'un autre doté d'une priorité plus grande ne l'évince...

© Editions ENI - Toute reproduction interdite

La résolution de nom par WINS

WINS (*Windows Internet Name Service*) centralise dynamiquement les listes des noms des machines avec un mappage de l'adresse IP. Ce système a vu le jour afin de limiter les diffusions et fonctionner en environnement routé.

3.2.1 L'intégration de plates-formes en milieu hétérogènes par le service Samba

L'utilisation de Samba permet pour les systèmes Linux/Unix de créer des partages utilisables par des machines Windows (et l'inverse) pour le transfert de fichiers et l'utilisation des imprimantes.

Les modes d'utilisation possibles

Les niveaux de sécurité correspondant aux tentatives de connexion à une ressource partagée sont gérés par l'option `security`, avec :

- `share` : mots de passe associés directement aux partages (déjà vu et peu utilisé) ;
- `user` : partages associés à des listes d'utilisateurs (niveau recommandé et par défaut) ;
- `server` : authentification réalisée par un autre serveur ;
- `domain` : idem, mais le serveur Samba doit être membre du domaine ;
- `ads` : idem, mais le serveur d'authentification est un serveur Active Directory.

Dans le même ordre d'idée que pour WINS, sachez que Samba ne peut se synchroniser avec des serveurs NT/200X (sauf avec la **version 4** toujours en phase de développement à l'écriture de ces lignes et qui apportera quelques changements importants). Il ne peut donc pas jouer le rôle de BDC (*Backup Domain Controller*). Rappel : la version XP Home (Edition Familiale) de Windows **ne peut en aucun cas être intégrée dans un domaine**.

Variables utilisées par Samba (utilisées par la suite)

`%a` : architecture du client

`%I` : adresse IP du client

`%M` : nom DNS du client

`%m` : nom NetBIOS du client

`%u` : identité de l'utilisateur pour le partage concerné

`%U` : identité souhaitée par l'utilisateur du partage

© Editions ENI - Toute reproduction interdite

`%H` : répertoire de connexion de l'utilisateur

`%u%g` ou `%G` : groupe principal de l'utilisateur

`%u` ou `%U%S` : nom du partage

`%P` : répertoire racine du partage concerné

`%d` : PID du processus courant

`%h` : nom DNS du serveur Samba

`%L` : nom NetBIOS du serveur Samba

`%v` : version de Samba

`%T` : date et heure système

`%$var` : valeur de la variable d'environnement var

3.3 Installation du service SAMBA

Vous allez installer Samba (version 3) sur le serveur SRVLAN afin de disposer d'un contrôleur de domaine ayant pour nom VIRTUALIX à l'usage du client Windows. Vous utiliserez, dans un premier temps une configuration simple, afin d'effectuer des partages de répertoires.

3.3.1 Installation et configuration de base

➘ Les paquetages logiciels sont au nombre de deux, indépendamment des dépendances :

```
[root]# aptitude install samba smbclient
```

À la différence de la Debian, vous n'avez pas d'écrans de paramétrage lors de l'installation des paquetages. Vous disposez maintenant du script de démarrage du service `samba` dans le répertoire `/etc/init.d`. Le fichier `/etc/samba/smb.conf` contient les lignes à modifier ou à ajouter. C'est un fichier assez long et fortement documenté. Par expérience il est, là aussi, utile de le sauvegarder afin de disposer des différents réglages possibles de Samba en relation directe avec sa version (car cela change parfois). Ensuite, étant donné la taille, le mieux est de "construire la maison" depuis le début, c'est-à-dire à partir de zéro.

➘ Sauvegardez le fichier `/etc/samba/smb.conf` :

```
[root]# cp /etc/samba/smb.conf /etc/samba/smb.conf.sauv
```

© Editions ENI - Toute reproduction interdite

3.4 Configuration minimaliste

Concrètement un fichier `smb.conf` minimaliste (mais ne faisant rien) pourrait seulement contenir :

```
[global]
  # pour la signification des variables se reporter à la liste
  # groupe de travail ou nom du domaine (notre cas)
  workgroup = VIRTUALIX
  # message ou %v donne la version de SAMBA et %h le nom DNS
  server string = %h server (Samba, Ubuntu)
  # pas de résolution netbios par DNS
  dns proxy = no
  # la portée de l'écoute (réseau) et son interface (lan ici)
  interfaces = 192.168.4.0/24 eth1
  bind interfaces only = yes
  # nom et emplacement du fichier de logs + maximum de taille +
  # niveau d'informations
  log file = /var/log/samba/log.%m
  max log size = 1000
  syslog = 0
  panic action = /usr/share/samba/panic-action %d
  # support des mots de passe cryptés sur le réseau (pas de stations WIN9x
  # comme clients
  encrypt passwords = true
  # méthode utilisée pour stocker les mots de passe avant d'utiliser LDAP,
  # préférez la méthode simple du fichier smbpasswd
  smb passwd file = /etc/samba/smbpasswd
  passdb backend = smbpasswd
  # synchronisation mot de passe Unix/Samba
  unix password sync = yes
  # réglages divers
  obey pam restrictions = yes
  passwd program = /usr/bin/passwd %u
  passwd chat = *Enter\snew\sUNIX\spassword:* %n\n
*Retype\snew\sUNIX\spassword:* %n *password\s updated\ssuccessfully* .
  # utilisation de PAM pour le changement de mots de passe, utile par exemple
  # avec LDAP
  pam password change = no
  # mappage utilisateur en cas de mauvaise authentification
  map to guest = bad user
  # permettre aux utilisateurs anonymes acceptés de créer des partages
  # publics
  usershare allow guests = yes
```


© Editions ENI - Toute reproduction interdite

Attention : la ligne commençant par `passwd chat = ...` s'arrête à `ssuccessfully*` . (l'espace et le point sont obligatoires et le tout en une seule ligne).

- Écrivez le fichier `/etc/samba/smb.conf` minimaliste (vous pouvez vous dispenser des commentaires).
- Testez la bonne écriture de votre fichier par l'utilitaire `testparm`, il doit vous montrer une configuration correcte mais qui, je le répète, pour l'instant ne fait rien.

```
Load smb config files from /etc/samba/smb.conf
Loaded services file OK.
Server role: ROLE_STANDALONE
Press enter to see a dump of your service definitions

[global]
        workgroup = VIRTUALIX
        server string = %h server (Samba, Ubuntu)
        interfaces = 192.168.4.0/24, eth1
        bind interfaces only = Yes
        map to guest = Bad User
        obey pam restrictions = Yes
        passdb backend = /etc/samba/smbpasswd
        pam password change = Yes
        passwd program = /usr/bin/passwd %u
        passwd chat = *Enter\snew\s*\spassword:* %n\n *Retype\snew\s*\spassword:
* %n\n *password\supdated\ssuccessfully* .
        unix password sync = Yes
        syslog = 0
        log file = /var/log/samba/log.%m
        max log size = 1000
        dns proxy = No
        usershare allow guests = Yes
        panic action = /usr/share/samba/panic-action %d
```

Utilisation de la commande `testparm`

- La commande `smbclient -U% -L localhost` (rappel : reportez-vous aux tableaux de la première partie pour identifier les variables) doit vous retourner :

```
root@srvlan:/etc/samba# smbclient -U% -L localhost
Domain=[VIRTUALIX] OS=[Unix] Server=[Samba 3.3.2]

        Sharename       Type      Comment
        ---------       ----      -------
        IPC$            IPC       IPC Service (srvlan server (Samba, Ubuntu))
Domain=[VIRTUALIX] OS=[Unix] Server=[Samba 3.3.2]

        Server               Comment
        ---------            -------

        Workgroup            Master
        ---------            -------
        DUNE                 DUNCAN
        WORKGROUP            SRVLAN
```

Premier fonctionnement du serveur Samba sur SRVLAN

© Editions ENI - Toute reproduction interdite

3.5 Configuration par le mode partage

Il consiste à créer dans une utilisation de base de Samba :

- un répertoire partagé, accessible par tout le monde sans mot de passe et en **lecture seule** ;
- un répertoire partagé, avec mot de passe et en **lecture/écriture** pour un seul utilisateur.

Soit sur le serveur SRVLAN :

- répertoire public : `/public` ;
- répertoire privé : `/prive`.

Créez le répertoire public avec les droits et les appartenances nécessaires :

```
[root]# mkdir /public /prive
[root]# chown nobody.nogroup /public
[root]# chmod 500 /public
```

Ajoutez au fichier `/etc/samba/smb.conf` les lignes suivantes (seuls sont indiqués les éléments à ajouter) :

```
[global]
... éléments précédents ...
  security = share

[public]
  comment = Répertoire public
  path = /public
  guest ok = yes
  guest only = yes
  read only = yes

[prive]
  comment = Répertoire prive
  path = /prive
  username = testsmb
  guest ok = no
  read only = no
  create mask = 0640
  directory mask = 0750
```


© Editions ENI - Toute reproduction interdite

Explications pour la section [global]

- SRVLAN est le nom qui apparaîtra dans le voisinage réseau ;
- on utilise le compte nobody pour l'accès anonyme (voir dans /etc/passwd) ;
- le niveau de sécurité est partage (share).

Pour les autres sections, les lignes sont suffisamment explicites. À noter que pour le répertoire /public, seul le compte nobody sera utilisé, alors que pour le répertoire /prive nous passerons par un compte utilisateur normal ce qui implique la création du compte sur le serveur SRVLAN. Une façon élégante de partager un répertoire privé consiste à ce que, côté Linux **ce compte utilisateur soit minimaliste** c'est-à-dire sans répertoire du type /home/utilisateur et sans shell. Ainsi, on marque bien la différence entre l'utilisateur Linux et l'utilisateur Windows accédant à une ressource d'un serveur Linux.

Vous utiliserez la commande useradd (GNU) plus classique que la commande adduser.

Créez l'utilisateur spécial testsmb :

```
[root]# useradd --home /dev/null --shell /dev/false testsmb
[root]# passwd testsmb
[root]# addgroup testsmb
[root]# usermod -G testsmb testsmb
[root]# chown testsmb.testsmb /prive
```

Il faut maintenant établir la concordance entre l'utilisateur Linux et l'utilisateur Samba.

Ajoutez l'utilisateur testsmb et son mot de passe, le même que précédemment, au fichier des mots de passe Samba :

```
[root]# smbpasswd -a testsmb
```

La première fois, un message vous indique que le fichier n'existe pas et qu'il est créé.

3.5.1 Test de la configuration

Sur le serveur

Vérifiez l'exactitude de la syntaxe par la commande testparm.

Redémarrez le serveur Samba par la commande /etc/init.d/samba -restart.

© Editions ENI - Toute reproduction interdite

- Vérifiez le bon lancement dans une autre console avec la commande `tail -f /var/log/samba/log.nmbd`.

Sur le CLIENT Ubuntu

Même si l'environnement naturel reste Windows, on peut sans problème utiliser un partage SAMBA avec Linux.

- Sur le client, installez les paquetages :
```
[root]# aptitude install smbfs smbclient
```

- Une première commande vous permet de voir les montages possibles (le mot de passe demandé est celui de l'administrateur SRVLAN, voir le manuel en ligne pour les options de la commande) :
```
[root]# smbclient -L 192.168.4.254
```

- Exemple de commande pour le montage du répertoire public :
```
[root]# smbmount //192.168.4.254/public /public
```

Sur le CLIENT Windows

- Faites adhérer la machine au groupe de travail VIRTUALIX par le **Panneau de configuration**, icône **Système**, onglet **Nom de l'ordinateur**, bouton **Modifier** et indiquez `VIRTUALIX` dans le **Groupe de travail**.

- À la demande, redémarrez la machine.

Sur le client Windows, au niveau des **Favoris réseau** pour le groupe de travail VIRTUALIX (nœuds **Tout le réseau**, **Réseau Microsoft Windows**, **Virtualix**), le serveur Samba fait apparaître deux dossiers : `public` et `prive` (avec aussi par défaut un dossier virtuel pour les imprimantes). Tous les utilisateurs doivent avoir accès en lecture seule au répertoire `/public` alors que seul `testsmb` a accès en lecture/écriture au répertoire `/prive`.

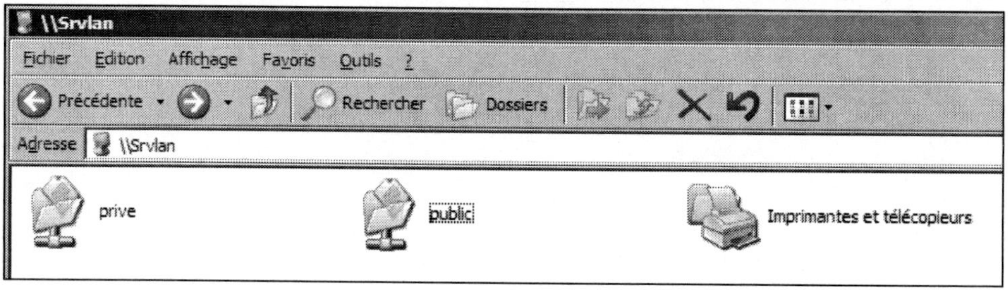

Premier fonctionnement du serveur Samba sur SRVLAN

© Editions ENI - Toute reproduction interdite

Sur le serveur SRVLAN et dans la console où vous affichez les logs, une phrase explicite indique que celui-ci est maintenant "...a local master browser for workgroup VIRTUALIX...".

- Créez un fichier sur le serveur SRVLAN dans public, vérifiez l'accès en lecture à partir du client ; une modification du fichier doit être impossible (à partir du client, vous ne pouvez pas non plus effectuer de création).
- Allez sur le client dans le répertoire prive, une unique demande de mot de passe apparaît (Samba effectue le mappage sur le nom testsmb).
- Créez un fichier **à partir du client** dans prive, la création et a fortiori la modification du fichier doit être possible !

Notez (en revenant sur le serveur SRVLAN) les droits du fichier créé : 640 ; ce qui correspond aux droits indiqués dans le fichier de configuration de Samba et bien sûr à l'appartenance à l'utilisateur testsmb.

TELECOM Lille 1
Bibliothèque

3.5.2 Variantes du mode share

Accorder des droits à chaque utilisateur devient vite fastidieux ! Vous pouvez en ajouter quelques-uns à la suite (directive username), comme par exemple :

```
username = testsmb pierre paul jacques
```

Il est plus simple de les admettre dans un groupe et de donner les droits adéquats à ce même groupe. Toujours dans l'exemple les utilisateurs appartiennent au groupe Linux service. On écrira alors dans le fichier de configuration de Samba :

```
username = @service
```

Pour définir des droits différents sur le même répertoire, on doit jouer sur les droits Unix (par exemple : le propriétaire a les permissions rwx, le groupe rw_) ou laisser à Samba le soin de gérer cela dans la section [prive] :

```
read list = pierre paul
write list = jacques
```

3.6 Configuration en mode contrôleur de domaine

Voici les options (les nouvelles sont commentées, les commentaires ne sont pas forcément à écrire...) à inscrire dans la section [global]. Ce fichier est assez complexe, nous ne pouvons le détailler ici. Reportez-vous à un manuel sur Samba. Vous pouvez aussi **mettre à profit les commentaires détaillés** (en anglais) du fichier lui-même.

© Editions ENI - Toute reproduction interdite

Si vous avez des lignes dans le fichier `smb.conf` qui ne sont pas indiquées ci-dessous, mettez-les en commentaire par un # en début de ligne.

Modifiez le fichier `/etc/samba/smb.conf` pour qu'il contienne ceci :

```
[global]
  workgroup = VIRTUALIX
  server string = %h server (Samba, Ubuntu)
  dns proxy = no
  interfaces = 192.168.4.0/24 eth1
  bind interfaces only = yes
  log file = /var/log/samba/log.%m
  max log size = 1000
  syslog = 0
  panic action = /usr/share/samba/panic-action %d
  encrypt passwords = true
  smb passwd file = /etc/samba/smbpasswd
  passdb backend = smbpasswd
  passdb expand explicit = no
  unix password sync = yes
  obey pam restrictions = yes
  passwd program = /usr/bin/passwd %u
  passwd chat = *Enter\snew\sUNIX\spassword:* %n\n
*Retype\snew\sUNIX\spassword:* %n *password\s updated\ssuccessfully* .
  # utilisation de PAM pour le changement de mots de passe,
  # utile par exemple avec LDAP
  pam password change = no
  # mappage utilisateur en cas de mauvaise authentification
  map to guest = bad user
  # permettre aux utilisateurs anonymes acceptés de créer des
  # partages publics
  usershare allow guests = yes
  # améliorer les performances
  socket options = TCP_NODELAY SO_RCVBUF=8192 SO_SNDBUF=8192

  # correspondance des alias entre les différents utilisateurs
  # par exemple Administrateur sous Windows = root sous Linux
  # le tout sera dans le fichier indiqué
  username map = /etc/samba/smbusers

  # ATTENTION : on change de mode
  security = user
```


© Editions ENI - Toute reproduction interdite

```
# commande déclenchée lorsqu'une machine demande le rattachement
# au domaine Samba, le compte est spécial, sans répertoire
# personnel et sans shell, le tout sur une seule ligne
add machine script = /usr/sbin/useradd -d /dev/null -g 100 -s
/bin/false %u

# impose le serveur Samba comme le maître explorateur sur le
# réseau même s'il y a un serveur Windows NT, la priorité est la
# plus élevée l'élection est forcée au démarrage du serveur
local master = yes
os level = 99
domain master = auto
preferred master = yes

# pour pouvoir être un domaine, ne pas tenir compte du message
# indiquant que cela se rapporte à des stations WIN9x, c'est
# aussi nécessaire pour WIN2K et WINXPPro à partir du moment où
# vous voulez que le serveur Samba soit contrôleur de domaine
domain logons = yes

# donne le chemin où sont sauvegardés les profils et attribue le
# lecteur réseau pour l'utilisateur
logon path = \\%N\profiles\%U
logon home = \\%N\%U
logon drive = H:

# active le serveur Samba comme serveur WINS
wins support = yes
```

Toujours dans le fichier `/etc/samba/smb.conf`, les sections à ajouter après la section `[global]` :

```
# options pour les répertoires utilisateurs
# broweable indique si le répertoire est visible dans le
# voisinage réseau, writable si l'on peut écrire
[homes]
 comment = Répertoires personnels des utilisateurs
 browseable = no
 writable = yes
 # uniquement l'utilisateur concerné
 valid users = %S

# options pour le répertoire des scripts d'ouverture de session
```

© Editions ENI - Toute reproduction interdite

```
[netlogon]
 comment = Service d'authentification réseau
 path = /home/netlogon
 writable = no
 guest ok = no
 browsable = no

# options pour les répertoires où seront sauvegardés les profils
# des utilisateurs, les mask donnent les permissions des
# fichiers et des répertoires
[profiles]
 comment = Profils des utilisateurs
 path = /home/profiles
 browseable = no
 guest ok = no
 writable = yes
 create mask = 0600
 directory mask = 0700
```

- Une fois cette lourde modification effectuée, lancez la commande `testparm` pour la vérification de la syntaxe du fichier `/etc/samba/smb.conf`.
- Ajoutez le compte `root` aux utilisateurs Samba (et avec le mot de passe `root`) :
  `[root]# smbpasswd -a root`
- Créez par VIM le fichier `/etc/samba/smbusers` où vous écrirez les lignes suivantes pour la correspondance des utilisateurs :

```
# Unix_name = SMB_name1 SMB_name2 ...
root = admin administrateur
```

- Créez les répertoires de connexion des utilisateurs avec des permissions à 777 :

```
[root]# mkdir -p /home/netlogon /home/profiles
[root]# chmod 777 /home/netlogon /home/profiles
```

- Relancez le service Samba : `/etc/init.d/samba restart`.

© Editions ENI - Toute reproduction interdite

3.6.1 Validation du client sur le domaine

La première étape consiste à vérifier la bonne réactivité (et son identification) du serveur Samba.

- Dans une console MS-DOS, tapez `net view` et la commande `nbtstat -a srvlan`.

Ceci vous retourne les informations ci-dessous où l'on voit bien, d'abord l'identification correcte du serveur, ensuite le rôle de maître de celui-ci :

```
C:\Documents and Settings\max>net view
Nom de serveur          Remarque

-------------------------------------------------------------------------------
\\SRVLAN                srvlan server (Samba, Ubuntu)
La commande s'est terminée correctement.


C:\Documents and Settings\max>nbtstat -a srvlan

Connexion au réseau local:
Adresse IP du noeud : [192.168.4.12] ID d'étendue : []

    Table de noms NetBIOS des ordinateurs distants

       Nom               Type         État
    ---------------------------------------------
    SRVLAN         <00>  UNIQUE      Inscrit
    SRVLAN         <03>  UNIQUE      Inscrit
    SRVLAN         <20>  UNIQUE      Inscrit
    VIRTUALIX      <1B>  UNIQUE      Inscrit
    VIRTUALIX      <1C>  Groupe      Inscrit
    VIRTUALIX      <1E>  Groupe      Inscrit
    VIRTUALIX      <00>  Groupe      Inscrit

    Adresse MAC = 00-00-00-00-00-00
```

Vérifications de la bonne élection du serveur Samba

La deuxième étape, **la plus importante**, consiste à intégrer le client au domaine.

- Sur le client Windows, rattachez la machine au domaine **VIRTUALIX** par le **Panneau de configuration**, icône **Système**, onglet **Nom de l'ordinateur**, bouton **Modifier** ; connectez-vous sur le client en **Administrateur** et entrez le login **root** et son mot de passe Samba pour la demande de validation.

© Editions ENI - Toute reproduction interdite

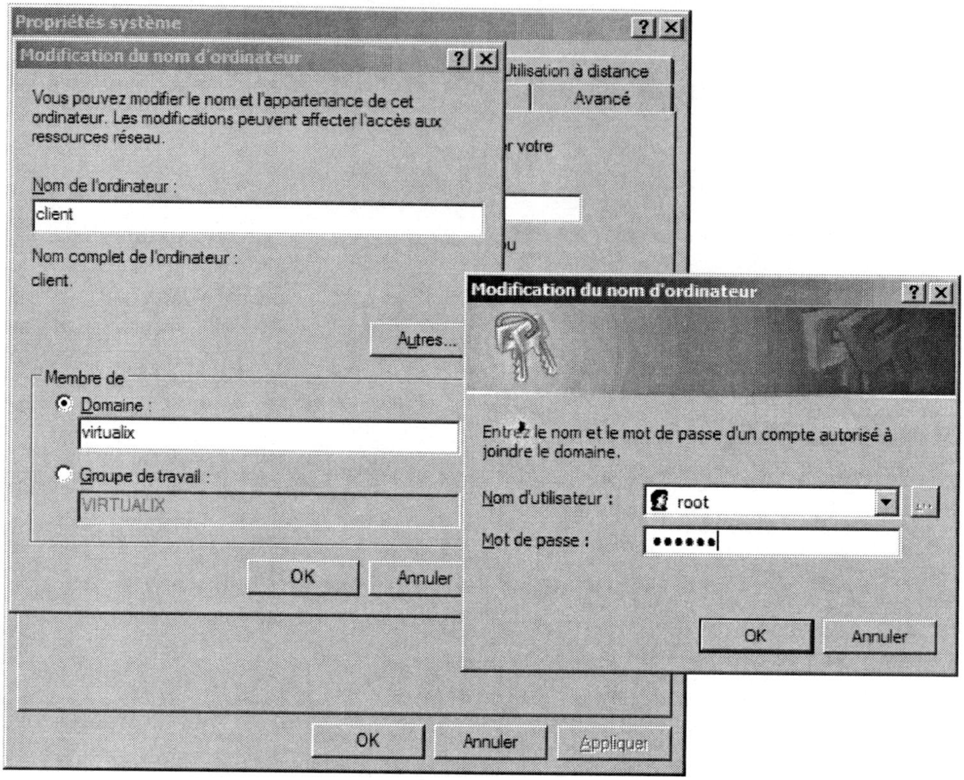

Demande d'authentification de l'administrateur Linux

Si tout se passe bien, vous voyez apparaître l'écran de bienvenue du domaine avec bien sûr l'inévitable demande de redémarrage du système Windows. Si vous ne pouvez pas vous rattacher au domaine, vérifiez et/ou refaites les manipulations précédentes. En règle générale et par expérience (!) les erreurs proviennent à 99% d'une mauvaise écriture des fichiers de configuration ou d'un oubli de manipulation... Vous pouvez avec profit, voir les logs du client dans `/var/log/samba/log.client`.

En cas de problème, pour obtenir plus d'informations vous indiquerez dans `smb.conf` un niveau supérieur à 3 (jusqu'à 10 !) dans la directive :

```
[global]
 log level = 1
```

En règle générale, un niveau 3 suffit pour repérer les dysfonctionnements, ce qui développe déjà un nombre élevé de lignes...

© Editions ENI - Toute reproduction interdite

3.6.2 Ouverture d'une session sur le contrôleur de domaine

Suite au redémarrage du client, un utilisateur Linux (mais non Windows) sur SRVLAN peut se connecter au domaine VIRTUALIX.

- Créez un utilisateur normal sur SRVLAN, par exemple `[root]# adduser ronaldo`.
- Ajoutez aux utilisateurs Samba par la commande `smbpasswd -a` le nouvel utilisateur `[root]# smbpasswd -a ronaldo`.
- Faites apparaître le domaine VIRTUALIX dans l'écran de connexion de Windows ([Ctrl]+[Alt]+[Inser] sur VMware), cliquez sur le bouton **Options**.

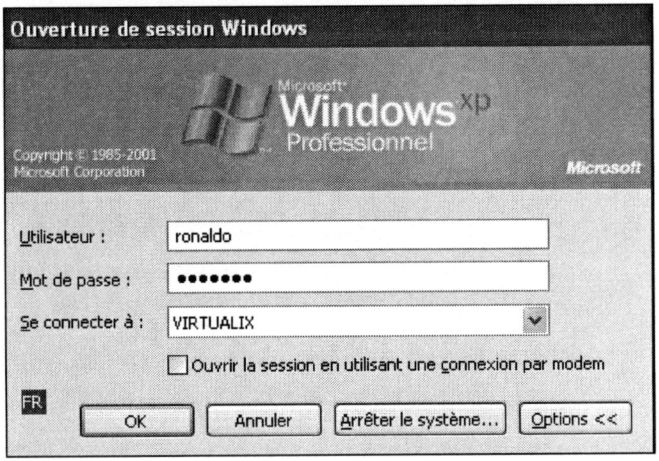

Positionnement sur le domaine VIRTUALIX à l'ouverture de session

Vérification de l'enregistrement du profil

- Sur le client Windows, connectez-vous par l'utilisateur `ronaldo` créé précédemment sur le domaine VIRTUALIX.
- Changez le fond d'écran, fermez la session et ouvrez-la à nouveau : le papier peint doit être présent.

Vous pouvez aussi vérifier la présence des fichiers de l'environnement du poste de travail Windows sur le serveur SRVLAN du répertoire `/home/samba/profiles/ronaldo` et du lecteur réseau (lettre H) sur le client qui correspond au répertoire `/home/ronaldo` sur le serveur SRVLAN dans l'explorateur de fichiers.

© Editions ENI - Toute reproduction interdite

Création d'un script d'ouverture de session

Vous pouvez créer un script d'ouverture de session `logon.bat` affichant un message de bienvenue (ou autres choses...).

- Créez ce fichier `logon.bat` sur le serveur SRVLAN et placez-le dans `/home/samba/netlogon` avec les permissions à 755 :

```
@echo off
echo ********************************
echo Bienvenue sur le serveur Samba
echo ********************************
echo Votre répertoire sur le serveur :
dir /D
echo Date :
date /T
echo Heure :
time /T
pause
```

- Transformez ce fichier au format Windows, car il ne s'agit que de commandes Windows :
  `[root]# perl -i -pe 's#\n#\r\n#g' /home/samba/netlogon/logon.bat`

Une vérification par la commande `od -c /home/netlogon/logon.bat` (`\r` et `\n` en fin de ligne, voir le manuel en ligne pour de plus amples explications) :

```
0000000   @   e   c   h   o       o   f   f  \r  \n   e   c   h   o
0000020   *   *   *   *   *   *   *   *   *   *   *   *   *   *   *   *
*
0000060  \r  \n   e   c   h   o           B   i   e   n   v   e   n   u
0000100   e       s   u   r       l   e       s   e   r   v   e   u   r
0000120       S   A   M   B   A  \r  \n   e   c   h   o       *   *   *
0000140   *   *   *   *   *   *   *   *   *   *   *   *   *   *   *   *
0000160   *   *   *   *   *   *   *   *   *   *   *   *   *  \r  \n   e
0000200   c   h   o       V   o   t   r   e       r 303 251   p   e   r
0000220   t   o   i   r   e       s   u   r       l   e       s   e   r
0000240   v   e   u   r       :  \r  \n   d   i   r       /   D  \r  \n
0000260   e   c   h   o       D   a   t   e       :  \r  \n   d   a   t
0000300   e       /   T  \r  \n   e   c   h   o       H   e   u   r   e
0000320       :  \r  \n   t   i   m   e       /   T  \r  \n   p   a   u
0000340   s   e  \r  \n
0000344
```

Transformation du fichier logon.bat

- Ajoutez à la section `[global]` la ligne `logon script = logon.bat`.

© Editions ENI - Toute reproduction interdite

Relancez le service Samba sur le serveur, sur le client, une nouvelle connexion fait apparaître un écran de la console (à agrandir).

3.6.3 Pour aller plus loin

J'ai volontairement passé sous silence le partage d'imprimantes. Vous n'avez abordé dans cette activité que le sommet de "l'iceberg" Samba... Une des premières améliorations à apporter consistera à définir un serveur d'imprimante Samba pour les clients Windows. Vous disposez d'exemples documentés dans le ficher initial de smb.conf.

Attention : n'oubliez pas d'installer le pilote de votre imprimante SUR le serveur Samba afin de le rendre disponible pour les clients.

4 Serveur d'annuaire LDAP

Quel que soit le système, Windows ou Linux, le système d'information de l'entreprise s'adapte et s'intégre au réseau informatique au travers d'une structure d'annuaire centralisé. Active Directory de Microsoft et, de façon plus naturelle Linux utilisent le service d'annuaire LDAP (*Lightweight Directory Access Protocol*).

4.1 Découverte et principes

Le projet LDAP s'articule autour d'un protocole d'accès pour la mise en place d'un annuaire électronique, de type base de données spécialisée. Sur le principe de l'Open Source, vous utiliserez sa variante OpenLDAP : http://www.openldap.org

Pour référence, les annuaires systèmes existants sont :

- Novell NetWare Directory Service
- Microsoft Active Directory
- SUN NIS et NIS+

© Editions ENI - Toute reproduction interdite

4.1.1 Principe d'un annuaire électronique

Un annuaire permet de stocker des données, organisées en classes et présentées sous la forme d'une arborescence. Le très classique annuaire des pages jaunes (ou blanches) présentent les coordonnées d'entités économiques (entreprises, artisans, etc.), organisées d'abord par fonctions professionnelles, puis par ville et l'ensemble par département. Un annuaire électronique ajoute un contenu plus large (comptes d'utilisateurs, images, données abstraites, etc.) et une mise à jour dynamique, évolutive et répartie.

Il ne faut pas confondre :

- **Annuaire LDAP et SGBD** : le premier reçoit plus de requêtes en lecture qu'en écriture alors qu'une base de données s'oriente vers un équilibre entre les deux. La représentation des données sous forme d'arbre dans l'annuaire fait l'objet d'une norme : le format LDIF (*LDAP Data Interchange Format*).
- **Annuaire LDAP et base de données DNS** : chez DNS, le transfert de zones est complet alors qu'une simple notification d'un changement et de procédure a lieu pour LDAP.

4.1.2 LDAP : concepts

LDAP définit :

- Un **protocole** permettant l'accès à l'information contenue dans l'annuaire ; en cela un serveur LDAP n'est pas uniquement un serveur d'annuaire mais peut aussi être un serveur d'authentification et de définition de droits. Le service d'annuaire LDAP se base donc classiquement sur un modèle client/serveur.
- **Cinq modèles** :
  - la définition du type de données contenues dans l'annuaire (INFORMATION),
  - l'organisation et le référencement de l'information (NOMMAGE),
  - la méthode d'accès à l'information (FONCTIONNEL),
  - la protection des données et l'accès (SECURITE),
  - la répartition des données entre serveurs (DUPLICATION).
- Des **API** pour développer des applications clientes.
- Le format d'échange de données **LDIF**.

© Editions ENI - Toute reproduction interdite

Nous en sommes actuellement à la norme LDAPv3. Quant à la structure de l'information, LDAP utilise l'approche orientée objet dans sa représentation des données, ce qui implique la définition d'objets et de classes d'objets ainsi que le mécanisme d'héritage. La représentation de l'information s'effectue sous forme d'une arborescence hiérarchique appelée le *Directory Information Tree* (DIT). En voici un exemple :

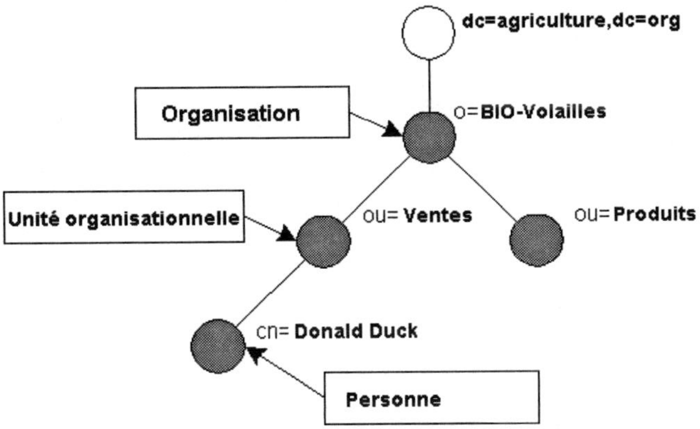

Exemple d'arborescence d'une entreprise

Chaque embranchement ou nœud de l'arbre correspond à une entrée de l'annuaire ou *Directory Service Entry* (DES). Une entrée contient des informations sur une instance (variable définie) d'une ou plusieurs classes d'objets (`objectClass`). Chaque serveur possède une première entrée spéciale, appelée *root Directory Specific Entry* (rootDSE) qui contient la description de l'arbre et de son contenu.

L'entreprise effectue, pour concevoir un annuaire LDAP adapté à sa structure une **analyse préalable** qui va permettre de déterminer l'organisation du système et sa représentation sous une forme arborescente. Cette étape permet de déterminer quel "schéma" est nécessaire dans le contexte.

4.1.3 Schéma, classe d'objets, entrées, objets et attributs

Le **schéma** : il décrit les classes d'objets, leurs types d'attributs et leurs syntaxes, il peut être défini à part dans un fichier texte ou dans l'annuaire lui-même (versions récentes). Un ajout ou une modification dans l'annuaire doit respecter ce schéma sous peine de violation de règles. Le paquetage LDAP apporte des schémas prédéfinis (que l'on utilise sans les modifier) stockés dans `/etc/ldap/schema` et inclus dans le fichier de configuration `/etc/ldap/slapd.conf`.

© Editions ENI - Toute reproduction interdite

Les **classes d'objets** : une classe d'objet contient un certain nombre de champs nommés attributs dans lesquels sont stockées des valeurs. Organisées en une hiérarchie, on trouve au sommet l'objet de la classe top. Conséquence de la POO (*Programmation Orientée Objet*) : chaque objet hérite des propriétés (attributs) de l'objet dont il est le fils.

Les **serveurs LDAP** s'appuient sur trois types de classes d'objets : structurel (les plus courants, comme une personne ou `person` ; une entité organisationnelle ou `organizationalUnit`), auxiliaire et abstrait.

Les **entrées** : les entrées de l'annuaire sont répertoriées dans celui-ci par un attribut unique : le `DN` (*Distinguish Name*). Dans l'exemple ci-dessous, pour l'entrée concernant la personne dite "Donald duck" :

```
cn=DonaldDuck,ou=ventes,o=BIO-Volailles,dc=agriculture,dc=org
```

Son RDN (*Relative Distinguish Name*) étant `cn=DonaldDuck`.

Les **attributs** : ils possèdent les valeurs des entrées de l'annuaire.

Le format LDIF

La norme LDIF (RFC2849) permet :

- la représentation sous forme de fichier texte des données présentes dans un annuaire ;
- l'import/export de données des bases ;
- l'ajout ou la modification de données.

Les fichiers au format LDIF respectent une structure de description des objets et des commandes comme par exemple :

```
dn: cn=DonaldDuck,o=BIO-Volailles,ou=ventes,dc=agriculture,dc=org
objectClass: person
objectClass: organization
cn: DONALD
givenName:
userPassword: {sze}2DF33QDZ56
uid: don
```


© Editions ENI - Toute reproduction interdite

4.2 Préalable à l'utilisation de LDAP

Vous allez implanter un service LDAP avec Samba sur SRVLAN dans le but d'authentifier les utilisateurs sur le réseau en remplaçant le couple NIS/NFS. LDAP fournit déjà des schémas préexistants que vous allez réutiliser. Pour trois raisons :

- la création d'un schéma d'entreprise est complexe et est réservée aux grandes entreprises ;
- la réutilisation de schémas existants standard rend compatibles les applications et services faisant appel à LDAP ;
- **l'utilisation de SAMBA avec LDAP impose de prendre ses schémas**.

La dernière raison l'emporte sur les deux autres et se suffit à elle-même...

Installez les paquetages (et des dépendances) nécessaires sur le serveur SRVLAN :

```
[root]# aptitude install slapd ldap-utils db4.7-util
```

Par défaut (à la différence de la Debian), l'installation utilisera comme nom de domaine `intra.virtualix.fr`, il vous sera simplement demandé le mot de passe de l'administrateur LDAP et sa vérification. Le paquetage `db4.7-util` contient les utilitaires de base de données de l'université de Bekerley.

4.2.1 Détermination de la structure d'annuaire

Pour son arborescence de base, une entreprise mixe généralement deux types de branches : l'une organisationnelle, l'autre plus géographique. Dans notre cas, voici une structure simple :

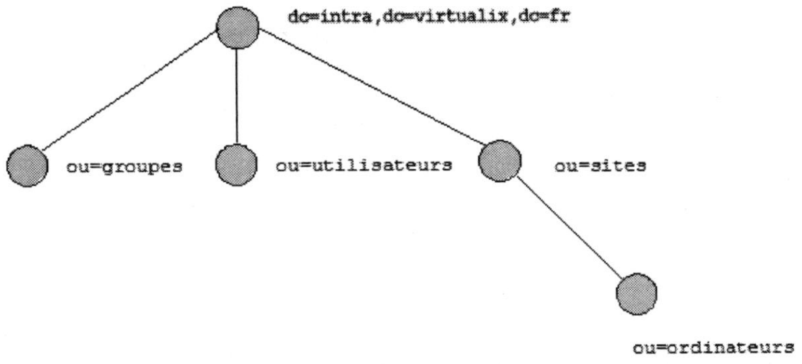

Structure d'annuaire LDAP de l'entreprise VIRTUALIX

© Editions ENI - Toute reproduction interdite

Explications

- La branche **groupes** décrit les entrées concernant les différents services de l'entreprise.
- La branche **utilisateurs** contient les entrées concernant le personnel de l'entreprise.
- La branche **sites** contient les différents lieux géographiques d'implantation.
- La sous-branche **ordinateurs** comporte tous les ordinateurs du sous-domaine intra.virtualix.fr.
- Le suffixe choisi, attribut `dc`, identifie notre annuaire et sera : `dc=intra, dc=virtualix,dc=fr` pour suivre celle du nom DNS.

Tableau des `dn` des différents éléments :

groupes	`dn :cn=groupe1,ou=groupes,dc=intra,dc=virtualix,dc=fr`
	`dn :cn=groupe2,ou=groupes,dc=intra,dc=virtualix,dc=fr`
	`etc.`

utilisateurs	`dn :cn=util1,ou=utilisateurs,dc=intra, dc=virtualix,dc=fr`
	`dn :cn=util2,ou=utilisateurs,dc=intra, dc=virtualix,dc=fr`
	`etc.`

sites	`dn :cn=site1,ou=sites,dc=intra,dc=virtualix,dc=fr`
	`dn :cn=site2,ou=sites,dc=intra,dc=virtualix,dc=fr`
	`etc.`

ordinateurs	`dn :cn=pc1,ou=ordinateurs,ou=sites,dc=intra, dc=virtualix,dc=fr`
	`dn :cn=pc2,ou=ordinateurs,ou=sites,dc=intra, dc=virtualix,dc=fr`
	`etc.`

Une entrée dans la structure (arborescence hiérarchique ou DIT) se définit comme un objet décrit par une classe. On utilise classiquement la classe `inetOrgPerson` décrite par le fichier LDIF `inetorgperson.ldif` et le schéma `inetorgperson.schema` (dans `/etc/ldap/schema/`).

Depuis la version **Intrepid Ibex** (8.10) la configuration générale du service ne se trouve plus dans le fichier `/etc/ldap/slapd.conf` (il n'existe plus) mais dans le répertoire `/etc/ldap/slapd.d`. En fait maintenant la configuration de LDAP se trouve DANS la base LDAP.

© Editions ENI - Toute reproduction interdite

Le plus pratique consiste d'abord à reconfigurer le service :

```
[root]# dpkg-reconfigure slapd
```

Ce qui entraîne comme réponses aux questions :

- **Non** pour omettre la configuration d'OpenLDAP (on veut la faire...) ;
- **intra.virtualix.fr** comme nom de domaine DNS pour le nom distinctif de base ;
- idem pour le nom d'entité ;
- **HDB** comme choix par défaut du module de base de données ;
- **Oui** pour supprimer la base en cas de purge ;
- **Oui** pour créer une nouvelle base et déplacer l'ancienne (celle incomplète de l'installation) ;
- Entrée du mot de passe de l'administration et sa vérification (celui de l'installation) ;
- **Non** pour l'utilisation du protocole LDAPv2.

Ensuite il faut positionner la partie "cliente" du serveur pour l'administration dans le fichier `/etc/ldap/ldap.conf` :

```
BASE        dc=intra,dc=virtualix,dc=fr
URI         ldap://127.0.0.1
```

Renseignez dans le fichier par défaut `/etc/default/slapd` la ligne (pour un accès par le réseau) :

```
SLAPD_SERVICES="ldap://127.0.0.1:389/"
```

On voit par ailleurs au niveau de la première option de configuration (`SLAPD_CONF`) dans ce fichier que l'on peut revenir à l'ancien système de configuration avec un fichier de type `slapd.conf`.

Le démon `slapd` est redémarré d'une manière classique avec la commande :

```
[root]# /etc/init.d/slapd restart
```

L'administration de LDAP est complexe et les commandes par la console, peu engageantes... Vous disposez d'une interface d'administration écrite en PHP qui facilite grandement le travail.

Changez la valeur `memory_limit` à 60 M dans le fichier `/etc/php5/apache2/php.ini` pour la mémoire allouée aux scripts.

© Editions ENI - Toute reproduction interdite

Installez les paquetages PHP nécessaires et redémarrez Apache :

```
[root]# aptitude install php5-ldap phpldapadmin
[root]# /etc/init.d/apache2 restart
```

Modifiez le fichier de configuration `/etc/phpldapadmin/config.php` pour qu'il pointe vers votre arbre et organisation :

```
# vers la ligne 156 :
$ldapservers->SetValue($i,'server','name','Serveur LDAP SRVLAN') ;
# vers la ligne 170 :
$ldapservers->SetValue($i,'server','base',array('dc=intra,dc=virtualix,dc=fr') ;
# vers la ligne 194 :
$ldapservers->SetValue($i,'login','dn','cn=admin,dc=intra,dc=virtualix,dc=fr') ;
# vers la ligne 517 :
$queries[$q]['base'] = 'dc=intra,dc=virtualix,dc=fr' ;
# vers la ligne 531 (même ligne) :
$queries[$q]['base'] = 'dc=intra,dc=virtualix,dc=fr' ;
```

4.3 Utilisation du serveur LDAP

Une fois l'annuaire configuré et lancé, nous avons un annuaire des plus simples : le tronc composé de deux entrées.

Regardez ce qu'il y a déjà dans l'annuaire par :

```
[root]# ldapsearch -x -b "dc=intra,dc=virtualix,dc=fr"
# extended LDIF
#
# LDAPv3
# base <dc=intra,dc=virtualix,dc=fr> (default) with scope subtree
# filter: (objectclass=*)
# requesting: ALL
#

# intra.virtualix.fr
dn: dc=intra,dc=virtualix,dc=fr
objectClass: top
objectClass: dcObject
objectClass: organization
o: intra.virtualix.fr
```


© Editions ENI - Toute reproduction interdite

```
dc: intra

# admin, intra.virtualix.fr
dn: cn=admin,dc=intra,dc=virtualix,dc=fr
objectClass: simpleSecurityObject
objectClass: organizationalRole
cn: admin
description: LDAP administrator

# search result
search: 2
result: 0 Success

# numResponses: 3
# numEntries: 2
```

Explications

La première entrée (`intra.virtualix.fr`) :

- objet `top` : objet père racine avec le `dn : dc=intra,dc=virtualix,dc=fr`,
- objet `dcObject` : modèle auxiliaire, hérite de l'objet parent `top`, et doit contenir l'attribut `dc` (RFC 2247),
- objet `organization` : modèle structurel, hérite de l'objet parent `top`, et doit contenir l'attribut `o` (RFC 2256).

La deuxième entrée (`admin, intra.virtualix.fr`) :

- objet `simpleSecurityObject` : modèle auxiliaire, hérite de l'objet parent `top`, et doit contenir l'attribut `userPassword` (RFC 1274),
- objet `organizationRole` : modèle structurel, hérite de l'objet parent `top`, et doit contenir l'attribut `cn` (RFC 2256).

Ayez bien à l'esprit la distinction suivante : vous avez **le modèle d'objet LDAP** (avec ses modèles standard) et la hiérarchie (fonctionnelle) de votre **structure d'entreprise**. Une entrée dans cette structure par exemple une personne, peut appartenir à la même classe d'objet (dans ce cas `inetOrgPerson`) alors qu'elle se situe à deux endroits dans votre schéma ; exemple : une branche utilisateurs (type `ou`) et une autre branche clients (type `ou`). Vous trouverez les hiérarchies d'objets cités ci-dessus dans le fichier `core.schema`.

© Editions ENI - Toute reproduction interdite

Suite des explications sur la commande `ldapsearch`

Nous aurions pu ajouter "`objectclass=*`" à la fin de la commande mais c'est inclus par défaut. L'option `-x` signifie l'authentification SASL simple et `-b` le point de départ matérialisé par la suite de la commande.

4.3.1 Remplissage de l'annuaire

La meilleure façon de remplir un annuaire consiste à utiliser un fichier au format LDIF, même dans le cadre d'une administration par un serveur graphique. Attention : il est obligatoire de coder les données en UTF-8.

- Créez le fichier LDIF **sur le CLIENT** correspondant à la structure de votre annuaire (utilisateur quelconque, personnellement je le crée sur SRVLAN avec un utilisateur qui est authentifié par le client via NIS/NFS, ce qui revient en fait à le rendre disponible à partir du client) :

Fichier `virtualix.ldif`

```
dn: ou=groupes,dc=intra,dc=virtualix,dc=fr
objectClass: organizationalUnit
ou: groupes
description: Les groupes

dn: ou=utilisateurs,dc=intra,dc=virtualix,dc=fr
objectClass: organizationalUnit
ou: utilisateurs
description: Les utilisateurs

dn: ou=sites,dc=intra,dc=virtualix,dc=fr
objectClass: organizationalUnit
ou: sites
description: Les sites

dn: ou=ordinateurs,ou=sites,dc=intra,dc=virtualix,dc=fr
objectClass: organizationalUnit
ou: ordinateurs
description: Les machines

# Fin du fichier LDIF
```


© Editions ENI - Toute reproduction interdite

Notez la présence systématique d'une ligne vide en fin de fichier par souci de compatibilité avec les commandes en ligne. Pour utiliser l'administration graphique, entrez dans un navigateur sur le client l'URL http://192.168.4.254/phpldapadmin/ :

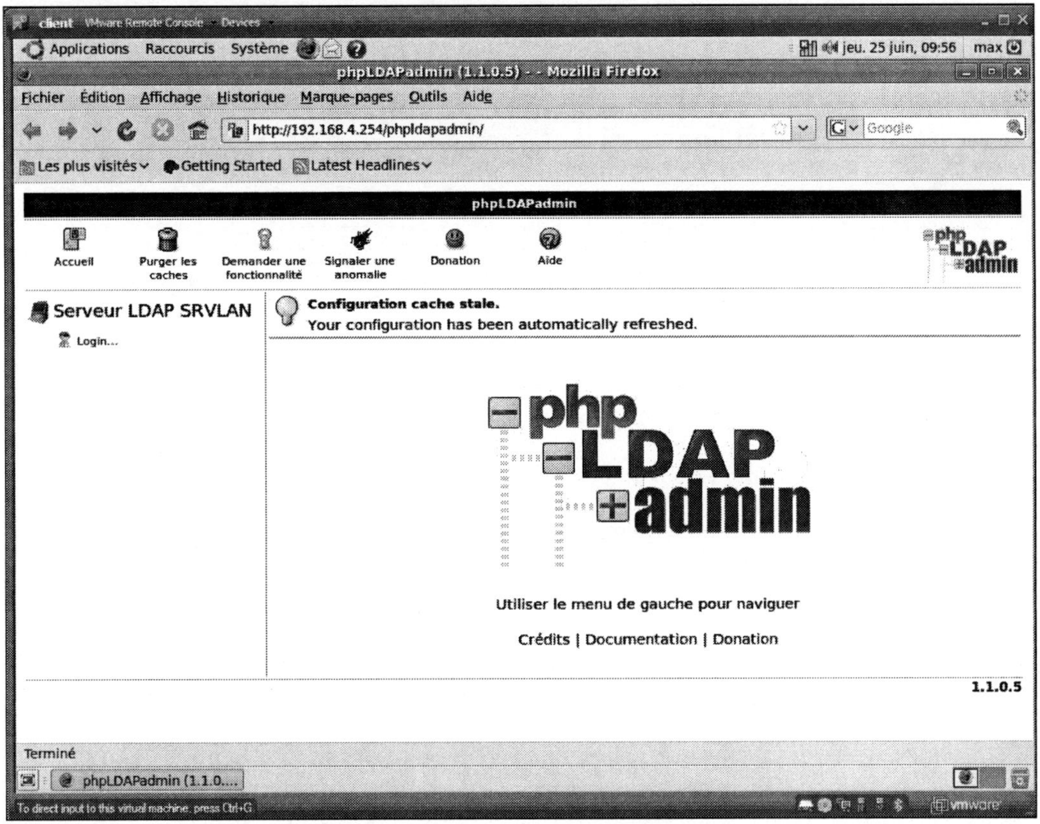

Connexion à l'annuaire par phpldapadmin

- Cliquez sur le lien **Login** et entrez le mot de passe de l'administrateur dans la fenêtre d'authentification pour aboutir à l'interface d'administration.

© Editions ENI - Toute reproduction interdite

Cliquez sur le lien **Importer** et sélectionnez par le bouton **Parcourir** votre fichier **virtualix.ldif** et cliquez sur le bouton **Proceed** :

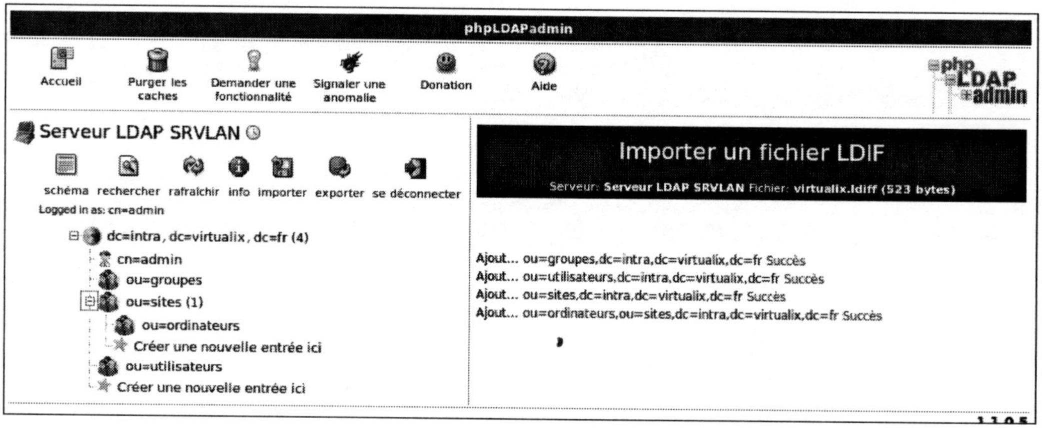

Importation du fichier LDIF

N'oubliez pas de sauvegarder la structure de votre annuaire par le lien **Exporter**. Vous pouvez aussi faire cette manipulation en mode commande sur le serveur par : `slapcat -l dumpLDAP.ldiff -b "dc=intra,dc=virtualix,dc=fr"`.

5 Authentification des utilisateurs par LDAP

Le but principal de LDAP se révèle dans la gestion des utilisateurs. La démarche consiste à centraliser les comptes utilisateurs sur un unique serveur et à proposer d'une part le remplacement de l'authentification par NIS pour l'ouverture d'une session, et d'autre part ce même mécanisme pour tout autre service désirant une validation utilisateur.

5.1 Notion de politique d'authentification

PAM (ou *Pluggable Authentication Modules*) apporte un mécanisme d'authentification simple et souple pour les utilisateurs. Depuis les débuts d'UNIX, l'authentification d'un utilisateur s'effectue par son intermédiaire avec un mot de passe, le système vérifiant si le mot de passe entré correspond au mot de passe officiel chiffré stocké dans `/etc/passwd`. La difficulté réside au niveau de l'ajout : si l'on veut ajouter un nouveau type d'authentification, tous les programmes liés à l'authentification (`login`, `ftpd` etc.) doivent être modifiés pour le reconnaître.

© Editions ENI - Toute reproduction interdite

PAM décrit la manière de développer des programmes indépendants de la fonction d'authentification. Ces programmes utilisent des "modules d'authentification", liés à la demande d'exécution. Une politique d'authentification peut par exemple autoriser un simple utilisateur à exécuter une commande en local, mais refuser qu'il le fasse à distance (ssh...). Les directives des interfaces de modules s'additionnent, dans le but d'utiliser plus d'un module, avec bien sûr une importance accordée à l'ordre de déclaration de ces modules.

Modifier la politique d'authentification du service peut en cas d'erreur vous empêcher de vous authentifier et donc de vous connecter. **Soyez donc très prudent**...

Vous trouverez les renseignements sur PAM sur Internet à l'URL : http://www.kernel.org/pub/linux/libs/pam/. PAM fonctionne avec des modules, le mieux pour trouver des informations est de chercher sur Internet le nom du module directement dans un moteur de recherche.

5.1.1 Configuration et structure des fichiers PAM

L'emplacement des fichiers PAM se situe dans le répertoire `/etc/pam.d`.

Syntaxe d'une ligne d'un fichier PAM :

On n'utilise plus le fichier `/etc/pam.conf` (il est vide) dont la structure était la suivante :

```
service primitive contrôle chemin_module arguments
```

À la place, on préfère utiliser un fichier par service avec cette fois la structure suivante :

```
primitive contrôle chemin_module arguments
```

Avec :

Primitive

`auth`	Authentification de l'appelant.
`account`	Vérification disponibilité d'un compte.
`session`	Gestion de session d'authentification.
`password`	Changement de mot de passe.

© Editions ENI - Toute reproduction interdite

Contrôle (les trois principaux)

`required`	En cas de succès, le reste de l'enchaînement est exécuté et le résultat final est un succès à moins qu'un autre module n'échoue.
`sufficient`	En cas d'échec, le module est ignoré et l'enchaînement se poursuit.
`optional`	Le succès ou l'échec de ce module importe si c'est le seul module lié à ce service possible.

Modules (exemples)

`pam_permit.so`	Retourne toujours un succès.
`pam_unix.so`	Authentification sous Unix.

Les arguments dépendent du module. Par exemple : le module `pam_userdb.so`. Ce module permet de rechercher des utilisateurs dans une base de données de type Berkeley (`db`) et vérifie leur mot de passe dans cette même base. Les arguments principaux de ce module sont :

`debug`	fournit plus d'informations pour syslog.
`icase`	mot de passe insensible à la casse.
`db=chemin/fichier.db`	utilise le fichier de type `db` (chemin absolu obligatoire).

5.1.2 Exemple d'un fichier PAM

Voici le contenu du fichier `/etc/pam.d/su` sur Ubuntu (sans les commentaires) :

```
auth sufficient pam_rootok.so
session required pam_env.so readenv=1
session required pam_env.so readenv=1 envfile=/etc/default/locale
session optional pam_mail.so nopen
@include common-auth
@include common-account
@include common-sesion
```

Les fichiers inclus contiennent le comportement commun des modules de PAM.

© Editions ENI - Toute reproduction interdite

Explications

- Ligne 1 : s'il s'agit de l'utilisateur `root`, l'enchaînement réussi (on a le droit de faire un `su`).
- Lignes 2 et 3 : prend en compte pour la session les variables d'environnement (`/etc/environment`) suivant la politique définie dans `/etc/ security/ pam_ env.conf` et la langue.
- Ligne 4 : l'attribut `nopen` indique de ne pas notifier à l'utilisateur lors de l'ouverture de sa session par `su` la présence d'un nouveau mail.
- Lignes 5, 6, 7 : demande une authentification standard, de compte et de session.

5.2 Mise en place de l'authentification par PAM-LDAP

LDAP supporte le chiffrement SSL et coopère parfaitement avec les applications Samba, DNS, NFS... avec plus concrètement la gestion dans le cadre d'une authentification utilisateur :

- des accès non autorisés (authentification) ;
- des droits d'accès aux données (autorisation) ;
- de la confidentialité et de l'intégrité des communications avec le serveur.

Vous allez mettre en place l'**authentification utilisateurs** par LDAP sur SRVLAN pour le CLIENT. Sous Ubuntu, cette authentification s'effectue par l'intermédiaire de deux outils : NSS (*Name Service Switch*) et PAM. Nous ajouterons ensuite la couche SSL mais dans une autre fiche axée sur la sécurité.

Le système PAM intègre de façon transparente les technologies classiques d'authentification sur des services du système (comme entre autres `login`, `ftp`, `ssh`...) et ce, sans aucune modification sur ces services.

5.3 Paquetages nécessaires sur le serveur SRVLAN

Installez les paquetages nécessaires :

```
[root]# aptitude install libpam-ldap libnss-ldap nss-updatedb nscd
```

© Editions ENI - Toute reproduction interdite

NSCD est un démon qui fournit un cache pour les requêtes aux services des noms les plus courants (remarque : vous n'avez pas besoin de modifier le fichier de configuration de NSCD `/etc/nscd.conf`). L'installation de `libpam-ldap` provoque celles de paquets essentiels comme `auth-client-config`, `ldap-auth-client` et `ldap-auth-config` et demande cette fois-ci quelques renseignements :

- **Adresse** du serveur LDAP utilisé : mettez `ldap://127.0.0.1`.
- **DN** de la base de recherche : `dc=intra,dc=virtualix,dc=fr`.
- **Version** de LDAP à utiliser : on utilise la `3`.
- Utilisation de **PAM** pour les mots de passe locaux (avec celui du `root`) : `Oui`.
- Nécessité de se connecter de façon **authentifiée** : `Non`.
- **Configuration** : `cn=admin,dc=intra,dc=virtualix,dc=fr`.
- **Mot de passe** : le même que dans l'activité précédente.
- Configuration de `libnss-ldap : OK`.

Tout ceci se retrouve dans les fichiers : `/etc/ldap.conf` (à ne pas confondre avec `/etc/ldap/ldap.conf`) et `/etc/pam_ldap.secret`. Ce dernier contenant d'ailleurs le mot de passe en clair (vérifiez la permission à 600).

Ôtez le dièse de commentaire dans le fichier `/etc/ldap.conf` sur la ligne `bind_policy` et indiquez `soft` au lieu de `hard`.

Une astuce : si le service LDAP ne veut plus démarrer, lancez la commande `slapd -d 16383` et regardez les informations en fin de liste.

5.3.1 Configurations

Ajoutez LDAP comme méthode d'authentification pour `passwd`, `group` et `shadow` dans le fichier `/etc/nsswitch.conf` :

```
passwd:  compat ldap
group:  compat ldap
shadow:  compat ldap
```


© Editions ENI - Toute reproduction interdite

Vérifiez le contenu des différents **fichiers PAM** :

Fichier /etc/pam.d/common-account

```
account [success=2 new_authtok_reqd=done default=ignore]    pam_unix.so
account [succes=1 default=ignore]                           pam_ldap.so
account requisite                                           pam_deny.so
account required                                            pam_permit.so
```

Fichier /etc/pam.d/common-auth

```
auth [success=2 default=ignore]    pam_unix.so nullok_secure
auth [success=1 default=ignore]    pam_ldap.so use_first_pass
auth requisite                     pam_deny.so
auth required                      pam_permit.so
```

Fichier /etc/pam.d/common-password

```
password [success=2 default=ignore]                      pam_unix.so obscure sha512
password [success=1 user_unknown=ignore default=die] pam_ldap.so use_authtok
try_first_pass
password requisite                                       pam_deny.so
password required                                        pam_permit.so
```

Fichier /etc/pam.d/common-session

```
session [default=1]      pam_permit.so
session requisite        pam_deny.so
session required         pam_permit.so
session required         pam_unix.so
session optional         pam_ldap.so
session optional         pam_ck_connector.so nox11
```

La connexion Unix représente la connexion aux comptes locaux toujours possible (sufficient). **ATTENTION À NE PAS SE TROMPER**, sinon votre système ne sera plus accessible même par l'utilisateur root. Il ne vous restera plus qu'à tout remettre en ordre par un démarrage en mode rescue.

© Editions ENI - Toute reproduction interdite

5.4.1 LDAP+NFS

- Installez les mêmes paquetages que pour le serveur, soit :

```
[root]# aptitude install libpam-ldap libnss-ldap nss-updatedb nscd
```

La configuration est identique, les seules différences résident dans l'**adresse IP du serveur : 192.168.4.254** et la non utilisation de PAM pour le `root`.

- Changez les lignes dans le fichier `/etc/ldap/ldap.conf` pour faire référence là aussi au serveur LDAP :

```
........
BASE  dc=intra,dc=virtualix,dc=fr
URI  ldap://192.168.4.254
```

- Effectuez les modifications au niveau du fichier `/etc/nsswitch.conf` (intercalez `ldap` entre `compat` et `nis`).

N'oubliez pas : la création du répertoire se fait en local...

- Rebootez le client et connectez-vous avec le login `chabal` sur le client : vous devez obtenir une session avec son répertoire amené par NFS :

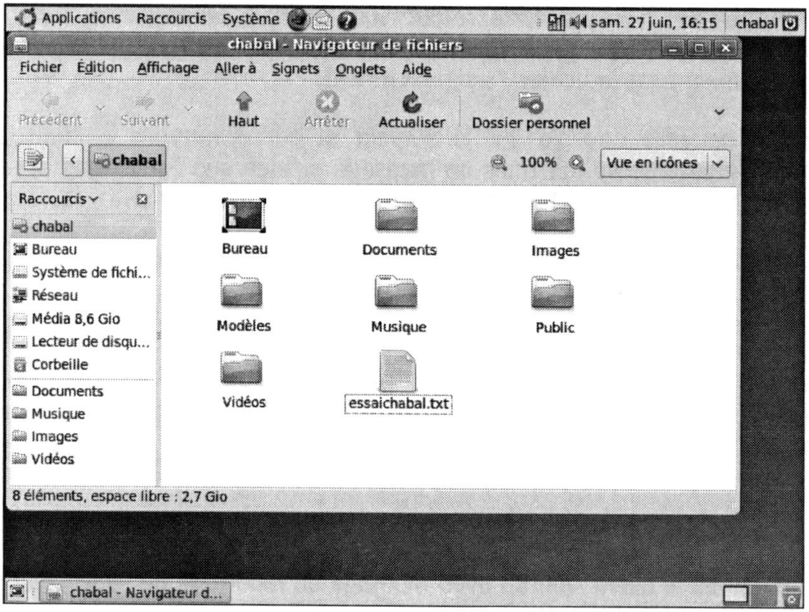

Bureau de l'utilisateur chabal

© Editions ENI - Toute reproduction interdite

5.4.2 LDAP/Samba+CIFS

Vous avez remplacé le service NIS par LDAP sur Linux, mais pour les clients Windows ? C'est possible en intégrant LDAP à Samba par l'intermédiaire d'un schéma mis à votre disposition par le paquetage `samba-doc`.

- Installez les paquetages complémentaires suivants sur SRVLAN :
  `[root]# apt-get install samba-doc smbldap-tools`

- Copiez le nouveau schéma de Samba dans le répertoire `/etc/ldap/schéma` et décompressez-le :

```
[root]# cp /usr/share/doc/samba-doc/examples/LDAP/samba.schema.gz
/etc/ldap/schema/
[root]# gunzip /etc/ldap/schema/samba.schema.gz
```

Avec l'ancienne configuration de LDAP (celle qui passait par `slapd.conf`), l'insertion d'un schéma était plus simple... Maintenant il faut effectuer une série de manipulation pour entrer le schéma de Samba dans l'arborescence puisque la configuration fait partie intégrante de l'annuaire.

- Créez un fichier `shema_new.conf` contenant ces lignes :

```
include /etc/ldap/schema/core.schema
include /etc/ldap/schema/collective.schema
include /etc/ldap/schema/corba.schema
include /etc/ldap/schema/cosine.schema
include /etc/ldap/schema/duaconf.schema
include /etc/ldap/schema/dyngroup.schema
include /etc/ldap/schema/inetorgperson.schema
include /etc/ldap/schema/java.schema
include /etc/ldap/schema/misc.schema
include /etc/ldap/schema/nis.schema
include /etc/ldap/schema/openldap.schema
include /etc/ldap/schema/ppolicy.schema
include /etc/ldap/schema/samba.schema
```

© Editions ENI - Toute reproduction interdite

Créez un répertoire temporaire et convertissez-y les schémas :

```
[root]# mkdir /tmp/ldif_output
[root]# slaptest -f schema_new.conf -F /tmp/ldif_output/
```

Modifiez le fichier généré `/tmp/ldif_output/cn=config/cn=schema/cn={12}samba.ldif` :

- en **changeant** la ligne du début commençant par `dn` par : `dn : cn=samba,cn=schema,cn=config` et la ligne du début commençant par `cn` par `cn : samba` ;
- en **supprimant** les lignes de fin des sept attributs : `structuralObjectClass`, `entryUUID`, `creatorsName`, `createTimestamp`, `entryCSN`, `modifiersName` et `modifyTimestamp`.

Ajoutez le nouveau schéma :

```
[root]# ldapadd -x -W -D cn=admin,cn=config -f
/tmp/ldif_output/cn=\=config/cn\=schema/cn\=\{12}samba.ldif
```

Créez le fichier samba_indexes.ldif :

```
dn: olcDatabase={1}hdb,cn=config
changetype: modify
add: olcDbIndex
olcDbIndex: uidNumber eq
olcDbIndex: gidNumber eq
olcDbIndex: loginShell eq
olcDbIndex: uid eq,pres,sub
olcDbIndex: memberUid eq,pres,sub
olcDbIndex: uniqueMember eq,pres
olcDbIndex: sambaSID eq
olcDbIndex: sambaPrimaryGroupSID eq
olcDbIndex: sambaGroupType eq
olcDbIndex: sambaSIDList eq
olcDbIndex: sambaDomainName eq
olcDbIndex: default sub
```

Ajoutez le nouvel index :

```
[root]# ldapmodify -x -W -D cn=admin,cn=config -f /samba_indexes.ldif
```


© Editions ENI - Toute reproduction interdite

- Redémarrez le service LDAP, sur le client videz le cache du navigateur et reconnectez-vous ; cliquez sur l'icône schéma et vous devez voir apparaître les nouvelles entrées de Samba :

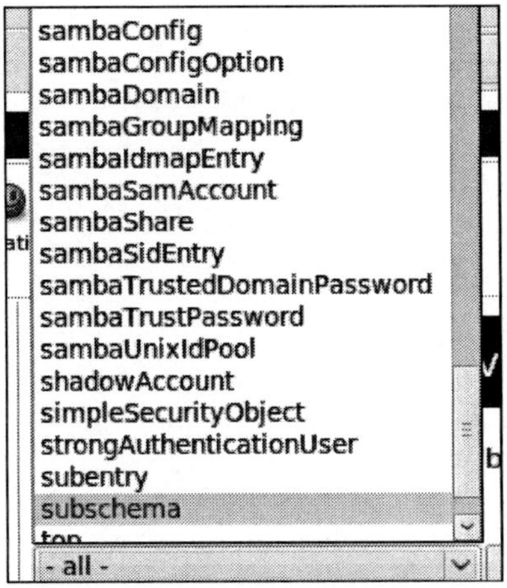

Prise en compte des schémas Samba

Maintenant vous devez modifier le fichier de configuration Samba `/etc/samba/smb.conf`. Un exemple de configuration vous est fourni avec le paquetage `smbldap-tools` et vous le trouverez dans le répertoire `/usr/share/ doc/smbldap-tools/examples`.

- Arrêtez tout d'abord le service Samba.

- Commentez les lignes dans `/etc/samba/smb.conf` :

```
# passdb backend = smbpasswd
# obey pam restrictions = yes
# unix password sync = yes
# passwd program = /usr/bin/passwd %u
# passwd chat = *Enter\snew\sUNIX\spassword:* %n\n
*Retype\snew\sUNIX\spassword:* %n *password\s updated\ssuccessfully*
# add machine script = /usr/sbin/useradd -d /dev/null -g 100 -s /bin/false %u
```

© Editions ENI - Toute reproduction interdite

- Ensuite, ajoutez les lignes pour LDAP, toujours dans `/etc/samba/smb.conf` au niveau de la section `[global]` :

```
ldap delete dn = yes
ldap passwd sync = yes
passdb backend = ldapsam:ldap://127.0.0.1/
ldap admin dn = cn=admin,dc=intra,dc=virtualix,dc=fr
ldap suffix = dc=intra,dc=virtualix,dc=fr
ldap ssl = off
ldap group suffix = ou=groupes
ldap user suffix = ou=utilisateurs
ldap machine suffix = ou=ordinateurs

add machine script = /usr/sbin/smbldap-useradd -w "%u"
add user script = /usr/sbin/smbldap-useradd -m "%u"
add group script = /usr/sbin/smbldap-groupadd -p "%g"

delete user script = /usr/sbin/smbldap-userdel "%u"
add user to group script = /usr/sbin/smbldap-groupmod -m "%u" "%g"
delete user from group script = /usr/sbin/smbldap-groupmod -x "%u" "%g"
set primary group script = /usr/sbin/smbldap-usermod -g "%g" "%u"
```

- Générez un mot de passe pour l'administrateur du serveur LDAP pour Samba (il se trouvera dans `/var/lib/samba/secrets.tdb`) :
  `[root]# smbpasswd -w`*`votremotdepasse`*

- Copiez les fichiers de configuration du paquetage `smbldap-tools` dans le répertoire `/etc/smbldap-tools` et décompressez le deuxième :

```
[root]# cp /usr/share/doc/smbldap-tools/examples/smbldap_bind.conf
/etc/smbldap-tools/
[root]# cp /usr/share/doc/smbldap-tools/examples/smbldap.conf.gz
/etc/smbldap-tools/
[root]# gunzip /etc/smbldap-tools/smbldap.conf.gz
```

Une configuration assez longue arrive. Deux solutions s'offrent à vous : la configuration manuelle ou la configuration par un script apporté par le paquetage `smbldap-tools`. Préférez la deuxième solution.

© Editions ENI - Toute reproduction interdite

Démarrez le serveur Samba, décompressez le script de configuration en Perl, rendez-le exécutable et lancez-le :

```
[root]# /etc/init.d/samba start
[root]# gunzip /usr/share/doc/smbldap-tools/configure.pl.gz
[root]# chmod 755 /usr/share/doc/smbldap-tools/configure.pl
[root]# /usr/share/doc/smbldap-tools/configure.pl
```

Répondez aux nombreuses questions concernant votre domaine Samba (certaines lignes comportent par défaut les bonnes réponses) :

- **workgroup name** : `VIRTUALIX`
- **netbios name** : `srvlan`
- **logon drive** : `H`
- **logon home** : `\\%L\%U`
- **logon path** : `\\%L\Profiles\%U`
- **home directory** : `/home/%U`
- **homeDirectory mode** : `700`
- **netlogon script** : `logon.bat`
- **default password validation** : `45`
- **ldap suffix** : `dc=intra,dc=virtualix,dc=fr`
- **ldap group suffix** : `ou=groupes`
- **ldap user suffix** : `ou=utilisateurs`
- **ldap machine suffix** : `ou=ordinateurs`
- **Idmap suffix** : `ou=Idmap`
- **sambaDomainName** : `VIRTUALIX`
- **ldap master server** : `127.0.0.1`
- **ldap master port** : `389`
- **ldap master bind dn** : `cn=admin,dc=intra,dc=virtualix,dc=fr`
- **ldap master bind password** : *`mettre_votre_mot_de_passe`*
- **ldap slave server** : `127.0.0.1`
- **ldap slave port** : `389`

© Editions ENI - Toute reproduction interdite

- **ldap slave bind dn** : `cn,admin,dc=intra,dc=virtualix,dc=fr`
- **ldap slave bind password** : *mettre_votre_mot_de_passe*
- **ldap tls support** : `0`
- **SID for domain VIRTUALIX** : *validez_par_défaut*
- **unix password encryption** : `SSHA`
- **default user gidNumber** : `513`
- **default computer gidNumber** : `515`
- **default login shell** : `/bin/bash`
- **default skeleton directory** : `/etc/skel`
- **default domain name to append to mail address** : `intra.virtualix.fr`

Vérifications

- Ouvrez une session Windows en tant qu'administrateur sur CLIENT **(en local)**, enlevez l'appartenance au domaine et remettez-le dans le groupe de travail `virtualix`.

- Sur le serveur SRVLAN, vérifiez le numéro du domaine SID (un retour sans informations ni erreurs est correct) : `[root]# net getlocalsid`.

- Peuplez votre annuaire (le mot de passe vous est demandé deux fois) :
  `[root]# smbldap-populate`

- Vous pouvez alors voir les comptes et les groupes Linux et LDAP par la commande :
  `[root]# getent passwd`

© Editions ENI - Toute reproduction interdite

Test sur le client Windows

- Connectez-vous en administrateur et en local pour **rattacher à nouveau** la machine au domaine VIRTUALIX (cela peut prendre une à deux minutes). Vous pourrez alors voir sur le serveur, avec une requête sur la base LDAP, que la machine cliente est entrée dans l'annuaire LDAP :

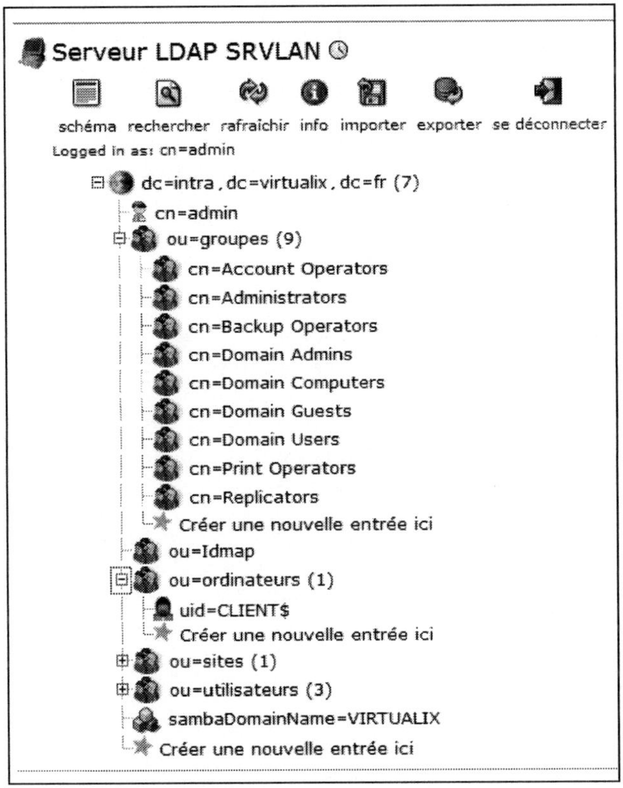

Affichage des informations sur le CLIENT dans la base LDAP

- Sur le serveur LDAP (SRVLAN), ajoutez l'utilisateur `federer` au compte Samba par la commande `smbldap-useradd -a -P federer` et vérifiez la bonne création par `smbldap-usershow federer`.

- Connectez-vous avec l'utilisateur `federer` sur le domaine VIRTUALIX ; votre session s'ouvre...

© Editions ENI - Toute reproduction interdite

Test sur le client Ubuntu

Alors que le montage sous Windows s'effectue par le biais des répertoires utilisateurs, sous Ubuntu, on utilise, on l'a vu, le montage SMBFS maintenant CIFS. Pour le montage du répertoire, cela passe par une librairie de PAM.

- Installez la librairie et validez à **Oui** la demande de changements des fichiers PAM :

```
[root]# aptitude install libpam-mount
```

- À la fin du fichier `/etc/security/pam_mount.conf.xml`, rajoutez la ligne suivante (juste avant la ligne `</pam_mount>`) :

```
<volume options="dir_mode=0751,domain=VIRTUALIX"
user="*" mountpoint="/home/%(USER)"
path="%(USER)" server="srvlan" fstype="cifs" />
```

Attention : enlevez `use_first_pass` dans le fichier `/etc/pam.d/common-auth` sur la ligne du `pam_mount.so` : il provoque une erreur !

- Redémarrez le client Ubuntu et connectez-vous avec l'utilisateur `ronaldo` : son répertoire se monte automatiquement à l'ouverture de la session.

Notez qu'un utilisateur LDAP pouvant se connecter sur un client Linux ne peut le faire sur un client Windows QUE s'il est rajouté au schéma LDAP/Samba. Pour un approfondissement, vous pouvez voir la migration des comptes utilisateurs Linux existants vers LDAP par le paquetage `migrationtools`.

© Editions ENI - Toute reproduction interdite

Chapitre 5
Sécurisation et optimisation

1 Administration à distance

Un administrateur n'a pas le don d'ubiquité... À partir de ce constat simple, il faut dans l'entreprise mettre en place les outils nécessaires à une prise de contrôle des postes à distance. On distingue deux cas bien précis : l'administrateur vis-à-vis de ses serveurs dans une optique de management et l'administrateur vis-à-vis des clients dans un but de maintenance.

1.1 Les échanges sécurisés

1.1.1 Le protocole SSH

Le protocole SSH constitue la première base de l'échange sécurisé. SSH crée un tunnel chiffré pour vos connexions. Il permet l'indispensable sécurité des échanges par l'encryptage des données. Il permet aussi à l'administrateur réseau d'effectuer diverses manipulations à distance donc sans se déplacer...

OpenSSH est une variation OpenSource (logiciels libres) des protocoles SSH (*Secure SHell*). Elle se substitue aux outils de type `telnet`, `ftp`, etc. Actuellement, le protocole par défaut est la version 2, qui utilise les clés RSA par défaut. En fait, le protocole SSH existe en deux versions SSH1 et SSH2. SSH1 utilise une paire de clés de type RSA1 pour l'authentification, tandis que SSH2 utilise DSA ou RSA (différent de RSA1).

Les authentifications évoquées ici seront celles par mot de passe et par clé asymétrique.

1.1.2 La prise de contrôle à distance

Alors que SSH représente l'outil de l'administrateur dans l'optique d'administrer plusieurs machines à distance, la prise de contrôle permet de gérer une machine cliente dans le cadre de la maintenance. Sur Ubuntu, le système standard autorisant l'accès à plusieurs ordinateurs à partir d'un même poste s'appelle VNC (*Virtual Network Computing*) ; il utilise le protocole RFB (*Remote Frame Buffer*). Toujours dans une architecture de type client/serveur, vous disposez d'un serveur VNC sur la machine à accéder, et d'un client VNC sur toute machine devant accéder au serveur.

© Editions ENI - Toute reproduction interdite

Fonctionnement

Principe de base : le serveur VNC capture tout comportement graphique en provenance de la machine et l'envoie vers le client, indépendamment du système d'exploitation (mais disposant aussi d'un environnement graphique). Inversement, le client capture les actions de l'utilisateur sur la fenêtre affichant l'interface et les envoie au serveur afin d'être exécutées par le système du serveur.

On utilise classiquement VNC sur Ubuntu avec Vinagre et UltraVNC sur Windows. À noter, pour l'anecdote, l'existence d'une applet Java pour se connecter depuis tout navigateur Web.

1.2 Améliorations et extension du réseau

Pour cette section, deux éléments sont à prendre en compte : la nécessité d'installer un environnement graphique sur SRVLAN qui devient par nature le poste d'administration de référence et **l'ajout du quatrième et dernier élément de notre réseau** : SRVFWL. Il justifiera l'utilisation de SSH car il se positionnera dans un environnement sécurisé.

1.2.1 Installation de l'environnement graphique sur SRVLAN

Si vous êtes en situation VMware (ou même si vous ne l'êtes pas), la mémoire RAM de cette machine (256 Mo) ne permet pas un environnement graphique trop lourd, aussi vous allez opter (et découvrir) XFCE (http://www.xfce.org). Cet environnement léger a été conçu et le fait n'est pas coutumier par un français : Olivier Fourdan.

- Installez le meta-paquetage pour l'environnement XFCE, (cela risque d'être un peu long), il faut installer à la fois le serveur graphique **Xorg** et l'environnement XFCE :

```
[root]# aptitude install xubuntu-desktop
[root]# aptitude clean
```

© Editions ENI - Toute reproduction interdite

Une fois terminé le processus, redémarrez simplement le système pour avoir l'écran de connexion (superbe d'ailleurs), notez que la connexion s'utilise avec l'utilisateur privilégié, le `root` étant par défaut interdit :

Écran GDM pour XFCE

1.2.2 Installation du serveur SRVFWL

Ce serveur servira de routeur et filtrera les flux à l'aide d'un pare-feu. Techniquement, c'est la machine qui nécessite le moins de ressources.

➘ Procédez à une installation et optimisation du serveur SRVFWL identique à celle de SRVLAN, avec cependant ces différences :

- le nom bien sûr...

© Editions ENI - Toute reproduction interdite

- l'ajout de deux cartes supplémentaires : la première sera en NAT, la deuxième sur **VMnet2** et la troisième sur **VMnet3** (cas VMware évidemment) ;
- la configuration réseau respecte le plan d'adressage donné dans le chapitre Réseau d'entreprise et serveurs virtuels :

Interfaces	Adresses IP	Masques	Réseaux	Broadcast
Eth0	192.168.254.10	255.255.255.0	192.168.254.0	192.168.254.255
Eth1	192.168.2.254	255.255.255.0	192.168.2.0	192.168.2.255
Eth2	192.168.3.254	255.255.255.0	192.168.3.0	192.168.3.255

Comme indiqué lors de la configuration réseau de SRVLAN, l'adresse IP s'appuie sur le réseau 192.168.254.0 (cas de mon **VMnet8**, c'est différent chez vous). À terme l'adresse 192.168.254.3 de SRVLAN sera amenée à se transformer en 192.168.3.1 (voir le plan du réseau final). Le mieux est de fixer l'adresse de SRVFWL à **192.168.254.10** en attendant (adaptez évidemment le troisième octet en fonction de votre réseau et de votre point de sortie). La passerelle est fixée sur l'interface Eth0 avec 192.168.254.2 (NAT Vmnet8 sur mon réseau virtuel).

Installez le NAT (sur Eth0) et la fonction de routage comme vu pour SRVLAN dans la section Configuration réseau d'un serveur du chapitre Configuration des services de base et redémarrez le système.

1.2.3 Changements importants sur SRVDMZ et SRVLAN

Sur SRVDMZ

Changez la configuration dans `/etc/network/interfaces` pour suivre celle-ci :

```
auto lo
iface lo inet loopback

auto eth0
iface eth0 inet static
    address 192.168.2.1
    netmask 255.255.255.0
    network 192.168.2.0
    broadcast 192.168.2.255
    gateway 192.168.2.254

auto eth0:0
```

© Editions ENI - Toute reproduction interdite

```
iface eth0:0 inet static
    address 192.168.2.11
    netmask 255.255.255.0
    network 192.168.2.0
    broadcast 192.168.2.255
```

- Changez l'adresse IP dans `/etc/hosts` et `/etc/resolv.conf`.
- Changez les adresses IP dans les fichiers DNS pour BIND ; attention : l'adresse de SRVLAN dans le fichier `db.virtualix.fr` devient 192.168.3.1.
- L'adresse de l'option `forwarders` dans le fichier `named.conf.options` ne change pas, par contre, ajoutez la ligne `allow-query { 192.168.3.0/24; };` pour autoriser les requêtes du réseau local.
- Changez les adresses IP dans les configurations des sites virtuels d'Apache.
- Changez l'adresse du réseau dans le fichier de Postfix au niveau de l'option `mynetworks` (on ajoutera plus tard le réseau LAN).
- Changez l'adresse IP du réseau au niveau de l'ACL dans le fichier `squid.conf` ; attention mettez **192.168.3.0/255.255.255.0**.
- Changez l'adresse du réseau au niveau de `src lan` dans le fichier `squidGuard.conf` ; mettez maintenant 192.168.3.0 (plus d'intervalle).
- Arrêtez le système, changez le branchement de la carte réseau (**VMnet2** si machine virtuelle) et redémarrez ; vérifiez votre connexion à Internet.

Sur SRVLAN

- Changez la configuration dans `/etc/network/interfaces` pour suivre celle-ci (seule l'interface Eth0 change) :

```
auto lo
iface lo inet loopback

auto eth0
iface eth0 inet static
    address 192.168.3.1
    netmask 255.255.255.0
    network 192.168.3.0
    broadcast 192.168.3.255
    gateway 192.168.3.254
```


© Editions ENI - Toute reproduction interdite

```
auto eth1
iface eth1 inet static
    address 192.168.4.254
    netmask 255.255.255.0
    network 192.168.4.0
    broadcast 192.168.4.255
```

- Changez l'adresse IP dans le fichier DNS pour BIND `named.conf.options` avec 192.168.2.1 au niveau de l'option `forwarders`.

- Arrêtez le système, changez le branchement de la carte réseau Eth0 (**VMnet3** si machine virtuelle) et redémarrez ; vérifiez votre connexion à Internet.

Les changements sont moins nombreux car la plupart des services utilisent le réseau sur Eth1 qui ne change pas. Vous ne changez rien non plus dans le fichier `/etc/rc.local` car SRVLAN sert toujours de passerelle pour le réseau local.

Ce travail fastidieux vous a permis de réviser... et d'avoir conscience qu'il faut bien penser au préalable à une architecture réseau !

1.3 Pratique de SSH

Cette pratique se réalise sur tous les serveurs du réseau. Pour éviter la confusion dans les termes, on dira que la machine distante est le serveur SSH et la machine locale le client SSH, sachant que le sens de connexion se manifeste du client vers le serveur.

Pour les activités, les serveurs SSH seront SRVDMZ et SRVFWL. Le client sera SRVLAN. On ne conçoit pas un système serveur Ubuntu sans SSH, aussi cela doit déjà être fait dès la première installation en tout cas pour le client.

- Vérifiez la présence des paquetages par la commande :
  ```
  [root]# dpkg -l | grep -i ssh
  ```

- Si vous n'avez que le paquetage `openssh-client`, installez la partie serveur sur SRVDMZ et SRVFWL :
  ```
  [root]# aptitude install openssh-server
  ```

© Editions ENI - Toute reproduction interdite

1.3.1 Utilisation de SSH

La pratique suivante concerne SRVFWL. Elle sera à faire sur SRVDMZ dans les mêmes termes.

Scénario 1 : connexion par mot de passe

- Sur le serveur SRVFWL (machine "distante"), positionnez la directive `Password-Authentication` à yes (enlevez le # de commentaire) dans le fichier `etc/ssh/sshd_config` et redémarrez le service `ssh`. **Attention : il existe un fichier `ssh_config`, ne vous trompez pas !**

- Sur le client (SRVLAN), lancez `[root]# ssh 192.168.3.254`.

Cette syntaxe, plus proche de la réalité, fonctionne aussi : `ssh root@192.168.3.254`.

Un message vous indique alors que l'authenticité avec l'adresse IP de la machine distante n'a pu être établie et demande si vous voulez continuer : répondez `yes`. En retour, le serveur sera ajouté à votre liste d'hôtes connus. Notez que vous pouvez vous connecter en `root` (à la différence de Telnet et si la directive `Permit-RootLogin` est à `yes` dans le fichier `/etc/ssh/sshd_config` de la machine distante).

Ensuite, un mot de passe vous est demandé : **le mot de passe du compte de la machine distante**. Notez encore l'invite en ligne de commande différente sur le nom de la machine. Si vous êtes `root`, vous pouvez évidemment tout faire. Faites un `tail -f /var/log/auth.log` pour voir la session, la ligne importante se situe à l'avant-dernière ligne :

```
root@srvfwl:~# tail -f /var/log/auth.log
Jun 29 13:41:35 srvfwl useradd[3353]: new user: name=sshd, UID=105, GID=65534
, home=/var/run/sshd, shell=/usr/sbin/nologin
Jun 29 13:41:35 srvfwl usermod[3358]: change user `sshd' password
Jun 29 13:41:35 srvfwl chage[3363]: changed password expiry for sshd
Jun 29 13:41:35 srvfwl sshd[3402]: Server listening on 0.0.0.0 port 22.
Jun 29 13:41:35 srvfwl sshd[3402]: Server listening on :: port 22.
Jun 29 13:44:04 srvfwl sshd[3402]: Received signal 15; terminating.
Jun 29 13:44:04 srvfwl sshd[3441]: Server listening on 0.0.0.0 port 22.
Jun 29 13:44:04 srvfwl sshd[3441]: Server listening on :: port 22.
Jun 29 13:45:21 srvfwl sshd[3444]: Accepted password for root from 192.168.3.
1 port 59758 ssh2
Jun 29 13:45:21 srvfwl sshd[3444]: pam_unix(sshd:session): session opened for
 user root by (uid=0)
```

Affichage de l'acceptation de la session SSH sur SRVFWL à partir de SRVLAN

Scénario 2 : connexion à l'aide des clés

L'authentification par mot de passe suffit mais cela laisse la possibilité à n'importe laquelle des machines de tenter une connexion par SSH. On peut lui préférer la connexion par clés, ce qui restreint les possibilités de connexion aux seules machines autorisées.

© Editions ENI - Toute reproduction interdite

Attention ! Terminez la session SSH sur le client (donc sur SRVLAN -> SRVFWL) par `exit`. Il est fréquent de l'oublier...

Le serveur possède ses paires de clés (publique et privée) générées au premier démarrage du système (**SSH2 RSA key** et **SSH2 DSA key**, on ne s'occupe pas de SSH1). La machine est une chose, et un utilisateur en est une autre... Chaque utilisateur possède sa propre paire de clés et il peut choisir pour s'authentifier d'utiliser ses clés ou d'utiliser un mot de passe et login classiques.

- Sur le **client SRVLAN**, vous allez créer en `root` par la commande `ssh-keygen` les différentes clés pour SSH2 :

```
[root]# ssh-keygen -t dsa
[root]# ssh-keygen -t rsa
```

À chaque fois, une demande de validation du fichier de sauvegarde par défaut de la clé vous sera demandé, ainsi qu'une "phrase" pour l'identification comme par exemple "`vive les vacances`" (on peut mettre la même pour les deux demandes). Exemple pour la clé `dsa` :

```
root@srvlan:~# ssh-keygen -t dsa
Generating public/private dsa key pair.
Enter file in which to save the key (/root/.ssh/id_dsa):
Enter passphrase (empty for no passphrase):
Enter same passphrase again:
Your identification has been saved in /root/.ssh/id_dsa.
Your public key has been saved in /root/.ssh/id_dsa.pub.
The key fingerprint is:
19:2b:6d:53:8f:3e:1c:c5:7c:53:35:94:10:d3:f2:3d root@srvlan
The key's randomart image is:
+--[ DSA 1024]----+
|           +=o=|
|          o ..+.|
|       . . + = .|
|      . = + . E.|
|     . S o .   .|
|      o + .     |
|         +      |
|          .     |
|                |
+-----------------+
```

Création de la clé SSH cryptage dsa sur SRVLAN

- Vérifiez par la commande `ls -al .ssh` (dans le répertoire `root` évidemment) la bonne création des fichiers. Les fichiers (au nombre de 4) ayant l'extension `.pub` sont les clés publiques, les autres les clés privées.

© Editions ENI - Toute reproduction interdite

Vous disposez aussi d'un cinquième fichier, le fichier `know_hosts` qui se rapporte à la précédente connexion SSH par mot de passe et qui contient l'identification de SRVFWL.

- Sur le serveur SRVFWL, mettez cette fois-ci la directive `PasswordAuthentication` à `no` dans le fichier `/etc/ssh/sshd_config` **(ne relancez pas à ce stade le service SSH !)**.

- Positionnez (ou vérifiez) ensuite les options suivantes, toujours dans le fichier `/etc/ssh/sshd_config` :

```
AuthorizedKeysFile %h/.ssh/authorized_keys
TCPKeepAlive yes    # à la place de KeepAlive
```

- Toujours sur le serveur, créez le répertoire caché `.ssh` dans le répertoire `root` en lui donnant des droits uniquement pour le propriétaire :

```
[root]# mkdir .ssh
[root]# chmod 700 .ssh
```

- Sur le client SRVLAN, enlevez le `#` de commentaire dans le fichier `/etc/ssh/ssh_config` sur :

```
IdentityFile ~/.ssh/id_rsa
IdentityFile ~/.ssh/id_dsa
Port 22
Protocol 2,1
```

- Toujours sur le client SSH, copiez les clés publiques à partir de la machine distante par l'utilitaire `scp` ; celui-ci copie des fichiers entre des machines sur un réseau et utilise SSH pour la transmission des données :

```
[root]# scp .ssh/id_dsa.pub root@192.168.3.254:~/.ssh/id_dsa.pub
[root]# scp .ssh/id_rsa.pub root@192.168.3.254:~/.ssh/id_rsa.pub
```

Pensez "moment critique" car à ce moment un pirate pourrait se placer entre le client et le serveur (avant l'établissement de la session SSH) et intercepter l'échange en se faisant passer pour le client auprès du serveur et pour le serveur auprès du client.

© Editions ENI - Toute reproduction interdite

- Sur le serveur SSH SRVFWL, copiez les clés dans le fichier `authorized_keys` :

```
[root]# cat .ssh/id_dsa.pub >.ssh/authorized_keys
[root]# cat .ssh/id_rsa.pub >>.ssh/authorized_keys
```

Mettre en ajout (>>) aussi la première ligne si votre fichier `authorized_keys` existe déjà. **Attention : ne vous trompez pas dans l'écriture du nom de fichier !**

- Relancez sur SRVFWL le service SSH.
- Connectez-vous ensuite à partir du client SSH SRVLAN par le même principe que pour l'authentification par le mot de passe ; il vous sera demandé cette fois la "phrase" créée pour la clé.

Où est l'intérêt par rapport au mot de passe ? Pour l'instant aucun (!) mais l'utilisation d'un agent évite d'entrer à nouveau la "phrase" à chaque fois que l'on sollicite l'utilisation de la clé privée.

- Terminez la session SSH sur le client SRVLAN.
- Effectuez sur SRVLAN les commandes suivantes :

```
[root]# ssh-agent /bin/bash
[root]# ssh-add
```

Après la demande de phrase, les identités sont ajoutées. À la prochaine connexion, vous n'aurez plus besoin de taper la "phrase" :

```
Identity added: /root/.ssh/id_rsa (/root/.ssh/id_rsa)
Identity added: /root/.ssh/id_dsa (/root/.ssh/id_dsa)
root@srvlan:~# ssh 192.168.3.254
Linux srvfwl 2.6.28-13-server #44-Ubuntu SMP Tue Jun 2 08:47:41 UTC 2009 i686

The programs included with the Ubuntu system are free software;
the exact distribution terms for each program are described in the
individual files in /usr/share/doc/*/copyright.

Ubuntu comes with ABSOLUTELY NO WARRANTY, to the extent permitted by
applicable law.

To access official Ubuntu documentation, please visit:
http://help.ubuntu.com/

  System information as of Mon Jun 29 13:50:01 CEST 2009

  System load: 0.0              Memory usage: 34%   Processes:       63
  Usage of /:  14.6% of 5.60GB  Swap usage:   0%    Users logged in: 1

  Graph this data and manage this system at https://landscape.canonical.com/

Last login: Mon Jun 29 14:03:31 2009 from 192.168.3.1
root@srvfwl:~# 
```

Connexion directe par SSH SRVLAN -> SRVFWL

© Editions ENI - Toute reproduction interdite

Pour supprimer une clé (ici RSA) de l'agent, utilisez l'option `ssh-add -d` (`-l` pour voir les clés existantes).

1.3.2 Les utilitaires SSH

La commande SCP

Vous avez déjà eu l'occasion de vous servir de cette commande qui remplace `rcp`. La syntaxe générale correspondant au transfert d'un fichier local vers un système distant est la suivante (inversez les deux arguments pour un transfert en sens inverse) :

```
scp fichier_local login@IP_distante:/chemin/nom_fichier_distant
```

La commande SFTP

Le transfert de fichiers avec l'utilitaire `sftp` ressemble à `ftp` (à peu près les mêmes commandes, voir le manuel) ; peut être utilisé pour ouvrir une session FTP interactive sécurisée. La syntaxe :

```
sftp username@hostname.com
```

Le monde Windows

Pour être tout à fait complet, citons pour le système Windows :

- l'excellent client SSH : **PuTTY** ;
- l'utilitaire SCP : **PSCP** ;
- l'utilitaire SFTP : **PSFTP**.

Le tout à trouver sur : www.chiark.greenend.org.uk/~sgtatham/putty/. Et le très pratique WinSCP pour le transfert façon client FTP de Windows vers Linux en utilisant SSH : `winscp.net/eng/docs/lang:fr`.

1.4 Prise de contrôle à distance avec VNC

Vous êtes cette fois dans la situation où vous devez prendre le contrôle d'une machine distante à partir de SRVLAN afin d'effectuer une opération de maintenance sur CLIENT.

- Désactivez GDM, le lanceur du serveur graphique au démarrage, par `sysvconfig` ; on peut opter pour le mode graphique sur un serveur tout en restant en mode console (plus adapté)... ensuite il ne vous reste plus qu'à lancer la session graphique par la commande `startx`.

© Editions ENI - Toute reproduction interdite

Installation et utilisation de VNC

La syntaxe d'utilisation de VNC s'apparente à celle de SSH : le serveur est celui dont on va prendre le contrôle (bizarre mais...) dans notre cas la machine CLIENT. Le client au sens VNC est celui qui prend le contrôle donc pour nous SRVLAN.

- Installez sur SRVLAN la partie cliente soit `[root]# aptitude install vinagre`.
- Associez un lanceur à Vinagre par un clic droit sur le bureau, option **Créer un lanceur** avec les renseignements suivants :

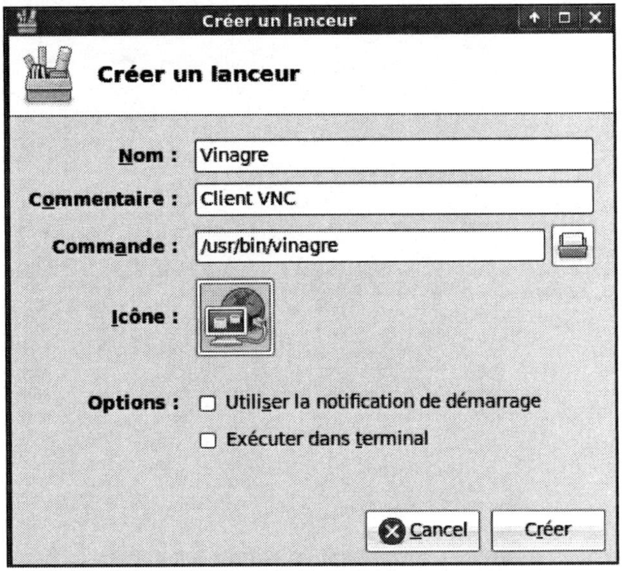

Création du lanceur Vinagre sur XFCE

- Téléchargez sur le client (on prend l'exemple de Windows et d'un utilisateur possédant les droits d'administration) la **version serveur seule** d'UltraVNC à l'adresse : www.ultravnc.fr.
- Décompressez et lancez le logiciel `winvnc.exe`.

Une remarque pour l'utilisation d'UltraVNC : changez le mot de passe ! Vous pouvez aussi opter pour une identification sur le domaine (LDAP dans ce cas). Une icône verte en bas à droite montre le serveur en attente. Par un clic droit sur **Paramètres d'administration**, vous retrouvez l'écran de **Propriétés du serveur**. UltraVNC utilise les ports 5800 et 5900.

© Editions ENI - Toute reproduction interdite

- Sur SRVLAN (client VNC), cliquez sur l'icône de Vinagre du bureau entrez le nom de votre client (normal votre DNS fonctionne bien...) ; une fenêtre d'authentification apparaît avec une demande de mot de passe, indiquez celui que vous avez spécifié dans l'environnement Windows et votre fenêtre client Windows s'ouvre :

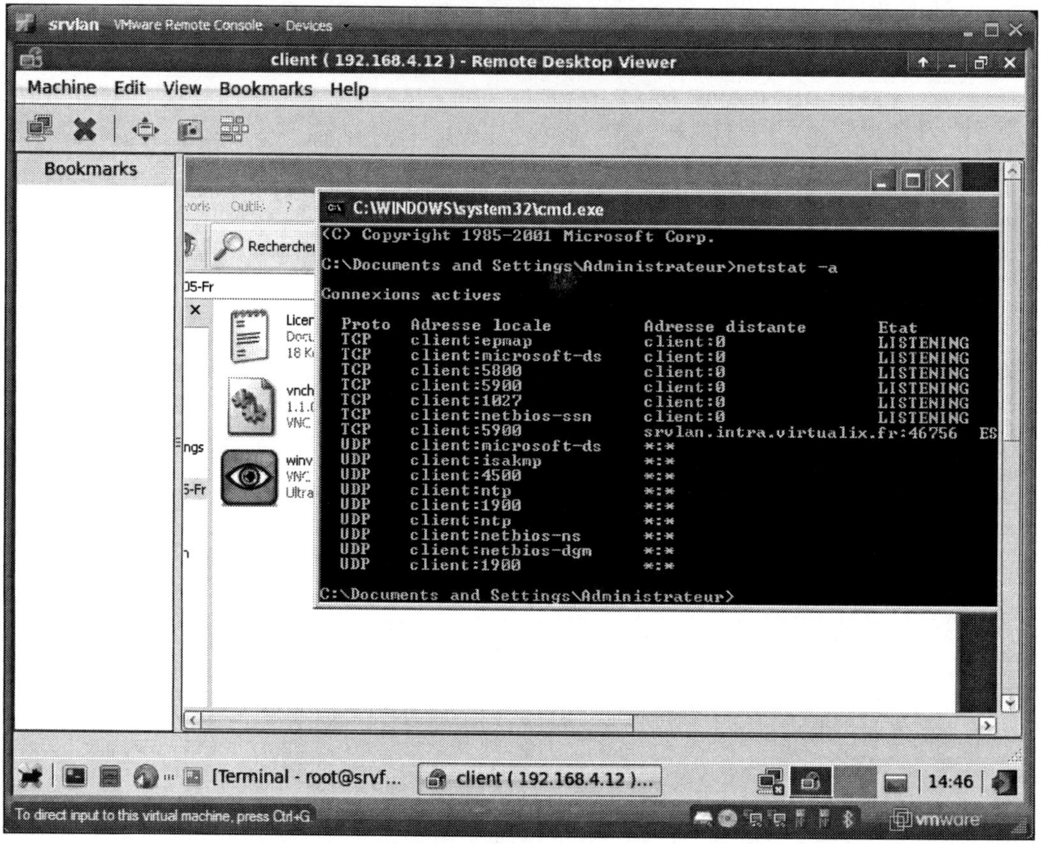

Capture de la session du client Windows par SRVLAN

© Editions ENI - Toute reproduction interdite

2 Réseau définitif et sécurisation du DNS

Votre réseau "tourne" bien mais reste incomplet ! Par rapport au modèle de base présenté au chapitre Réseau d'entreprise et serveurs virtuels, il manque la notion de DMZ ou zone démilitarisée et surtout toutes les sécurisations nécessaires. À partir de cet agrandissement, la gestion du DNS change en employant une technique très particulière : celle des vues.

2.1 Le SPLIT DNS

BIND9 apporte une nouvelle possibilité appelée les vues (`views`) permettant de délivrer des informations différenciées sur les zones DNS qu'un serveur gère, en fonction des adresses IP des clients qui interrogent le serveur. L'idée générale veut que l'on teste l'adresse IP d'un client et que l'on modifie le comportement du serveur BIND en **fonction de l'appartenance du client à certains réseaux**.

Ce type de configuration se réalisait auparavant avec différents serveurs pour les versions internes et externes de la réalité. L'instruction `view` de BIND9 simplifie cette configuration en plaçant les deux ensembles de données (interne et externe) dans la même version de `bind`.

2.1.1 Le principe des vues appliqué à votre réseau

Le traitement des vues se construit sur SRVDMZ et, comme chaque vue est traitée tour à tour, nous commencerons par la **vue la plus restrictive** soit la vue interne. Dans notre configuration le serveur SRVDMZ se prête au mécanisme des vues car vous voulez :

- **interdire la récursivité** du DNS vis-à-vis des requêtes externes dans un but de sécurité ;
- **filtrer éventuellement plus tard** des sous-réseaux du réseau interne vis-à-vis de ses requêtes DNS.

2.1.2 Sécuriser le DNS

Cela repose sur quatre points :

- Utiliser les ACL pour les vues.
- Configurer les fichiers pour une transaction sécurisée par RNDC.
- Masquer la version de BIND.
- Emprisonner (`chroot`) le DNS dans une arborescence.

© Editions ENI - Toute reproduction interdite

2.2 La construction des vues sur SRVDMZ

Les changements s'effectuent au départ dans le fichier named.conf. Voici le nouveau fichier suivi des explications :

Modifiez le fichier /etc/bind/named.conf comme suit :

```
// Fichier de configuration générale pour le DNS avec vues

// Inclusion des options générales
include "/etc/bind/named.conf.options";

// zones de la vue interne
view "interne" {
 match-clients { 192.168.2.0/24;192.168.3.0/24; };
 allow-recursion { 192.168.2.0/24; 192.168.3.0/24; };

 zone "localhost" IN {
  type master;
  file "/etc/bind/db.local";
  allow-update { none; };
 };

 zone "127.in-addr.arpa" IN {
   type master;
   file "/etc/bind/db.127";
   allow-update { none; };
 };

 zone "0.in-addr.arpa" IN {
   type master;
   file "/etc/bind/db.0";
   allow-update { none; };
 };

 zone "255.in-addr.arpa" IN {
   type master;
   file "/etc/bind/db.255";
   allow-update { none; };
 };

 include "/etc/bind/named.conf.options";
};
```


© Editions ENI - Toute reproduction interdite

```
// zones de la vue externe
view "externe" {
 match-clients { any; };
 recursion no;

 include "/etc/bind/named.conf.options";
};
```

D'autres options sont possibles, mais pour celles présentées :

- l'instruction `match-clients` spécifie la liste des clients autorisés (ici le réseau pour la vue interne et le serveur lui-même), vous passerez par une définition ACL bientôt ;
- la directive `allow-recursion` est dans la zone interne car elle ne concerne qu'elle ;
- la zone externe autorise n'importe qui (normal cela vient de l'Internet) mais la récursivité est impossible : le serveur n'a pas à traiter des requêtes DNS venant de l'extérieur **autres que sur notre zone** : on ne s'occupe de ce qui concerne la zone `virtualix.fr` ; comme cela votre serveur DNS ne sert pas de relais sur la toile.

➘ Supprimez dans le fichier `/etc/bind/named.conf.options` la ligne commençant par `allow-query`, désormais inutile et redémarrez le service BIND.

2.2.1 Vérification de la configuration de la vue interne

Cela se vérifie classiquement par un simple `ping` sur le serveur (ou un `host`) après relance du service BIND9 sur SRVDMZ.

➘ Faites-le à partir du serveur SRVLAN ou du client :

```
[root]# ping srvdmz.virtualix.fr
[root]# host -v srvdmz.virtualix.fr
```

➘ Vérification plus poussée : à partir du client (Windows ou Linux) et à partir d'un navigateur essayez la résolution d'une page externe (exemple : http://www.google.fr).

Vous passez par la vue interne. Pour démontrer ceci, enlevez le réseau 192.168.3.0 de l'option `match-clients` et relancez le DNS sur SRVDMZ. Sur le client, **Internet n'est plus accessible** (remettez ensuite évidemment tout en état). Rappel : le réseau interne se situe en fait sur 192.168.4.0 mais la translation d'adresses sur SRVLAN transforme les requêtes sur le réseau 192.168.3.0.

© Editions ENI - Toute reproduction interdite

2.2.2 Vérification de la configuration de la vue externe

Un peu plus compliqué : sur l'ordinateur hôte (cas de VMware) ou sur un ordinateur branché **sur le réseau de l'interface externe** Eth0 **de SRVFWL** :

- Ajoutez dans la table de routage de cet ordinateur la route vers le réseau 192.168.2.0 :
  `route add 192.168.2.0 mask 255.255.255.0 192.168.254.10`

- Indiquez comme DNS uniquement 192.168.2.1 au niveau de votre interface réseau principale et essayez d'aller sur Internet (voir les logs) : vous ne pouvez pas !

Si vous supprimez `recursion no`, **là vous le pouvez**. Par contre dans le premier cas, mettez www.virtualix.fr : votre site d'entreprise apparaît et non celui d'Internet.

2.3 Sécuriser le DNS

2.3.1 Utilisation de RNDC

BIND9 contient un utilitaire appelé RNDC qui permet d'utiliser des lignes de commande pour administrer le démon `named` à partir de l'hôte local ou d'un hôte distant (cas d'un serveur secondaire). Afin d'empêcher l'accès non autorisé au démon `named`, BIND9 utilise une méthode de clé secrète partagée pour accorder des privilèges aux hôtes. Dans une telle situation, une clé identique doit être présente aussi bien dans `/etc/named.conf` que dans le fichier de configuration de RNDC, à savoir `/etc/rndc.conf`.

- Pour que RNDC puisse se connecter au service `bind9`, créez une déclaration `controls` et une inclusion du fichier `rndc.key` dans le fichier `/etc/bind/named.conf` (après la directive `options`) :

```
........
include "/etc/bind/rndc.key";

controls {
 inet 127.0.0.1 port 953 allow { 127.0.0.1; } keys { "rndc-key"; };
};
```

Cette déclaration indique à BIND de se mettre à l'écoute du port TCP 953 par défaut de l'adresse inversée et d'autoriser les commandes `rndc` provenant de l'hôte local, si la clé adéquate est présentée. Nous allons nous simplifier la vie en utilisant l'utilitaire `rndc-confgen` (clé de 256 bits, appelée clé TSIG, *Transaction SIGnatures*).

© Editions ENI - Toute reproduction interdite

Créez la clé TSIG avec le fichier `rndc.key` :

```
[root]# cd /etc/bind
[root]# rndc-confgen -a
```

```
key "rndc-key" {
        algorithm hmac-md5;
        secret "bE6RKbNacvPgsjA/FuXvTF8KaKYANTCy48WAgcd6T98=";
};
```

Contenu d'un fichier rndc.key créé par `rndc-confgen`

Créez ensuite le fichier `/etc/bind/rndc.conf` avec :

```
include "/etc/bind/rndc.key";

options {
  default-key "rndc-key";
  default-server 127.0.0.1;
  default-port 953;
};
```

Saisissez ensuite (ou vérifiez) :

```
[root]# chgrp bind /etc/bind/rndc.*
[root]# chmod 640 /etc/bind/rndc.*
```

Attention : redémarrez le PC si vous changez la clé.

2.3.2 Utiliser les ACL

Les listes ACL (ou contrôle d'accès) sont des listes établissant une correspondance nommée. Vous avez déjà vu ce principe avec le proxy Squid et SquidGuard. Dans votre cas, vous aurez une ACL, celle pour le réseau interne, l'autre n'est pas nécessaire car le mot-clé `any` suffit. Pour le réseau, "interne" est plus parlant que 192.168.2.0 non ?

© Editions ENI - Toute reproduction interdite

Créez l'ACL à la suite dans le fichier `/etc/bind/named.conf.options` :

```
acl lans {
  192.168.2.0/24;
  192.168.3.0/24;
};
```

Modifiez les instructions dans `named.conf`, votre ACL est en place :

```
    match-clients { lans; };
    allow-recursion { lans; };
```

Vous pouvez (optionnel) même vous permettre d'interdire les requêtes de la part du routeur SRVFWL en créant une ACL pour son IP et en utilisant la directive `blackhole`.

Créez l'ACL pour le routeur SRVFWL :
`acl routeur { 192.168.2.254; };`

Interdisez les requêtes provenant de ce serveur. Attention placez cette ligne dans la directive `options` :
`blackhole { routeur; };`

Redémarrez le service BIND sur SRVDMZ.

Si vous avez un message de type `rndc failed` au redémarrage de votre service DNS, cela veut simplement dire que le système n'a pu le stopper et donc en fait qu'il n'avait pas démarré...

Indiquez SRVDMZ pour le DNS de SRVFWL, soit 192.168.2.1 dans le fichier `resolv.conf`. Relancez le service réseau : un `dig SOA google.fr` ne répond plus !

2.3.3 Masquer la version de BIND

Voici une petite modification à apporter : interdire le renseignement concernant la version de BIND car cela peut s'apparenter à un manque de sécurité (quand on connaît la version, on connaît les failles...) ; toutefois cela reste un gadget car les "pros" peuvent retrouver cette information ailleurs. À défaut, cela permet de s'amuser un peu avec le message de substitution et montre votre professionnalisme...

© Editions ENI - Toute reproduction interdite

- Sur SRVDMZ, tapez la commande `[root]# dig @192.168.2.1 version.bind txt chaos.`

Voici ce qui apparaît :

```
root@srvdmz:~# dig @192.168.2.1 version.bind txt chaos

; <<>> DiG 9.5.1-P2 <<>> @192.168.2.1 version.bind txt chaos
; (1 server found)
;; global options:  printcmd
;; Got answer:
;; ->>HEADER<<- opcode: QUERY, status: NOERROR, id: 420
;; flags: qr aa rd; QUERY: 1, ANSWER: 1, AUTHORITY: 1, ADDITIONAL: 0
;; WARNING: recursion requested but not available

;; QUESTION SECTION:
;version.bind.                  CH      TXT

;; ANSWER SECTION:
version.bind.           0       CH      TXT     "9.5.1-P2"

;; AUTHORITY SECTION:
version.bind.           0       CH      NS      version.bind.

;; Query time: 48 msec
;; SERVER: 192.168.2.1#53(192.168.2.1)
;; WHEN: Tue Jun 30 10:35:43 2009
;; MSG SIZE  rcvd: 65
```

Demande par dig de la version bind pour SRVDMZ

- Mettez la directive version (aussi dans options) :
  `version "L'administrateur vous regarde...";`

Après un redémarrage du service, si vous ressaisissez la commande `dig`, l'administrateur vous regardera...

2.3.4 Sécuriser le DNS : "emprisonner" le serveur

Cette technique (chroot) consiste à faire croire au démon `bind9` que son répertoire d'exécution correspond à la racine `root` (/). En cas d'intrusion via le service `bind9`, votre système est préservé. Pour mettre en place cette technique, on doit créer l'arborescence minimale de l'environnement "chrooté", placer les fichiers et droits adéquats et démarrer le démon `bind9` avec l'option `-t` pour l'utilisateur `bind`. Dans d'autres distributions (ex. Fedora), vous trouveriez un paquetage qui réalise tout cela à votre place : `bind-chroot`. Ce n'est pas le cas pour Ubuntu donc...

© Editions ENI - Toute reproduction interdite

Créez l'arborescence minimale nécessaire :

```
[root]# mkdir /var/lib/bind
[root]# cd /var/lib/bind
[root]# mkdir dev etc etc/bind
[root]# mkdir var var/cache var/tmp var/run
[root]# mkdir var/cache/bind var/run/bind var/run/bind/run
```

Cela vous donne la structure d'un simili système Linux.

Créez quelques fichiers spéciaux nécessaires à votre système :

```
[root]# mknod dev/null c 1 3
[root]# mknod dev/random c 1 8
[root]# mknod dev/urandom c 1 9
[root]# chmod 666 dev/null
[root]# chmod 640 dev/random dev/urandom
[root]# chmod 775 var/run/bind var/run/bind/run
[root]# chown root.bind dev/random dev/urandom
[root]# chown root.bind var/run/bind var/run/bind/run
```

Utilisez en la recopiant la configuration DNS existante :

```
[root]# cp /etc/bind/* etc/bind/
[root]# cp /etc/localtime etc/
[root]# chown bind.bind etc/bind/*
[root]# cp -Rf /var/cache/bind/* var/cache/bind/ 2>/dev/null
[root]# chown -R bind.bind var/cache/bind/*
[root]# chgrp bind var/cache/bind/
```

L'important est que les fichiers dans la nouvelle arborescence appartiennent à `bind`. Il faut maintenant prendre en compte la nouvelle configuration. De plus, comme le changement est long et fastidieux, laissez de côté la configuration de BIND avec RNDC et toute la configuration est mise dans le fichier `named.conf`.

© Editions ENI - Toute reproduction interdite

Modifiez votre fichier de configuration /var/lib/bind/etc/bind/named.conf (attention : le /var/cache/bind de la directive directory est relatif à l'environnement chrooté, c'est-à-dire /var/lib/bind) :

```
// Fichier de configuration le DNS chrooté

acl lans {
   192.168.2.0/24;
   192.168.3.0/24;
};

acl routeur {
   192.168.2.254;
};

options {
   directory "/var/cache/bind";
   blackhole { routeur; };
   forward only ;
   forwarders { 192.168.254.2; };
   auth-nxdomain no;
   version "L'administrateur vous regarde..." ;
};

// zones de la vue interne
view "interne" {
   match-clients { lans; };
   allow-recursion { lans; };

   zone "localhost" IN {
      type master;
      file "/etc/bind/db.local";
      allow-update { none; };
  };

  zone "127.in-addr.arpa" IN {
      type master;
      file "/etc/bind/db.127";
      allow-update { none; };
  };

  zone "0.in-addr.arpa" IN {
      type master;
```

© Editions ENI - Toute reproduction interdite

```
        file "/etc/bind/db.0";
        allow-update { none; };
    };

    zone "255.in-addr.arpa" IN {
        type master;
        file "/etc/bind/db.255";
        allow-update { none; };
    };

    // notre zone vue de l'intérieur
    zone "virtualix.fr" IN {
        type master;
        file "db.virtualix.fr";
        allow-update { none; };
    };

    zone "2.168.192.in-addr.arpa" IN {
        type master;
        file "rev.virtualix.fr";
        allow-update { none; };
    };
};

// zones de la vue externe
view "externe" {
   match-clients { any; };
   recursion no;

   // notre zone vue de l'extérieur
   zone "virtualix.fr" IN {
      type master;
      file "db.virtualix.fr";
      allow-update { none; };
   };

   zone "2.168.192.in-addr.arpa" IN {
      type master;
      file "rev.virtualix.fr";
      allow-update { none; };
   };
};
```


© Editions ENI - Toute reproduction interdite

- La modification essentielle passe par l'ajout du nouveau démon `bind` dans le fichier de configuration par défaut `/etc/default/bind9` :
  `OPTIONS="-u bind -t /var/lib/bind"`

C'est évidemment l'option `-t` qui indique le nouvel espace d'exécution DNS. C'est tout ! Normalement, après redémarrage, votre démon `bind9` fonctionne en environnement "chrooté". Pour le vérifier faites un `ps ax | grep bind`, cela doit vous retourner quelque chose comme :

```
4058 tty1 Ssl 0:00 /usr/sbin/named -u bind -t /var/lib/bind
```

Un problème se pose : à partir du moment où nous avons emprisonné le démon bind9, nous n'avons plus aucun log de sa part... ce qui est plutôt gênant ! Il faut dans ce cas, ajouter une option au service `syslog`.

- Dans le fichier `/etc/default/syslog`, modifiez la ligne suivante `SYSLOGD=""` en `SYSLOGD="-m 0 -a /var/lib/bind/dev/log"`.

Ce qui aura pour effet d'ajouter une nouvelle socket d'écoute pour le démon SYSLOGD. À nouveau, la commande `ps ax | grep bind`, cela doit vous retourner quelque chose comme :

```
4204 ? Ss  0:00 /sbin/syslogd -m -0 -a /var/lib/bind/dev/log
4573 ? Ssl 0:00 /usr/sbin/named -u bind -t /var/lib/bind
```

Vous avez encore la possibilité d'interdire les spoofers d'IP par la directive `nospoof on` dans le fichier `/etc/host.conf` ; mettre la directive `allow-transfer` sur l'adresse locale pour la zone `virtualix.fr` dans les deux vues. Reportez-vous pour cela à un manuel sur le DNS.

© Editions ENI - Toute reproduction interdite

3 Chiffrement des échanges

Naturellement, le besoin de sécurité des échanges impose le cryptage des données. On devrait selon la langue française parler plutôt de chiffrement des données... et de décryptage si l'on ne possède pas la clé du code. Précision linguistique ou pas, l'administrateur réseau se doit d'utiliser une méthode assurant un minimum de confidentialité sur son réseau.

3.1 Découverte et principes

OpenSSL se compose d'un ensemble de fonctions organisées en librairies implémentant des protocoles de sécurité : les protocoles SSL (*Secure Sockets Layer*) et TLS (*Transport Layer Security*). SSL constitue une surcouche indépendante du protocole utilisé. Cela se traduit pour les théoriciens : entre la couche APPLICATION et la couche TRANSPORT du modèle OSI.

Tous les navigateurs Web l'intègre depuis 1994 et vous le voyez en fonctionnement lorsque les pages commencent par `https://` avec un cadenas en bas de page. Un site officiel est incontournable, celui du CERTA (*Centre d'Expertise Gouvernemental de Réponse et de Traitement des Attaques Informatiques*) : http://www.certa.ssi.gouv.fr.

3.1.1 Principe de fonctionnement

Vous avez vu qu'avec SSH, la sécurité des échanges se base sur :

- la génération de clés privées et publiques par cryptographie asymétrique ;
- l'échange des clés publiques.

Mais quid du problème de l'authentification de la bonne personne ? Autrement dit, la clé présentée vient-elle de l'interlocuteur désiré ou d'un usurpateur ? Cette question a une réponse : **le certificat**.

Le protocole TLS/SSL utilise des certificats sur le serveur, un certificat contenant une clé publique et un certain nombre de renseignements sur le serveur :

- le nom de l'autorité de certification ;
- le nom de l'entité propriétaire du certificat ;
- la date de fin de validité du certificat ;
- l'algorithme de chiffrement utilisé ;
- la clé publique de l'entité propriétaire ;
- la signature de l'autorité de certification.

© Editions ENI - Toute reproduction interdite

Exemples d'autorités de certification tirés du navigateur **Firefox (Outils - Options - Avancé - Chiffrement)**:

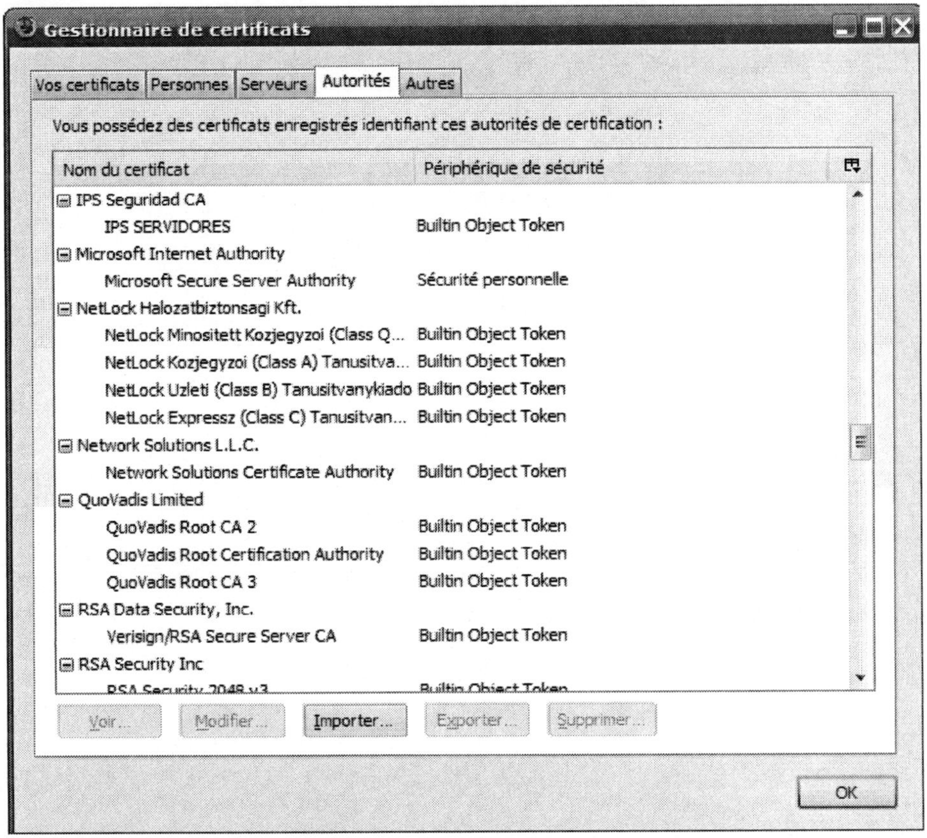

Liste des Autorités de certification du navigateur Firefox

Les certificats sont signés numériquement par une autorité de certification (CA) qui certifie ainsi que le serveur possède effectivement la clé privée. Cette autorité de certification peut être commerciale (échanges sur Internet) ou privée, c'est-à-dire auto-certifiée (réseau interne), avec dans ce cas une alerte de la part du navigateur car il ne reconnaît pas cette autorité de certification.

© Editions ENI - Toute reproduction interdite

Exemple avec une visite sur le site `wiki.debian.org` :

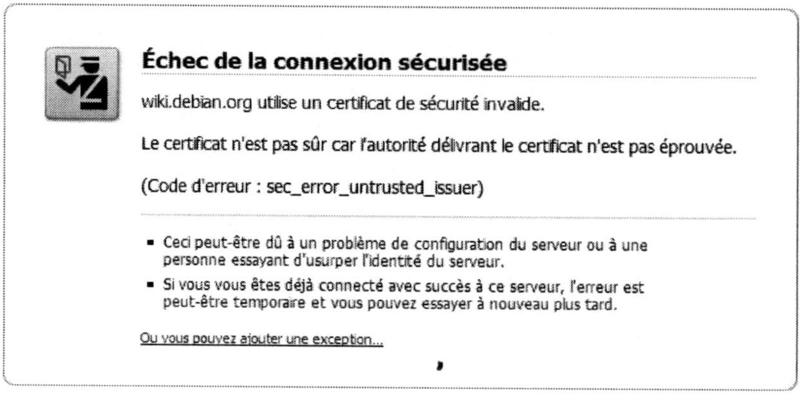

Message d'alerte du navigateur Firefox

Dans ce cas, la seule possibilité est d'accepter le certificat en ajoutant une exception et en obtenant le certificat où l'on voit bien qu'il est certifié par lui-même :

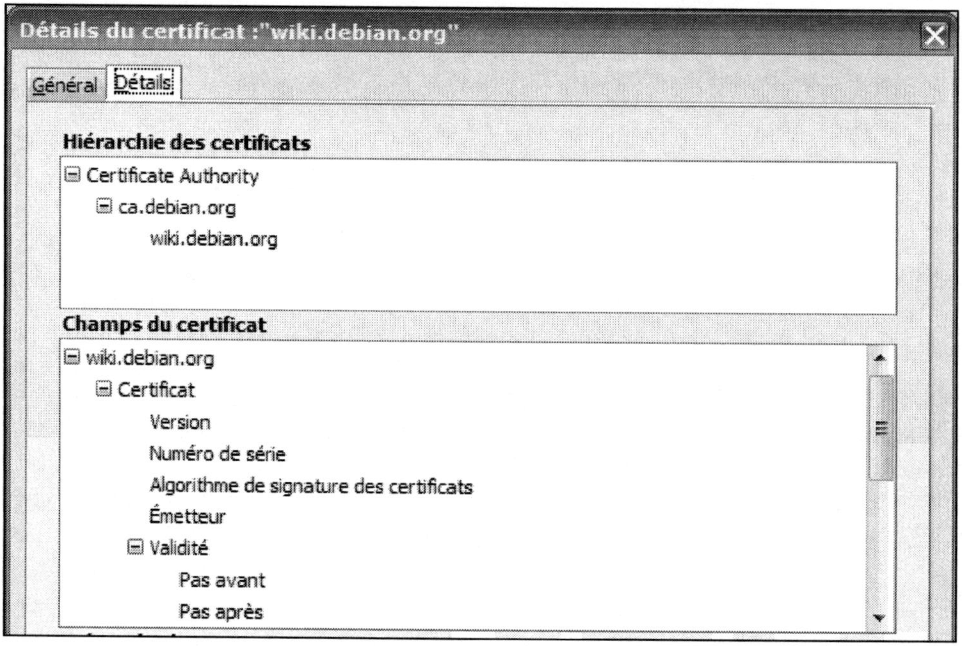

Autorité de certification ca.debian.org

© Editions ENI - Toute reproduction interdite

Vous allez utiliser ce principe. Dans le cadre d'une entreprise, vous serez normalement amené à payer une autorité de certification.

3.2 Création d'une autorité de certification racine

Vous allez installer la librairie OpenSSL et ses utilitaires sur SRVDMZ afin de pouvoir sécuriser différents services ; dans ce chapitre l'application s'appuiera sur le service Apache. Le schéma de réalisation se présente sous la forme (en réalité les deux serveurs Autorité de certification et serveur Web sont physiquement confondus) :

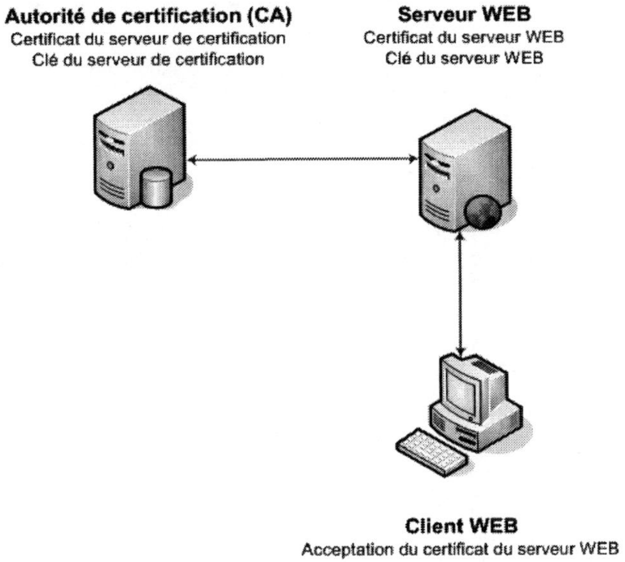

Schéma OpenSSL dans le cas d'un serveur Apache

Plusieurs méthodes existent et sont comprises généralement dans des scripts installés avec les paquetages utilisant SSL. Vous en verrez un exemple avec OpenVPN. Pour l'instant vous utiliserez la méthode classique du paquetage OpenSSL, le mieux adapté a priori...

➘ Le paquetage `openssl` doit être déjà installé, vérifiez-le :

```
[root]# dpkg -l | grep -i openssl
```

L'emplacement du fichier de configuration `openssl.cnf` se situe dans `/etc/ssl` mais cela dépend des distributions (et des versions !).

© Editions ENI - Toute reproduction interdite

3.2.1 Création du CA

On parle d'arbre de confiance de certification ou de chemin de certification, avec au départ une certification racine (CA racine). Dans notre cas de certification privée, il nous faut créer un certificat auto-signé comme pour tous les certificats CA. Pour effectuer ceci, le paquetage apporte deux scripts `CA.pl` et `CA.sh` équivalents (les chercher par la commande `locate` après la mise à jour des index par `updatedb`).

Initialisez le certificat :

```
[root]# cd /etc/ssl/
[root]# /usr/lib/ssl/misc/CA.pl -newca
```

Ce qui permet de se positionner dans le bon répertoire et de créer la structure (sous-répertoires et fichiers) propre à une autorité de certification.

Validez par défaut la première demande et entrez ensuite **votre phrase PEM** (phrase de passe au lieu de mot de passe). D'autres renseignements vous sont alors demandés, je cite par exemple les suivants :

- Country Name : **FR** ;
- State or Province Name : **france** ;
- Locality Name : **melun** ;
- Organization Name : **virtualix** ;
- Organizational Unit Name : **service informatique** ;
- Common Name : **srvdmz** ;
- Email Address : **root@virtualix.fr** ;
- Challenge password : **validez par défaut à vide** ;
- Optional compagny name : **validez par défaut à vide** ;
- Phrase de passe : **mettre la même qu'au début**.

Vous disposez maintenant d'un sous-répertoire `demoCA` (qui aurait pu être changé par une modification du fichier `openssl.cnf`). **Attention : assurez-vous d'avoir bien indiqué le nom du serveur pour la demande du `Common Name`.**

Ce répertoire contient entre autres :

- `cacert.pem` : le certificat auto-signé du CA ;
- `careq.pem` : la demande à signer du certificat.

© Editions ENI - Toute reproduction interdite

Voici en retour un extrait de la création du certificat racine où l'on voit maintenant une organisation suivant une structure d'annuaire LDAP :

```
Certificate:
    Data:
        Version: 3 (0x2)
        Serial Number:
            df:8d:16:da:79:4a:65:2a
        Signature Algorithm: sha1WithRSAEncryption
        Issuer: C=FR, ST=france, O=virtualix, OU=service informatique, CN=srvdmz
/emailAddress=root@virtualix.fr
        Validity
            Not Before: Jun 30 14:05:28 2009 GMT
            Not After : Jun 29 14:05:28 2012 GMT
        Subject: C=FR, ST=france, O=virtualix, OU=service informatique, CN=srvdm
z/emailAddress=root@virtualix.fr
        Subject Public Key Info:
            Public Key Algorithm: rsaEncryption
            RSA Public Key: (1024 bit)
                Modulus (1024 bit):
                    00:93:b8:b2:89:67:34:b3:6e:b3:68:c7:5c:69:ac:
                    fc:90:6f:b5:27:ae:82:94:40:2d:37:eb:2d:b3:e8:
                    85:42:a9:63:0a:f1:0c:b5:fc:fc:5d:77:e8:22:97:
                    da:20:c4:c7:8e:c0:c8:b3:ee:bb:17:d3:72:dd:a2:
                    b7:32:24:5f:f6:a9:c6:40:a4:cf:ee:e2:3a:2d:32:
                    15:af:b1:6d:ee:e6:d9:ce:49:81:dd:06:5a:c6:b8:
                    d1:04:09:69:d8:6d:7a:4c:4d:1c:23:b7:4d:db:67:
```

Création de l'autorité racine

Vous êtes désormais sur SRVDMZ **autorité de certification racine** et vous allez pouvoir créer des certificats en **vous auto-certifiant** de façon à utiliser SSL avec des services.

3.3 Utilisation d'OpenSSL avec Apache

Au niveau d'Apache, on utilise pour intégrer OpenSSL le module de sécurité `mod_ssl`, afin de crypter les communications via les protocoles SSL (*Secure Sockets Layer*) et TLS (*Transport Layer Security*). Normalement, le module est installé d'office.

- Pour le vérifier, tapez la commande (utilitaire de vérification de module d'Apache) `[root]# a2enmod ssl`.

Ce qui vous retourne normalement :

```
........
Enabling module ssl
See /usr/share/doc/apache2.2-common/README.Debian.gz on how to configure
SSL and create self-signed certificates.
Run '/etc/init.d/apache2 restart' to activate new configuration!
```

© Editions ENI - Toute reproduction interdite

3.3.1 Configuration du module, création des clés et certificats

Pour Apache 2, le fichier de configuration du module `ssl.conf` se trouve dans `/etc/apache2/mods-enabled/` (a fortiori aussi dans `mods-available`) ainsi que la directive de chargement `ssl.load` : vérifiez-le.

1ère étape : création de votre clé de serveur

```
[root]# cd /etc/ssl/
[root]# openssl req -new -nodes -keyout web.key -out web.csr -days 365
```

Les mêmes questions données pour la création de l'autorité racine vont vous être posées et vous répondrez de la même façon à l'exception de l'`Organizational Unit Name` où vous mettrez **service web** (il n'y a pas non plus de demande de phrase de passe).

Vous disposez maintenant d'un fichier `web.key` (clé privée du serveur Web) et d'un certificat non signé pour l'instant `web.csr`.

2ème étape : création de votre demande de signature

```
[root]# openssl ca -out web.crt -in web.csr -days 365
```

Le retour vous demande :

- la demande de la phrase de passe ;
- la signature du certificat : réponse `y` ;
- l'écriture du certificat certifié dans la base de données SSL : réponse `y`.

© Editions ENI - Toute reproduction interdite

L'ensemble vous donne en sortie l'état ci-dessous :

```
                countryName                 = FR
                stateOrProvinceName         = france
                organizationName            = virtualix
                organizationalUnitName      = service web
                commonName                  = srvdmz
                emailAddress                = root@virtualix.fr
        X509v3 extensions:
            X509v3 Basic Constraints:
                CA:FALSE
            Netscape Comment:
                OpenSSL Generated Certificate
            X509v3 Subject Key Identifier:
                B1:B1:40:CF:0B:14:17:FF:2F:5D:90:D9:9D:11:F4:09:DA:DD:92:95
            X509v3 Authority Key Identifier:
                keyid:76:58:7D:5A:0C:48:E2:C9:2E:AA:80:48:7E:03:6F:19:4D:38:A1:9
E

Certificate is to be certified until Jun 30 14:22:54 2010 GMT (365 days)
Sign the certificate? [y/n]:y


1 out of 1 certificate requests certified, commit? [y/n]y
Write out database with 1 new entries
Data Base Updated
```

Signature du certificat du serveur Web

3ème étape : configuration d'Apache

- Réduisez les permissions sur la clé (car non chiffrée, option `nodes`), copiez la clé et le certificat dans le bon répertoire :

```
[root]# chmod 0600 web.key
[root]# mkdir /etc/apache2/ssl
[root]# cp web.* /etc/apache2/ssl/
```

- Ajoutez juste avant la directive `</IfModule>` (dernière ligne) du fichier `/etc/apache2/mods-enabled/ssl.conf` :

```
SSLCertificateFile /etc/apache2/ssl/web.crt
SSLCertificateKeyFile /etc/apache2/ssl/web.key
```

Pour l'instant, Apache n'écoute que le port classique Web 80 ; il écoute le port 443 si le module SSL est activé (ce qui est le cas), voir pour cela le fichier `ports.conf` dans `/etc/apache2/`.

4ème étape : configuration de votre hébergement virtuel basé sur l'IP

Apache et SSL ne s'utilisent qu'avec des hôtes virtuels basés sur l'IP, jamais sur le nom ! Pourquoi ? Parce qu'Apache ne peut pas lire l'en-tête HTTP `host` avant l'établissement de la connexion chiffrée.

© Editions ENI - Toute reproduction interdite

- Modifiez le contenu du fichier `/etc/apache2/sites-enabled/sites-virtualix` pour la partie concernant l'hôte virtuel par l'IP :

```
<VirtualHost 192.168.2.11:443>
    ServerName secu.virtualix.fr:443
    ServerAdmin webmaster@localhost
    DocumentRoot /var/www/secu
    ErrorLog /var/www/secu/logs/error_log
    TransferLog /var/www/secu/logs/access_log
    SSLEngine on
    LogLevel info
</VirtualHost>
```

Le niveau `info` pour le journal de logs suffit.

- Relancez le service Apache.

5ème (et dernière) étape : test du serveur Web sécurisé sur le client

Le lancement dans un navigateur sur le client (Windows par exemple) de l'URL https://secu.virtualix.fr provoque la demande d'acceptation du certificat car le navigateur ne trouve pas une autorité de certification reconnue (et pour cause : nous l'avons nous-même signé) :

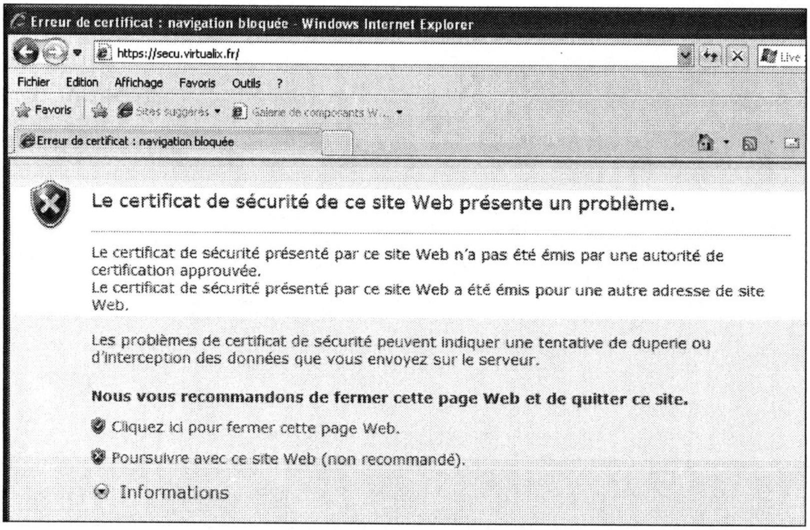

Alerte sur l'origine du certificat avec Internet Explorer

© Editions ENI - Toute reproduction interdite

On doit évidemment cliquer sur le lien **Poursuivre avec ce site Web**. Internet Explorer indique des erreurs dans le certificat alors que cela n'est pas vrai... Le navigateur Firefox en montre un peu plus :

Informations sur le certificat du serveur Web via Firefox

Au final, la page désirée apparaît avec le cadenas (en bas à droite) indiquant une connexion sécurisée.

3.3.2 Utilisation d'OpenSSL avec LDAP

Vous pouvez maintenant utiliser le protocole TLS/SSL pour un serveur LDAP même si cela s'avère d'une logique un peu trop paranoïaque dans la situation de l'entreprise VIRTUALIX car les authentifications LDAP ne sont demandées que sur le réseau interne.

Vous vous basez cette fois sur le **serveur SRVLAN** et vous allez aussi déclarer ce serveur comme serveur d'autorité racine (CA).

- Créez selon le même principe que précédemment un certificat d'autorité, remplacez le `hostname` bien sûr par `srvlan` (très important) et l'adresse mail du `root` par `root@intra.virtualix.fr`.

© Editions ENI - Toute reproduction interdite

- **Toujours dans le répertoire SSL**, créez une clé publique et une clé privée valide un an pour le serveur LDAP :
  `[root]# openssl req -new -nodes -keyout ldap.key -out ldap.csr -days 365`

Élément variant cette fois-ci : `Organizational Unit Name` qui devient **service ldap**.

- Faites signer votre certificat par l'autorité de certification (toujours vous-même) et limitez les accès à la clé :

```
[root]# openssl ca -out ldap.crt -in ldap.csr -days 365
[root]# chmod 0600 ldap.key
```

- Copiez les éléments liés à LDAP dans son répertoire de même que le fichier de l'autorité de certification :

```
[root]# mv ldap.* /etc/ldap/
[root]# cp demoCA/cacert.pem /etc/ldap/
```

- Modifiez les fichiers de configuration LDAP :

Fichier `/etc/ldap/ldap.conf`

```
BASE dc=intra,dc=virtualix,dc=fr
URI ldaps://192.168.4.254:636
TLS_CACERT /etc/ldap/ldap.crt
TLS_REQCERT demand
```

- Modification du fichier `/etc/default/slapd` :
  `SLAPD_SERVICES="ldap://127.0.0.1 :389/ ldaps://192.168.4.254:636/"`

- Redémarrez ensuite le service `slapd` et testez la bonne écoute sur le port sécurisé par (installez auparavant le paquetage lsof) : `[root]# lsof -i :636`.

Ce qui donne :

```
COMMAND PID  USER     FD TYPE DEVICE SIZE NODE NAME
slapd   6095 openldap 9u IPv4 21834  TCP  srvlan.virtualix.local:ldaps (LISTEN)
```


© Editions ENI - Toute reproduction interdite

3.3.3 Test du client Linux

- Avec une connexion `root`, modifiez le fichier `/etc/ldap/ldap.conf` :

```
BASE         dc=virtualix,dc=local
URI          ldaps://192.168.3.1:636
TLS_CACERT /etc/ldap/cacert.pem
TLS_REQCERT demand
```

- Transférez du serveur par `scp` le certificat `cacert.pem` :

```
[root]# cd /etc/ldap/
[root]# scp root@192.168.4.254:/etc/ldap/cacert.pem .
```

- Connectez-vous avec un utilisateur LDAP sur le client : `testldap`, par exemple, devrait pouvoir se connecter. Enlevez le certificat `cacert.pem`, la connexion devient impossible.

4 Utilisation d'un réseau privé virtuel

L'activité de l'entreprise ne se cantonne pas au périmètre physique de ses locaux. Pour beaucoup de raisons et au premier chef les commerciaux en visite chez les clients, la nécessité d'un accès sécurisé s'impose. Vous avez abordé la sécurisation de l'accès au serveur Web afin d'accéder au serveur Web de l'entreprise, voyons maintenant un accès plus large.

4.1 OpenVPN

Une abondante littérature existe pour expliquer ce qu'est le réseau privé virtuel ou VPN (*Virtual Private Network*), aussi sans reprendre la définition je citerai plutôt son fonctionnement indiqué sur Wikipédia, l'Encyclopédie libre :

"*Un réseau privé virtuel repose sur un protocole, appelé protocole de tunnellisation (tunneling), c'est-à-dire un protocole permettant aux données passant d'une extrémité à l'autre du VPN d'être sécurisées par des algorithmes de cryptographie.*"

© Editions ENI - Toute reproduction interdite

Tout est dit ou presque :

- L'utilisation d'un protocole (de type L2TP ou IPsec, etc.).
- La notion de tunnel avec deux extrémités, dans une optique éminemment client-serveur.
- La sécurisation par SSL.

Les informations sur VPN reposent essentiellement sur un site : http://openvpn.net/ avec, pour obtenir sur Windows une interface d'administration (GUI), le site http://openvpn.se/. La norme actuelle se base sur OpenVPN 2.0.

4.1.1 Type de fonctionnement

VPN s'utilise essentiellement dans deux cas de figure :

- le type "**routed**" pour mettre en relation des machines distantes (par Internet et par le protocole PPP) ;
- le type "**bridged**" pour mettre en relation des réseaux différents.

OpenVPN nécessite une authentification et une vérification mutuelle d'un certificat par une clé (principe de SSL). Voici pour une bonne compréhension le déroulement (que vous avez commencé à voir dans la section précédente) de cette opération pour un client :

1. L'autorité de certification (CA) envoie son certificat au client.

2. Le client génère sa clé et une demande (CSR) à partir du certificat.

3. Le client envoie cette demande au CA.

4. Le CA génère le certificat du client (CRT) et lui envoie.

Dans le cadre de notre réseau il est difficile de mettre en place un VPN du premier type aussi nous ne verrons que le deuxième. Avec le logiciel VMware, cette mise en œuvre se fera entre le système hôte et le réseau interne de l'entreprise. Cette technique présente un avantage certain : avant pour accéder au réseau VIRTUALIX (par exemple avec l'utilitaire WINScp3) depuis le système hôte, il fallait ajouter des routes statiques au système Windows. Avec une connexion VPN, tout ceci sera transparent.

Si vous êtes dans la situation d'un réseau physique, il vous faudra trouver une autre machine à brancher en relation avec SRVFWL (réseau 192.168.254.0).

© Editions ENI - Toute reproduction interdite

4.2 Création du CA et des différents certificats

Vous allez installer un VPN de type "bridged" entre le système hôte (le CLIENT VPN) sous Windows et le réseau local 192.168.3.0 via un serveur VPN ou passerelle qui sera SRVFWL.

4.2.1 Mise en place de l'environnement sur SRVFWL

Installez le paquetage `openvpn` (`openssl` doit déjà l'être) :

```
[root]# aptitude install openvpn
```

La procédure de départ de l'utilisation des librairies OpenSSL s'apparente à celle de la section précédente. L'avantage est que le paquetage OpenVPN apporte des scripts rendant plus facile la gestion des certificats.

Vous vous basez cette fois sur le **serveur SRVFWL** et vous allez aussi déclarer ce serveur comme serveur d'autorité racine (CA). Vous pouvez éditer les scripts du répertoire `/usr/share/doc/openvpn/examples/easy-rsa/2.0/` (pour constater qu'ils ressemblent à ce que vous avez déjà écrit) avec notamment :

- `clean-all` : création et/ou effacement des clés existantes ;
- `build-ca` : création de la certification d'autorité ;
- `build-key-server` : création de la clé et d'un certificat serveur ;
- `build-key` : création de la clé et d'un certificat client.

Allez dans le répertoire et créez le cadre de travail avec le script `clean-all` :

```
[root]# cd /usr/share/doc/openvpn/examples/easy-rsa/2.0/
[root]# source ./vars
[root]# ./clean-all
```

Lorsque vous créez les certificats, divers renseignements vous sont demandés. Une bonne partie d'entre eux peut être renseignée dans le fichier `vars`.

Éditez le fichier `vars`, changez les renseignements et faites prendre en compte les exportations des variables pour le système : `[root]# vi vars`.

Variables à initialiser :

- KEY_COUNTRY -> `FR`
- KEY_PROVINCE -> `France`
- KEY_CITY -> `melun`

© Editions ENI - Toute reproduction interdite

- KEY_ORG -> "virtualix"
- KEY_EMAIL -> "root@srvfwl.localdomain"

L'adresse mail du root porte sur sa zone locale car il n'est pas intégré ni dans la zone virtualix.fr ni dans intra.virtualix.fr pour des raisons de sécurité.

Créez maintenant votre autorité de certification par le script build-ca :

```
[root]# . ./vars
[root]# ./build-ca
```

Les questions bien connues ont pour la plupart une réponse par défaut à l'exception de l'Organizational Unit Name où vous spécifiez service informatique et de Common Name où vous indiquez **SRVFWL**.

Créez ensuite le certificat du serveur par le script build-key-server :

```
[root]# ./build-key-server srvfwl
```

Élément changeant : Organizational Unit Name avec **service vpn**. Normalement, il ne doit pas y avoir d'échanges de clés entre l'autorité de certification et le client, mais comme nous sommes dans une situation de test (et entre nos réseaux), vous pouvez vous permettre de créer la clé du client sur le serveur et ensuite de lui envoyer le tout.

Créez le certificat du client par le script build-key (mon système hôte et client Windows s'appelle duncan) :

```
[root]# ./build-key duncan
```

Élément changeant : Organizational Unit Name avec **client vpn**

Élément changeant : Common Name avec **duncan**

Vérifiez la bonne création de tous ces éléments par un ls dans le sous-répertoire keys :

```
root@srvfwl:/usr/share/doc/openvpn/examples/easy-rsa/2.0# ls keys/
01.pem  ca.key      duncan.key       index.txt.attr.old  serial.old  srvfwl.key
02.pem  duncan.crt  index.txt        index.txt.old       srvfwl.crt
ca.crt  duncan.csr  index.txt.attr   serial              srvfwl.csr
```

Clés et certificats pour OpenVPN

© Editions ENI - Toute reproduction interdite

Réglages complémentaires

- Générez les paramètres Diffie Hellman (génération d'un grand nombre premier nécessaire à OpenVPN) à l'aide d'un script spécial `build-dh` :
  `[root]# ./build-dh`

Le script crée après un assez long moment et l'affichage d'une série de "-" et de "+" un fichier nommé `dh1024.pem` dans le sous-répertoire `keys`.

- Créez l'utilisateur spécial `openvpn` et son groupe sans répertoire ni SHELL :

```
[root]# groupadd openvpn
[root]# useradd -d /dev/null -g openvpn -s /bin/false openvpn
```

- Déplacez les éléments vers le répertoire `/etc/openvpn` :

```
[root]# mv ./keys/ca.* /etc/openvpn/
[root]# mv ./keys/dh1024.pem /etc/openvpn/
[root]# mv ./keys/srvfwl.* /etc/openvpn/
[root]# mv ./keys/duncan.* /etc/openvpn/
[root]# chmod 0600 /etc/openvpn/*.key
```

4.2.2 Configuration et démarrage du serveur

Vous disposez d'un exemple de fichier de configuration apporté par la documentation du paquetage OpenVPN.

- Copiez et utilisez ce fichier en effectuant les manipulations suivantes :

```
[root]# cd /etc/openvpn/
[root]# cp /usr/share/doc/openvpn/examples/sample-config-files/
server.conf.gz .
[root]# gunzip server.conf.gz
```

© Editions ENI - Toute reproduction interdite

Modifiez le fichier de configuration du serveur `/etc/openvpn/server.conf` avec les paramètres ci-dessous :

```
# Port d'écoute
port 1194
# Protocole utilisé
proto udp
# Type de VPN : tap pour un tunnel ethernet de type bridged
dev tap
# Clés et certificats utilisés
ca ca.crt
cert srvfwl.crt
key srvfwl.key
# Paramètres Diffie Hellman
dh dh1024.pem
# Réseau de connexion utilisé par OpenVPN pour relier le serveur
# avec le client. Par défaut une adresse de classe A et le réseau
# 10.8.0.0 et un masque de classe C (changez si vous le voulez)
server 10.8.0.0 255.255.255.0
# Persistance des IP virtuelles/clients
ifconfig-pool-persist ipp.txt
# Indication du routage vers notre réseau interne pour le client
push "route 192. 168.3.0 255.255.255.0"
# Réglages internes
keepalive 10 20
cipher BF-CBC
comp-lzo
# Utilisateur et groupe VPN
user openvpn
group openvpn
# Réglages internes
persist-key
persist-tun
status openvpn-status.log
verb 3
mute 20
```

Lancez le serveur VPN : `[root]# /etc/init.d/openvpn start.`

© Editions ENI - Toute reproduction interdite

Voici ce que donne la sortie des logs :

```
 <modulus omitted>
Jul  1 09:07:58 srvfwl ovpn-server[3951]: TLS-Auth MTU parms [ L:1574 D:138 EF:3
8 EB:0 ET:0 EL:0 ]
Jul  1 09:07:58 srvfwl kernel: [ 3845.429739] tun: Universal TUN/TAP device driv
er, 1.6
Jul  1 09:07:58 srvfwl kernel: [ 3845.429742] tun: (C) 1999-2004 Max Krasnyansky
 <maxk@qualcomm.com>
Jul  1 09:07:58 srvfwl ovpn-server[3951]: TUN/TAP device tap0 opened
Jul  1 09:07:58 srvfwl ovpn-server[3951]: TUN/TAP TX queue length set to 100
Jul  1 09:07:58 srvfwl ovpn-server[3951]: /sbin/ifconfig tap0 10.8.0.1 netmask 2
55.255.255.0 mtu 1500 broadcast 10.8.0.255
Jul  1 09:07:58 srvfwl ovpn-server[3951]: Data Channel MTU parms [ L:1574 D:1450
 EF:42 EB:135 ET:32 EL:0 AF:3/1 ]
Jul  1 09:07:58 srvfwl ovpn-server[3957]: GID set to openvpn
Jul  1 09:07:58 srvfwl ovpn-server[3957]: UID set to openvpn
Jul  1 09:07:58 srvfwl ovpn-server[3957]: Socket Buffers: R=[111616->131072] S=[
111616->131072]
Jul  1 09:07:58 srvfwl ovpn-server[3957]: UDPv4 link local (bound): [undef]:1194
Jul  1 09:07:58 srvfwl ovpn-server[3957]: UDPv4 link remote: [undef]
Jul  1 09:07:58 srvfwl ovpn-server[3957]: MULTI: multi_init called, r=256 v=256
Jul  1 09:07:58 srvfwl ovpn-server[3957]: IFCONFIG POOL: base=10.8.0.2 size=253
Jul  1 09:07:58 srvfwl ovpn-server[3957]: IFCONFIG POOL LIST
Jul  1 09:07:58 srvfwl ovpn-server[3957]: Initialization Sequence Completed
Jul  1 09:08:09 srvfwl kernel: [ 3856.210263] tap0: no IPv6 routers present
```

Démarrage du serveur OpenVPN

Ce lancement aboutit à la création d'une interface réseau virtuelle pour le serveur 10.8.0.1 (commande `ifconfig`) :

```
tap0      Link encap:Ethernet  HWaddr 36:4a:52:bb:97:3a
          inet adr:10.8.0.1  Bcast:10.8.0.255  Masque:255.255.255.0
          adr inet6: fe80::344a:52ff:febb:973a/64 Scope:Lien
          UP BROADCAST RUNNING MULTICAST  MTU:1500  Metric:1
          Packets reçus:0 erreurs:0 :0 overruns:0 frame:0
          TX packets:6 errors:0 dropped:0 overruns:0 carrier:0
          collisions:0 lg file transmission:100
          Octets reçus:0 (0.0 B) Octets transmis:468 (468.0 B)
```

Informations sur l'interface virtuelle tap0

4.3 Mise en place d'OpenVPN sur le client

Il faut maintenant se situer sur le système hôte (cas VMware) ou sur un client Windows branché sur le même réseau que le serveur SRVFWL.

- Téléchargez et installez la version OpenVPN pour Windows à partir du site `openvpn.se` (OpenVPN plus son interface d'administration), soit le paquetage logiciel `openvpn-2.0.9-gui-1.0.3-install.exe`.

© Editions ENI - Toute reproduction interdite

Cette installation provoque une alerte d'installation, à accepter évidemment, d'une autre interface virtuelle (celle qui sera en liaison avec le serveur OpenVPN) :

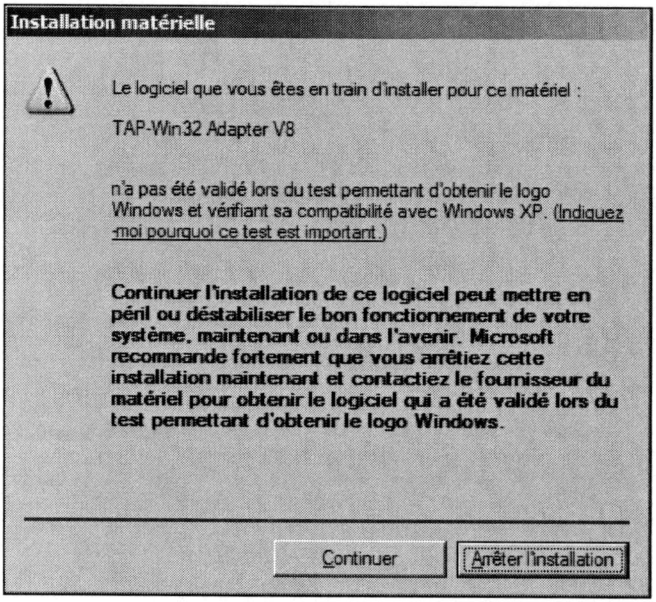

Installation de l'interface virtuelle tap-Win32

- Copiez le fichier de configuration par défaut du répertoire `C:\Program Files\OpenVPN\Sample-config\client.opvn` dans le sous-répertoire `config` (même racine) avec les paramètres ci-dessous :

```
# Vous êtes le client...
client
# Type de VPN : tap pour routé
dev tap
# Protocole utilisé
proto udp
# Adresse publique du serveur VPN, pour vous celle de vmnet8
remote 192.168.254.10 1194
# Nombre d'essai de résolutions de noms infini
resolv-retry infinite
# Pas de bind de port
nobind
# Réglages internes
persist-key
```


© Editions ENI - Toute reproduction interdite

```
persist-tun
# Clés et certificats utilisés
ca ca.crt
cert duncan.crt
key duncan.key
# Certificat de type serveur
ns-cert-type server
# Réglages internes
cipher BF-CBC
comp-lzo
verb 3
mute 20
```

- Copiez les deux certificats (CA et client) et la clé du client que vous avez sur SRVFWL (au besoin par WinSCP) dans le sous-répertoire `config`.

L'installation a inséré une icône représentant deux ordinateurs en bas à droite de l'écran : une bonne connexion montrera une couleur verte.

- Faites un clic droit avec la souris et choisissez `Connect`.

Le fonctionnement est automatique à partir du moment où le service sur Windows est démarré.

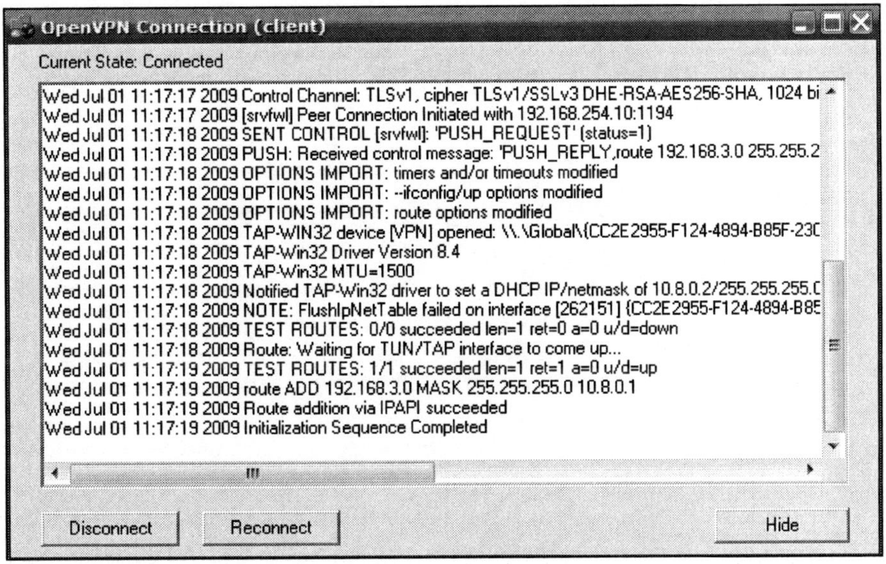

Status du service OpenVPN sur le client montrant une bonne connexion

© Editions ENI - Toute reproduction interdite

Vous pouvez choisir de visualiser les logs, de déconnecter la liaison ou bien sûr de la connecter.

Attention : vérifiez le non fonctionnement du pare-feu Windows ou alors l'ajout d'une règle sur le port VPN.

L'interface TAP-Win32 sur le client montre une IP obtenue via un serveur DHCP virtuel :

```
Carte Ethernet VPN:

        Suffixe DNS propre à la connexion :
        Description . . . . . . . . . . . : TAP-Win32 Adapter V8
        Adresse physique . . . . . . . . .: 00-FF-CC-2E-29-55
        DHCP activé. . . . . . . . . . . : Oui
        Configuration automatique activée . . . . : Oui
        Adresse IP. . . . . . . . . . . . : 10.8.0.2
        Masque de sous-réseau . . . . . . : 255.255.255.0
        Passerelle par défaut . . . . . . :
        Serveur DHCP. . . . . . . . . . . : 10.8.0.0
        Bail obtenu . . . . . . . . . . . : mercredi 1 juillet 2009 11:17:18
        Bail expirant . . . . . . . . . . : jeudi 1 juillet 2010 11:17:18
```

Configuration de l'interface sur le client

- Dans une console DOS, un `ping` sur 192.168.3.1 (SRVLAN) fonctionne car la route sur 192.168.3.0 est définie dans la table de routage du système hôte (le vérifier par la commande `route print`).

Vous pouvez ajouter une authentification TLS en créant une clé sur le serveur (`ta.key`) afin de sécuriser d'avantage votre VPN (voir les fichiers de configuration et la documentation d'OpenVPN).

5 Installation d'une politique de sécurité

Le moment est venu d'installer une véritable politique de sécurité par un contrôle direct sur les paquets émis et reçus au travers du réseau. La pièce maîtresse de l'ensemble est le serveur SRVFWL dont c'est le rôle essentiel, en plus de la fonction de routage. Là encore, la difficulté réside plus dans la compréhension des mécanismes que dans leur mise en œuvre.

© Editions ENI - Toute reproduction interdite

5.1 Comprendre le problème de la sécurité

La connexion d'un serveur à un réseau le rend accessible, donc vulnérable. La grandeur du réseau multiplie les risques d'où un risque maximal en étant connecté à l'Internet. Voici pour s'en convaincre une nouvelle tirée du site de la BBC (BBC News, mois d'octobre 2006) et repris par le site ZATAZ (www.zataz.com) :

"*Chance de survie sur le Web : 5 secondes.*

Prenez un ordinateur acheté en magasin. Il est équipé de Windows XP familial, d'une connexion web et branchez-le sur le réseau des réseaux. Le résultat est super rassurant ! Cinq secondes après sa connexion, une attaque. Sept heures après cette première mise en ligne, trente-six avertissements venant du firewall Windows. Onze visites, différentes, du virus Blaster. Trois attaques séparées du ver Slammer. Une attaque visait IIS (Microsoft IIS Server). Trois attaques à l'encontre de ports précis. Il y a eu une attaque toutes les 15 minutes. (BBC)".

Sans commentaire ! En 2005 l'éditeur d'antivirus SOPHOS chiffrait la durée sans risque à 12 minutes, maintenant...

5.1.1 Types de menaces

Globalement les menaces possibles se classent en trois catégories :

- menaces sur la **confidentialité des données** : accès à des données privées (fraudes bancaires) ;
- menaces sur l'**intégrité des données** : modifications de données privées (malveillance, terrorisme) ;
- menaces sur la **disponibilité des données** : blocage à l'accès des données (déni de service, chantage).

Il faut démythifier le travail des pirates, en fait la plupart (paresseux ou non spécialistes) profitent de failles déjà révélées, de programmes chercheurs (scripts kiddies) tout faits et ne pensent qu'à mettre la pagaille. **Votre principal ennemi c'est vous-même** en tant qu'administrateur réseau, si vous n'avez pas su mettre en place une politique de sécurité minimale : fermeture des ports inutiles, application des mises à jour, installation de logiciels antivirus et de filtrage des données.

© Editions ENI - Toute reproduction interdite

Les sites portant sur la sécurité sont nombreux, en voici une sélection :

- www.securite-informatique.gouv.fr (l'officiel) ;
- www.zataz.com (très complet et réactif) ;
- www.inoculer.com/scannerdeports.php (un scanneur de ports) ;
- www.geolocalise-ip.com (localiser une adresse IP).

5.1.2 Mesures essentielles de sécurité

Vous pouvez choisir entre deux solutions : soit utiliser une distribution Linux entièrement axée sur la sécurité (exemple de l'excellente et facilement paramétrable IPCop, www.ip-cop.org) ; soit créer votre script avec IPTABLES. Dans un souci didactique, cette deuxième solution sera retenue.

La fermeture des ports

La première chose à faire est de vérifier les ports ouverts de votre système et de fermer celles non utiles. Exemple de résultat sur SRVDMZ par la commande `netstat -ntl` :

```
root@srvdmz:~# netstat -ntl
Active Internet connections (only servers)
Proto Recv-Q Send-Q Local Address           Foreign Address         State
tcp        0      0 0.0.0.0:995             0.0.0.0:*               LISTEN
tcp        0      0 0.0.0.0:3306            0.0.0.0:*               LISTEN
tcp        0      0 0.0.0.0:110             0.0.0.0:*               LISTEN
tcp        0      0 0.0.0.0:80              0.0.0.0:*               LISTEN
tcp        0      0 0.0.0.0:21              0.0.0.0:*               LISTEN
tcp        0      0 192.168.2.11:53         0.0.0.0:*               LISTEN
tcp        0      0 192.168.2.1:53          0.0.0.0:*               LISTEN
tcp        0      0 127.0.0.1:53            0.0.0.0:*               LISTEN
tcp        0      0 0.0.0.0:22              0.0.0.0:*               LISTEN
tcp        0      0 0.0.0.0:3128            0.0.0.0:*               LISTEN
tcp        0      0 192.168.2.1:25          0.0.0.0:*               LISTEN
tcp        0      0 127.0.0.1:25            0.0.0.0:*               LISTEN
tcp        0      0 127.0.0.1:953           0.0.0.0:*               LISTEN
tcp        0      0 0.0.0.0:443             0.0.0.0:*               LISTEN
tcp6       0      0 :::53                   :::*                    LISTEN
tcp6       0      0 :::22                   :::*                    LISTEN
```

Affichage des ports ouverts sur SRVDMZ

© Editions ENI - Toute reproduction interdite

La fermeture des ports est liée au système d'exploitation, en règle générale elle consiste à fermer le service associé. Le pendant de `netstat` s'appelle `nmap`. Cet outil (installez au préalable le paquetage `nmap`) scanne les ports ouverts sur une machine distante. Son utilisation est des plus simples : résultat de la commande `nmap -v -sU -sT 192.168.2.2` sur SRVDMZ à partir de SRVFWL :

```
Discovered open port 3128/tcp on 192.168.2.1
Discovered open port 3306/tcp on 192.168.2.1
Completed Connect Scan at 12:14, 0.19s elapsed (1000 total ports)
Host 192.168.2.1 appears to be up ... good.
Interesting ports on 192.168.2.1:
Not shown: 1988 closed ports
PORT     STATE         SERVICE
21/tcp   open          ftp
22/tcp   open          ssh
25/tcp   open          smtp
53/tcp   open          domain
80/tcp   open          http
110/tcp  open          pop3
443/tcp  open          https
995/tcp  open          pop3s
3128/tcp open          squid-http
3306/tcp open          mysql
53/udp   open|filtered domain
3130/udp open|filtered squid-ipc
MAC Address: 00:0C:29:85:E7:32 (VMware)

Read data files from: /usr/share/nmap
Nmap done: 1 IP address (1 host up) scanned in 1069.60 seconds
           Raw packets sent: 1475 (41.314KB) | Rcvd: 1080 (60.466KB)
```

Scan des ports du serveur SRVDMZ

Vous avez U pour UDP, T pour TCP, pour les autres options, voir le manuel en ligne. **Attention : ne pas scanner des machines qui ne sont pas les vôtres**. Certains serveurs gardent les traces des scans effectués à leur encontre et par qui... Vous prenez alors l'image d'un pirate avec tout ce que cela comporte comme possibles désagréments...

Les mises à jour

Là aussi, les mises à jour sont liées au système d'exploitation, sur Ubuntu cela passe par le dépôt `security`.

© Editions ENI - Toute reproduction interdite

5.2 Le pare-feu (ou firewall)

Les paquets IP sont routés en fonction de leur adresse de destination et de leur adresse d'émission. Ils utilisent un protocole de transport (UDP ou TCP). La session est identifiée par un port source et par un port de destination. Une connexion (session au sens OSI du terme) entre un processus client et un processus serveur est matérialisée par le couple de triplets :

```
(@IP-source,TCP/UDP,port source),(@IP-dest.,TCP/UDP,port dest.)
```

5.2.1 Netfilter et IPtables

Distinguons deux fonctions différentes : le **routage** et le **filtrage**. Le filtrage va consister à appliquer des règles particulières aux paquets qui sont routés. Ces deux fonctions sont prises en charge pour le noyau Linux de la série 2.6 par Netfilter. La mise en place des règles qui seront appliquées aux paquets se fait par la commande Iptables. Quelques règles de base :

- les chaînes sont des ensembles de règles qui sont appliquées séquentiellement aux paquets jusqu'à ce que l'une d'entre elles soit applicable ;
- il y a toujours au moins une chaîne par défaut ;
- ces chaînes sont placées dans des tables.

Fonctionnement de Netfilter

Netfilter peut intervenir en 5 endroits du système de gestion de la pile IP. Pour chacune de ces étapes (que l'on appelle des "hook", pour "crochet" en français), Netfilter peut :

- imposer au noyau de **supprimer** le paquet ("*drop*" en anglais), auquel cas, il est jeté à la poubelle, et c'est comme si le paquet n'avait jamais existé ;
- indiquer au noyau que le paquet est **accepté**, dans ce cas-là, le noyau peut continuer à travailler dessus ;
- **modifier** le paquet, puis le rendre au noyau.

Les tables de Netfilter

Il existe 3 tables principales pour Netfilter :

- La table **filter** contient les règles de filtrage avec les chaînes INPUT, FORWARD et OUTPUT.
- La table **nat** effectue de la traduction d'adresse avec les chaînes PREROUTING, FORWARD et POSTROUTING (vous avez déjà vu cette dernière avec le NAT).
- La table **mangle** utilise les règles pour modifier les paquets IP avec les cinq chaînes, mais cela ne sera pas vu ici.

© Editions ENI - Toute reproduction interdite

Récapitulatif pour les chaînes :

- INPUT : paquet entrant dans le serveur.
- PREROUTING : paquet entré en attente de routage.
- FORWARD : routage du paquet.
- POSTROUTING : paquet routé mais non sorti.
- OUTPUT : paquet sorti du serveur.

Règles et cibles

Les règles apportent une série de critères auxquels doivent ou non répondre les paquets. En fait, on peut associer une règle comme pour un joueur interdit de casino. Si le paquet réseau ressemble à l'un ou l'autre des critères, alors la règle est appliquée. Les différentes règles d'une chaîne sont appliquées les unes à la suite des autres.

Les critères peuvent être multiples (liste non exhaustive) :

- interface source ou destination ;
- adresse IP source ou de destination ;
- port source ou de destination ;
- etc.

Il n'y a pas de limitation au nombre de règles dans une chaîne, mais il vaut mieux en limiter le nombre, afin d'avoir une vue claire et précise de votre système de filtrage.

Pour terminer, chaque règle est associée à une action (ou "CIBLE") à effectuer si la règle s'applique. Les principales actions sont :

- DROP : destruction totale du paquet ;
- ACCEPT : autorisation de passer pour l'instant ;
- LOG/ULOG : autorisation à continuer de passer pour l'instant mais avec surveillance ;
- MASQUERADE : modification pour dissimuler certaines informations (NAT) ;
- MARK : marquage du paquet avec un ajout d'information (tables "Mangle") ;
- chaîne utilisateur : chaîne définie par l'utilisateur, le paquet subira de nouvelles règles.

© Editions ENI - Toute reproduction interdite

5.3 Mise en place de base d'un pare-feu

Vous allez construire un ensemble de règles initiales d'un pare-feu (*firewall*) dans un script BASH (shell ou langage de commandes) sur le serveur SRVFWL. La procédure décrite ici se rapporte à votre réseau, c'est-à-dire :

- une **interface réseau publique** connectée à l'Internet (eth0) ;
- une **interface connectée** à la DMZ (eth1).
- une **interface connectée au réseau privé** (eth2) ;

La difficulté n'est pas grande, il suffit d'avoir de la méthode. Vous verrez dans un premier script les règles de base avant de voir dans la section Règles concernant les chaînes INPUT/OUTPUT, des règles de filtrage un peu plus fines. Pour la compréhension du langage BASH, se reporter aux documentations existantes.

5.3.1 Initialisations

Avant de commencer, commentez les lignes pour le routage et le NAT dans le fichier `/etc/rc.local`, vous n'en avez plus besoin à partir de maintenant.

Le script comporte suffisamment de commentaires pour être compréhensible je pense. La première chose à faire est de déclarer quelques variables afin de bien positionner le script.

Écrivez le début du script `/root/parefeu.sh` :

```
#!/bin/bash
# Script pour l'établissement des règles du pare-feu
echo " Script pour le pare-feu "

# Initialisation de quelques variables
# ------------------------------------
echo " --> Initialisation des variables : "
## Interface reliée au réseau externe : nom et IP
WAN=eth0
WAN_IP=192.168.254.10
## Interface reliée à la DMZ : nom, IP et broadcast
DMZ=eth1
DMZ_IP=192.168.2.254
DMZ_BC=192.168.2.255
## Interface reliée au réseau interne : nom, IP et broadcast
LAN=eth2
LAN_IP=192.168.3.254
```


© Editions ENI - Toute reproduction interdite

```
LAN_BC=192.168.3.255
## Simplement pour réduire la longueur des commandes
IPT="/sbin/iptables"
echo " OK. "
```

Enregistrez le fichier et donnez-lui les droits en exécution avec un `chmod 755`.

5.3.2 Vidage de toutes les règles existantes et verrouillage

Avant de faire quoi que ce soit : on fait le ménage à fond !

Ajoutez les lignes suivantes au script :

```
# Nettoyage de toutes les règles existantes
# ----------------------------------------
echo " -> Vidage des règles existantes et verrouillage : "
## Supprime les règles sur la table FILTER, NAT et MANGLE
## Option -F pour flush
${IPT} -t filter -F
${IPT} -t nat -F
${IPT} -t mangle -F
## Supprime les chaînes sur la table FILTER, NAT et MANGLE
## Option -X pour delete-chain
${IPT} -t filter -X
${IPT} -t nat -X
${IPT} -t mangle -X
## RAZ du compteur de paquets
## Option -Z pour zero
${IPT} -Z
```

Dans l'optique de remettre les choses en l'état, la table FILTER (celle sur laquelle vous allez travailler) est positionnée en accès ouvert (ACCEPT). Vous allez passer par une fonction utilisateur en BASH car cela permettra de réutiliser le code.

Ajoutez les lignes suivantes au script :

```
# Initialise la table FILTER acceptation sur ses trois chaînes
TableFILTER ACCEPT
```

© Editions ENI - Toute reproduction interdite

Ajoutez les lignes suivantes **au début du script**, juste avant la ligne "`# Initialisation de quelques variables`" :

```
function TableFILTER() {
 ${IPT} -t filter -P INPUT $1
 ${IPT} -t filter -P OUTPUT $1
 ${IPT} -t filter -P FORWARD $1
}
```

À ce niveau du script et parce qu'il faut toujours se laisser une porte de sortie honorable, il vaut mieux ajouter au script une demande sur la poursuite de celui-ci ou son arrêt éventuel. Cela permet de remettre en état le serveur comme s'il n'y avait pas de pare-feu. Vous remarquerez l'apparition de la remise en vigueur de la fonction routage et de l'ancienne règle pour le NAT.

Ajoutez les lignes suivantes au script :

```
# Demande de poursuite du script
# ------------------------------
echo " --> Voulez-vous continuer le script (o/n) ? "
read choix
if [ $choix = 'n' ] ; then
 echo " Script interrompu. Vous n'avez plus de pare-feu... "
 echo 1 >/proc/sys/net/ipv4/ip_forward
 ${IPT} -t nat -A POSTROUTING -o eth0 -j MASQUERADE
 exit 0
fi
```

Ensuite la règle consiste **à fermer toutes les portes** pour ensuite les ouvrir une par une. Par contre, là aussi, il vaut mieux laisser les règles des tables NAT et MANGLE positionnées par défaut à "accepter tout" car :

- votre script sera plus court ;
- des règles FORWARD bien écrites suffisent pour la sécurité ;
- on ne s'occupe que de la table FILTER.

© Editions ENI - Toute reproduction interdite

Ajoutez les lignes suivantes au script :

```
........
# Ecritures des règles par défaut
# ------------------------------
## Initialise la table NAT : acceptation sur ses trois chaînes
${IPT} -t nat -P PREROUTING ACCEPT
${IPT} -t nat -P OUTPUT ACCEPT
${IPT} -t nat -P POSTROUTING ACCEPT
## Initialise la table MANGLE : acceptation sur ses cinq chaînes
${IPT} -t mangle -P PREROUTING ACCEPT
${IPT} -t mangle -P INPUT ACCEPT
${IPT} -t mangle -P FORWARD ACCEPT
${IPT} -t mangle -P OUTPUT ACCEPT
${IPT} -t mangle -P POSTROUTING ACCEPT
## Initialise la table FILTER : refus sur ses trois chaînes
${IPT} -t filter -P INPUT DROP
${IPT} -t filter -P OUTPUT DROP
${IPT} -t filter -P FORWARD DROP
echo " ...pare-feu en fonctionnement, blocage maximum. "
```

5.3.3 Premier démarrage du pare-feu

À ce stade, effectuez quelques tests.

Lancez le script pour vérifier son fonctionnement : `[root]# ./parefeu.sh`.

Vous ne pouvez plus faire de ping sur l'extérieur, ni sur SRVLAN et SRVDMZ. Pire, plus de ping sur vos propres interfaces réseaux (même sur la boucle locale). À chaque fois, le système vous indique :

```
Ping : sendmsg : Operation not permitted
```

La commande `dig` pour les DNS ne répond plus, bref votre serveur est muet, sourd et aveugle... (au sens du réseau bien sûr...).

Testez le serveur pour une remise à son état normal en relançant le script et en l'interrompant **à la demande vue plus haut**. Tout doit redevenir comme avant.

© Editions ENI - Toute reproduction interdite

5.4 Règles concernant les chaînes INPUT/OUTPUT

Deux remarques importantes :

- le travail qui suit se fait sur la table FILTER et vous pouvez omettre `-t filter` car en cas d'absence, cela s'applique sur cette table (par défaut) ;
- la pratique générale consiste à ouvrir petit à petit les communications qui vous intéressent.

5.4.1 Autorisation de quelques communications

Après chaque changement sur le script, vous devez le relancer.

1) **But** : autoriser tout type de communication sur l'interface de loopback pour les communications réseau en local sur la passerelle.

Résultat : un ping sur 127.0.0.1 fonctionne.

Ajoutez les lignes suivantes au script :

```
........
# Autorisation des communications en local et réseau interne
# ---------------------------------------------------------
## En input/output (i/o), tous protocoles (all)
## Connexions locales
${IPT} -A INPUT -i lo -p all -j ACCEPT
${IPT} -A OUTPUT -o lo -p all -j ACCEPT
```

2) **But** : autoriser l'interface du réseau privé, partant du principe que ce qui vient de chez nous ne comporte pas de risque (peut-être à tort, on peut changer cela).

Résultat : un ping sur 192.168.3.1 (SRVLAN) fonctionne mais pas 192.168.2.1 (SRVDMZ).

Ajoutez les lignes suivantes au script :

```
........
## Connexions avec le réseau interne
${IPT} -A INPUT -i ${LAN} -p all -j ACCEPT
${IPT} -A OUTPUT -o ${LAN} -p all -j ACCEPT
```


© Editions ENI - Toute reproduction interdite

3) **But** : autoriser les communications (paquets IP) pour les connexions sortantes et entrantes déjà établies, c'est-à-dire des flux IP que le serveur SRVFWL aura lui-même demandés.

Résultat : un ping sur www.google.fr fonctionne (SRVFWL n'utilise pas vos DNS).

```
## Connexions avec l'extérieur
${IPT} -A INPUT -i ${WAN} -p all -m state --state RELATED,ESTABLISHED
-j ACCEPT
${IPT} -A OUTPUT -o ${WAN} -p all -m state --state ! INVALID -j ACCEPT
echo " ...Communications locales, internes et externes OK."
```

5.4.2 Explications

Pour toute nouvelle connexion sortante de SRVFWL, Netfilter garde en mémoire la demande et attribue à la réponse un état correspondant (ESTABLISHED), pour les autres l'état sera invalide (INVALID). L'état RELATED correspond aux communications avec des protocoles qui ne répondent pas sur le même port (exemple : FTP). En sortie, tout ce qui n'est pas invalide (le point d'exclamation) est accepté.

5.5 Règles concernant les flux IP de la chaîne FORWARD

Vous entrez cette fois dans le vif du sujet et un petit schéma s'impose car les règles s'établissent tour à tour suivant la position des serveurs/clients dans le réseau de l'entreprise :

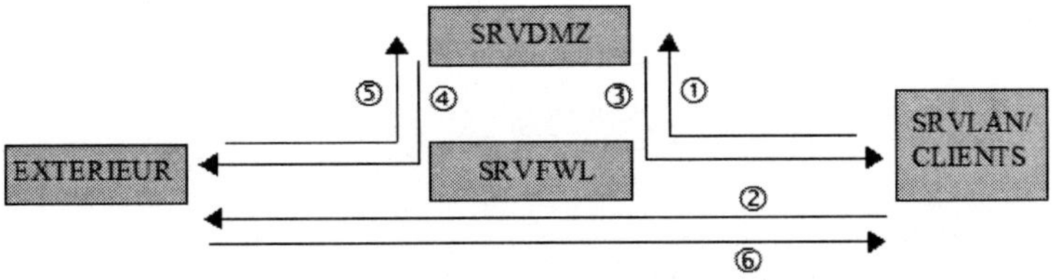

Schéma de circulation des flux IP pour la chaîne FORWARD

Attention : les règles sont indissociables. Elles doivent être appliquées ensemble.

© Editions ENI - Toute reproduction interdite

1) SRVLAN/clients vers SRVDMZ

But : autoriser les communications pour le routage des demandes de la part du réseau interne. Suivant les services, vous avez DNS, HTTP (en fait le proxy Squid) et HTTPS, SMTP, POP3, IMAP et FTP.

```
# Autorisation des flux IP pour la chaîne FORWARD
# ---------------------------------------------
## SRVLAN/CLIENTS vers SRVDMZ
## Dans l'ordre : DNS, PROXY, HTTPS, SMTP, POP, IMAP
${IPT} -A FORWARD -i ${LAN} -o ${DMZ} -p tcp --dport 53 -j ACCEPT
${IPT} -A FORWARD -i ${LAN} -o ${DMZ} -p udp --dport 53 -j ACCEPT
${IPT} -A FORWARD -i ${LAN} -o ${DMZ} -p tcp --dport 3128 -j ACCEPT
${IPT} -A FORWARD -i ${LAN} -o ${DMZ} -p tcp --dport 443 -j ACCEPT
${IPT} -A FORWARD -i ${LAN} -o ${DMZ} -p tcp --dport 25 -j ACCEPT
${IPT} -A FORWARD -i ${LAN} -o ${DMZ} -p tcp --dport 110 -j ACCEPT
${IPT} -A FORWARD -i ${LAN} -o ${DMZ} -p tcp --dport 21 -j ACCEPT
${IPT} -A FORWARD -i ${LAN} -o ${DMZ} -p tcp --dport 143 -j ACCEPT
```

Attention : pour DNS, on voit qu'il faut aussi autoriser UDP.

2) SRVLAN/CLIENTS vers Internet

But : interdire toutes les communications vers l'extérieur donc obliger le passage vers SRVDMZ.

```
## SRVLAN/CLIENTS vers Internet
## Pas de communications autorisées
${IPT} -A FORWARD -i ${LAN} -o ${WAN} -j REJECT
```

3) SRVDMZ vers SRVLAN/CLIENTS

But : autoriser les communications initiées par le réseau interne.

```
## SRVLAN/CLIENTS vers SRVDMZ
## Communications avec les demandes initiales
${IPT} -A FORWARD -i ${DMZ} -o ${LAN} -m state --state RELATED,ESTABLISHED -j
 ACCEPT
```


© Editions ENI - Toute reproduction interdite

4) SRVDMZ vers Internet

But : autoriser les communications utiles pour notre réseau.

```
## SRVDMZ vers Internet
## Dans l'ordre : DNS, http, https, SMTP, FTP :
${IPT} -A FORWARD -i ${DMZ} -o ${WAN} -p tcp --dport 53 -j ACCEPT
${IPT} -A FORWARD -i ${DMZ} -o ${WAN} -p udp --dport 53 -j ACCEPT
${IPT} -A FORWARD -i ${DMZ} -o ${WAN} -p tcp --dport 80 -j ACCEPT
${IPT} -A FORWARD -i ${DMZ} -o ${WAN} -p tcp --dport 443 -j ACCEPT
${IPT} -A FORWARD -i ${DMZ} -o ${WAN} -p tcp --dport 25 -j ACCEPT
${IPT} -A FORWARD -i ${DMZ} -o ${WAN} -p tcp --dport 21 -j ACCEPT
```

5) Internet vers SRVDMZ

But : autoriser les communications en relation avec les services publics de la DMZ (plus d'autres si vous les utilisez comme IMAPS port 993) :

```
## SRVDMZ vers Internet
## Dans l'ordre : DNS, http, https, SMTP
${IPT} -A FORWARD -i ${WAN} -o ${DMZ} -p tcp --sport 53 -m state --state
RELATED,ESTABLISHED -j ACCEPT
${IPT} -A FORWARD -i ${WAN} -o ${DMZ} -p udp --sport 53 -m state --state
RELATED,ESTABLISHED -j ACCEPT
${IPT} -A FORWARD -i ${WAN} -o ${DMZ} -p tcp --sport 80 -m state --state
RELATED,ESTABLISHED -j ACCEPT
${IPT} -A FORWARD -i ${WAN} -o ${DMZ} -p tcp --sport 443 -m state --state
RELATED,ESTABLISHED -j ACCEPT
${IPT} -A FORWARD -i ${WAN} -o ${DMZ} -p tcp --sport 21 -m state --state
RELATED,ESTABLISHED -j ACCEPT
${IPT} -A FORWARD -i ${WAN} -o ${DMZ} -p tcp --sport 143 -m state --state
RELATED,ESTABLISHED -j ACCEPT
```

6) Internet vers SRVLAN/CLIENTS

But : interdire toutes les communications venant de l'extérieur, considérées comme suspectes.

```
## Internet vers SRVLAN/CLIENTS
## Pas de communications autorisées
${IPT} -A FORWARD -i ${WAN} -o ${LAN} -j REJECT
echo " ...Chaines FORWARD OK."
```

© Editions ENI - Toute reproduction interdite

Ajoutez pour les tests les deux lignes ci-dessous (routage et NAT) en fin de script pour l'instant :

```
echo 1 >/proc/sys/net/ipv4/ip_forward
${IPT} -t nat -A POSTROUTING -o ${WAN} -j MASQUERADE
```

Testez à partir du CLIENT les communications Internet pour vérifier la bonne tenue de votre pare-feu. Si cela fonctionne pour le port 80 (via le 3128 du proxy), cela fonctionne pour les autres.

Deux problèmes se posent : la vérification par l'extérieur et le service OpenVPN. En fait la résolution du deuxième résoudra automatiquement le premier.

Ajoutez pour les tests les deux lignes ci-dessous (routage et NAT) en fin de script pour l'instant :

```
## Règles VPN pour la chaîne FORWARD
## Autorisation du trafic
VPN=tap0
${IPT} -A INPUT -i ${VPN} -p all -j ACCEPT
${IPT} -A OUTPUT -o ${VPN} -p all -j ACCEPT
${IPT} -A FORWARD -i ${VPN} -o ${DMZ} -j ACCEPT
${IPT} -A FORWARD -i ${DMZ} -o ${VPN} -j ACCEPT
```

Maintenant étant donné que le VPN passe, vous pouvez dans le navigateur du système hôte saisir l'adresse IP 192.168.2.1 du serveur Web SRVDMZ. Vous arrivez sur le site www.virtualix.fr. Bien sûr, vous ne pouvez utiliser que l'adresse IP (essayez aussi 192.168.2.11 pour l'accès HTTPS). Si vous désirez utiliser les URLs classiques, spécifiez 192.168.2.1 pour le serveur DNS primaire sur votre système hôte.

5.5.1 Règle concernant le NAT

Dans son état actuel, la règle pour l'IP MASQUERADING fonctionne avec les deux réseaux LAN et DMZ, ce qui en fait un de trop à partir du moment où vous avez interdit les communications entre le réseau local et l'extérieur.

© Editions ENI - Toute reproduction interdite

Spécialisez la règle NAT en la changeant en :

```
${IPT} -t nat -A POSTROUTING -o ${WAN} -s 192.168.2.0/24 -j MASQUERADE
```

5.6 Éléments supplémentaires

Vous avez la possibilité (discutable) d'ajouter encore des éléments au script...

5.6.1 La protection contre le spoofing

L'IP spoofing est une technique de piratage (*hacking*) consistant à utiliser l'adresse IP d'une machine, ou d'un équipement, afin d'en usurper l'identité. Elle permet de récupérer l'accès à des informations en se faisant passer pour la machine dont on "spoofe" l'adresse IP. De manière plus précise, cette technique permet la création de paquets IP avec une adresse IP source appartenant à quelqu'un d'autre. Son application est délicate car pouvant poser un problème en cas de routage asymétrique, c'est-à-dire quand les paquets ne prennent pas le même chemin à l'aller qu'au retour.

D'autres éléments se règlent dans le fichier (suffisamment commenté) `/etc/sysctl.conf`.

5.6.2 Le cas du PING

Une tendance veut que l'on interdise le `ping` du serveur Web par exemple. Pourquoi ? À mon avis, cela relève plutôt d'un comportement paranoïaque et la pratique d'un simple `ping` est intéressante pour un utilisateur pour tester simplement le bon état de fonctionnement du serveur.

5.6.3 Les LOGS

La moins discutable des mesures. Elle consiste à ajouter de nouvelles chaînes (LOG_IN, LOG_OUT, LOG_DROP, etc.) pour marquer les paquets. Exemple :

```
$IPT -N LOG_DROP
$IPT -A LOG_DROP -j LOG_DROP
$IPT -A LOG_DROP -j LOG --log-level emerg --log-prefix='TAG'
```

L'option log-level sert à `iptables` et `syslog` pour montrer quel niveau de journalisation utiliser (par défaut `emerg` dans `/etc/syslog.conf`), `log-prefix` donne un élément pour s'y repérer. Générer des logs c'est bien, encore faut-il les regarder...

© Editions ENI - Toute reproduction interdite

5.6.4 Le problème de SQUID en proxy transparent

On peut paramétrer SQUID de façon à ce que le navigateur garde la configuration sur le port 80. Dans ce cas, une redirection du port 80 vers le port 3128 s'impose avec quelque chose dans ce genre :

```
${IPT} -t nat -A PREROUTING -i ${LAN} -p tcp ! -d 192.168.3.0/24 --dport 80
-j REDIRECT
   --to-port 3128
```

Et les lignes ci-dessous dans le fichier de configuration de SQUID :

```
http_port 192.168.3.1 :3128 transparent
always_direct allow all
```

5.6.5 Pour finir...

Le script peut être sauvé avec les commandes IPTABLES mais le mieux, je pense, consiste à :

- soit le lancer manuellement, étant entendu que le serveur SRVFWL n'a pas vocation à être redémarré ;
- soit mettre une ligne dans le fichier `/etc/rc.local` pour son exécution (le mieux).

Vous disposez maintenant d'une ébauche de pare-feu efficace, stable et il faut le reconnaître peu ouvert. Vous n'autorisez pas par exemple les ports pour les flux vidéo comme Quick Time, Real Audio, etc. Tout est une question de politique : laisser trop de libertés conduit parfois à l'utilisation de ports de logiciels de **peer to peer**...

Sinon une modification est nécessaire : le service NTP de SRVLAN a été volontairement laissé sous silence et dans l'état actuel du script il ne peut fonctionner...

© Editions ENI - Toute reproduction interdite

Chapitre 6
Spécialisation du réseau

1 Travail collaboratif par CVS

Les projets de développement de logiciels s'accompagnent d'une mise en commun d'informations au sein d'une équipe de développeurs. La mise en place d'un service sur le réseau (éventuellement accessible de l'extérieur), capable de gérer les synchronisations lors des mises à jour et les droits de chacun est rendue possible par l'emploi de CVS.

1.1 L'outil CVS

L'outil CVS (*Concurrent Versions System, logiciel libre*) est un utilitaire chargé de maintenir et de gérer les fichiers sources, de consulter l'historique des modifications, etc. En cela, on dit qu'il s'agit d'un logiciel de "gestion de versions". On le pratique essentiellement dans le monde libre, étant parfaitement adapté à l'esprit de coopération et de mise en commun des ressources.

Il fonctionne aussi bien en ligne de commande qu'en mode graphique. Le meilleur étant celui issu du monde FreeBSD (Unix like avec CSweb Project) que l'on trouve sur : http://www.freebsd.org/projects/cvsweb.html

1.1.1 Principes de fonctionnement

CVS gère les accès concurrents, c'est-à-dire l'accès simultané au même fichier par plusieurs personnes. Le fonctionnement de CVS a pour point de départ un répertoire de dépôt (`repository`), contenant l'historique de l'ensemble des versions successives de chaque fichier, des dates de mise à jour, du nom de l'auteur, etc. Un utilisateur ne travaille pas directement sur le projet (il n'en a pas le droit), mais sur une copie de celui-ci, dans un répertoire de travail personnel (`working copy`).

Le rapatriement des fichiers sources s'effectue dans un autre répertoire de travail, où l'on modifie, améliore... les données. Une fois une validation arrêtée, vous procédez à une soumission des modifications par CVS (`commit`) afin de rendre disponible l'ensemble de votre travail à la communauté après la mise à jour (`update`). Les aspects plus complexes comme la fusion de documents, quand deux utilisateurs travaillent au même moment sur le même fichier, sont gérés par le serveur.

Vous trouverez la ressource principale du logiciel sur le site http://ximbiot.com/cvs/ et d'autres renseignements sur http://cvsbook.red-bean.com/cvsbook.html.

© Editions ENI - Toute reproduction interdite

1.1.2 Subversion

Devenu standard, CVS comporte quelques limites qu'une partie de ses concepteurs ont dépassées avec le projet Subversion. Globalement, la modification des noms de fichiers ou de dossiers, leurs déplacements et effacements avec conservation des historiques existe toujours, mais avec en plus :

- une organisation sous la forme d'une arborescence ;
- un éventail élargi de type de fichiers, comme le support des fichiers binaires ;
- une meilleure gestion des transferts, modifications partielles, prise en compte des erreurs...

TELECOM Lille
Bibliothèque

1.2 Utilisation locale sur SRVDMZ

Normalement, CVS n'est pas conçu a priori pour une utilisation locale, il est intéressant cependant de le faire pour les raisons suivantes :

- c'est la suite logique de la procédure d'installation pour un test ;
- en cas de projet individuel vous pouvez vouloir garder une trace de l'historique de vos fichiers.

Vous installez normalement CVS sur le serveur SRVDMZ (vous verrez ensuite l'utilisation de Subversion) mais on peut dans une logique de développement interne le faire indifféremment sur SRVLAN.

- Installez le paquetage `[root]# aptitude install cvs`.

- Vous utiliserez l'utilisateur `merry` déjà existant en vous connectant avec ce compte sur une autre console.

- Déclarez la variable globale CVS au système en fonction du dépôt, et du répertoire de dépôt (session `merry`) :

```
[merry]$ mkdir depotcvs
[merry]$ export CVSROOT='/home/merry/depotcvs'
```

- Inscrivez la ligne précédente concernant la déclaration de variable dans le fichier `.bashrc` de l'utilisateur de façon à la positionner à chaque connexion.

© Editions ENI - Toute reproduction interdite

1.2.1 Initialisation du dépôt CVS

Créez un répertoire `tolkien` avec un fichier quelconque :

```
[donald]$ mkdir tolkien
[donald]$ touch tolkien/anneau.txt
```

Initialisez CVS et importez-y votre projet :

```
[merry]$ cvs init
[merry]$ cd tolkien/
[merry]$ cvs import -m "version 1" ap_cvs test starter
```

Ce qui pour la dernière ligne correspond à l'ajout des fichiers du répertoire courant avec comme message "`version 1`", dans la branche `ap_cvs`, de nom `test`. CVS ne doit vous indiquer aucun conflit, autrement dit tout s'est bien passé.

```
N ap_cvs/anneau.txt

No conflicts created by this import
```

1.2.2 Utilisation du dépôt CVS

Revenez dans votre répertoire personnel et tapez la commande :

```
[merry]$ cd
[merry]$ cvs co ap_cvs
```

Vous avez maintenant un sous-répertoire `ap_cvs` avec une copie de votre fichier `anneau.txt` et un autre sous-répertoire `/CVS`. Cette manipulation s'appelle un `checkout (co)`. Vous verrez le principe des soumissions plus loin dans l'activité. En langage CVS, on parle plutôt de module que de répertoire. Résumons :

- `/home/merry/tolkien` contient le projet initial utilisé seulement pour initialiser le dépôt CVS ;
- `/home/merry/depotcvs` contient la configuration du serveur CVS avec notamment la branche ap_cvs ;
- `/home/merry/ap_cvs` contient le projet CVS à partir duquel les utilisateurs peuvent rapatrier, modifier (localement chez eux), soumettre les informations.

© Editions ENI - Toute reproduction interdite

Vous devez maintenant associer un alias à votre répertoire afin de pouvoir travailler.

- Récupérez le répertoire de gestion : `[merry]$ cvs co CVSROOT`.

Ceci produit un autre sous-répertoire : `/home/merry/CVSROOT` :

```
merry@srvdmz:~$ cvs co CVSROOT
cvs checkout: Updating CVSROOT
U CVSROOT/checkoutlist
U CVSROOT/commitinfo
U CVSROOT/config
U CVSROOT/cvswrappers
U CVSROOT/loginfo
U CVSROOT/modules
U CVSROOT/notify
U CVSROOT/postadmin
U CVSROOT/postproxy
U CVSROOT/posttag
U CVSROOT/postwatch
U CVSROOT/preproxy
U CVSROOT/rcsinfo
U CVSROOT/taginfo
U CVSROOT/verifymsg
```

Récupération du répertoire de gestion

- Ajoutez au fichier `CVSROOT/modules` la ligne `script ap_cvs`.
- Enregistrez les modifications dans le dépôt, ce qui entraîne la reconstruction du fichier administration de la base :
  `[merry]$ cvs commit -m "ajout alias"`
- Effacez le répertoire `ap_cvs` et relancez une demande par :

```
[merry]$ rm -Rf ap_cvs/
[merry]$ cvs co script
```

Vous avez cette fois un sous-répertoire nommé `script` dans lequel vous pouvez faire des modifications. Notez que pour l'instant sur la machine, vous êtes le seul à avoir accès à votre CVS... L'intérêt est simplement de voir les historiques des changements apportés aux fichiers. Ceci amène à la vraie utilisation de CVS : le **mode serveur**.

© Editions ENI - Toute reproduction interdite

1.3 Utilisation en mode serveur

Le principe de CVS veut qu'il soit multi-utilisateurs et accessible de l'extérieur. C'est une des raisons pour lesquelles l'installation s'effectue sur SRVDMZ. L'autre est que vous avez besoin de l'utilitaire d'Apache : `htpasswd`.

1.3.1 Installation du service

Il n'existe pas de démon CVS, aussi vous utiliserez le "super démon" Xinetd.

- Installez (vous revenez en `root`) le paquetage `xinetd` :

```
[root]# aptitude install xinetd
```

Xinetd fonctionne avec des services installés comme composants "enfichables". Il suffit de déclarer chaque service dans le répertoire de Xinetd pour qu'il soit pris en compte.

- Créez le fichier `cvspserver` dans `/etc/xinetd.d` **(attention : respectez le placement des accolades)** :

```
service cvspserver
{
  disable = no
  port = 2401
  socket_type = stream
  protocol = tcp
  wait = no
  user = root
  passenv = PATH
  server = /usr/bin/cvs
  server_args = -f --allow-root=/home/merry/depotcvs pserver
}
```

- Relancez Xinetd et vérifiez dans une autre console le bon démarrage d'un service par un `tail -f /var/log/syslog`. La dernière ligne vous indique normalement : `Started working : 1 available service`.

Pour indiquer à Xinetd de ne plus prendre en compte le service CVS, il suffit d'indiquer dans le fichier de configuration `disable = yes`.

© Editions ENI - Toute reproduction interdite

1.3.2 Gestion des utilisateurs et test

La première chose à faire est d'autoriser votre utilisateur à accéder au serveur CVS avec le droit de rapatrier les sources du projet. Vous utiliserez pour cela `htpasswd`.

- Ajoutez l'utilisateur `merry` au serveur CVS (sous l'identité de `merry`) en créant le fichier `passwd` contenant le couple `login/passe` :

```
[merry]$ cd depotcvs/CVSROOT
[merry]$ htpasswd -c passwd merry
```

- Sur le serveur SRVLAN ou sur le client Ubuntu, installez le paquetage `[root]# aptitude install cvs`.

- Exportez la variable CVS et connectez-vous au serveur CVS avec un compte utilisateur quelconque (le mot de passe de `merry` vous sera demandé) :

```
[max]$ export CVSROOT=':pserver:merry@srvdmz.virtualix.fr:/home/merry/depotcvs'
[max]$ cvs login
```

- Rapatriez le projet par un `checkout` :
  `[max]$ cvs co script`

```
max@srvlan:~$ export CVSROOT=':pserver:merry@srvdmz.virtualix.fr:/home/merry/dep
otcvs'
max@srvlan:~$ cvs login
Logging in to :pserver:merry@srvdmz.virtualix.fr:2401/home/merry/depotcvs
CVS password:
cvs login: CVS password file /home/max/.cvspass does not exist - creating a new
file
max@srvlan:~$ cvs co script
cvs checkout: Updating script
U script/anneau.txt
```

Connexion CVS à partir de SRVLAN

Un utilisateur n'a pas besoin d'un compte Linux sur la machine cliente pour se connecter au dépôt CVS. Les fichiers prennent les droits de l'utilisateur courant.

Le cas de l'utilisateur anonyme

Un projet proposé par Internet, dans le cadre du logiciel libre, nécessite un accès libre avec un login générique : l'accès anonyme.

© Editions ENI - Toute reproduction interdite

- Sur SRVDMZ en tant que `merry` et dans `/home/merry/depotcvs/CVSROOT`, **ajoutez (ne plus mettre l'option -c)** l'utilisateur `anonymous` **en laissant le mot de passe vide** (usuel) :

  `[merry]$ htpasswd passwd anonymous`

- Éditez le fichier `passwd` et modifiez la ligne concernant l'utilisateur anonymous en ajoutant à la fin `:merry` :

  `anonymous:S3uMCLVdWMNzU:`**`merry`**

Ceci indique à CVS de prendre l'identité du compte système `merry` (`anonymous` sur le serveur n'existe pas). **Un accès anonyme CVS ne peut modifier le dépôt.**

- Indiquez l'utilisateur anonyme comme lecteur uniquement en créant le fichier `readers` (même répertoire) et en y ajoutant simplement le mot `anonymous`.

- Vérifiez sur SRVLAN en supprimant le fichier mot de passe de la session, le répertoire `script` et en vous connectant cette fois en `anonymous` (mot de passe vide) :

```
[max]$ rm .cvspass
[max]$ rm -Rf script/
[max]$ export CVSROOT=' :pserver :anonymous@srvdmz.virtualix.fr:
/home/merry/depotcvs'
[max]$ cvs login
[max]$ cvs co script
```

- Essayez une soumission (`commit`), **au préalable écrivez quelque chose dans `anneau.txt`** :

```
[max]$ cd script
[max]$ cvs commit -m "ajout modif"
```

Le système doit vous retourner :

```
cvs commit: Examing .
cvs [server aborted]: "commit" requires write access to the repository
```


© Editions ENI - Toute reproduction interdite

Le cas d'un utilisateur autorisé

- Avec un utilisateur sur SRVDMZ nommé `pipin`, en l'ajoutant au groupe `merry` :

```
[root]# usermod -G merry pipin
[root]# groups pipin
```

Répétez la procédure d'ajout du mot passe pour `pipin`. Si vous testez la même manipulation sur le client (effectuez une modification du fichier `anneau.txt`), vous verrez que cette fois la modification du dépôt est acceptée avec incrémentation de la révision (1.2). Si vous redemandez un `checkout` avec un autre utilisateur, vous verrez que la modification a été prise en compte.

- Consultez à partir de SRVLAN et dans le répertoire `script` l'historique des révisions pour le fichier `anneau.txt` :
  `[max]$ cvs log anneau.txt`

Simple dans une première approche, le système CVS est plus complet et complexe qu'il en a l'air... Certains éléments n'ont pas été abordés : l'utilisation des modules CVS, la gestion des groupes et des branches de développement, etc.

1.4 Utilisation de Subversion

Subversion présente entre autres l'avantage de fonctionner avec le serveur Web Apache et de disposer d'outils dits de "front end".

- Installez l'ensemble des paquetages nécessaires :
  `[root]# aptitude install subversion libapache2-svn subversion-tools`

- Il faut ensuite créer l'environnement du dépôt (on utilise celui par défaut dans le fichier de configuration du module `svn` d'Apache) avec les droits associés pour Apache :

```
[root]# mkdir /var/lib/svn
[root]# svnadmin create /var/lib/svn/sauron
[root]# chgrp -R www-data /var/lib/svn/sauron
[root]# chmod -R 775 /var/lib/svn/sauron
```

Le paramétrage d'Apache pour le projet (et non pour plusieurs mais on pourrait le faire) consiste à écrire la configuration du module dans le fichier existant.

© Editions ENI - Toute reproduction interdite

- Mettez les lignes suivantes dans `/etc/apache2/mods_available/dav_svn.conf` :

```
<Location /svn/sauron>
   DAV svn
   SVNPath /var/lib/svn/sauron
   AuthType Basic
   AuthName "Dépôt Subversion sauron"
   AuthUserFile /etc/apache2/dav_svn.passwd
   <LimitExcept GET PROPFIND OPTIONS REPORT>
      Require valid-user
   </LimitExcept>
</Location>
```

- Redémarrez Apache et créez un mot de passe pour un utilisateur :

```
[root]# /etc/init.d/apache2 restart
[root]# cd /etc/apache2
[root]# htpasswd -c dav_svn.passwd sam
```

Premier test (sur SRVLAN)

- Dans un navigateur tapez l'URL http://srvdmz.virtualix.fr/svn/sauron/ :

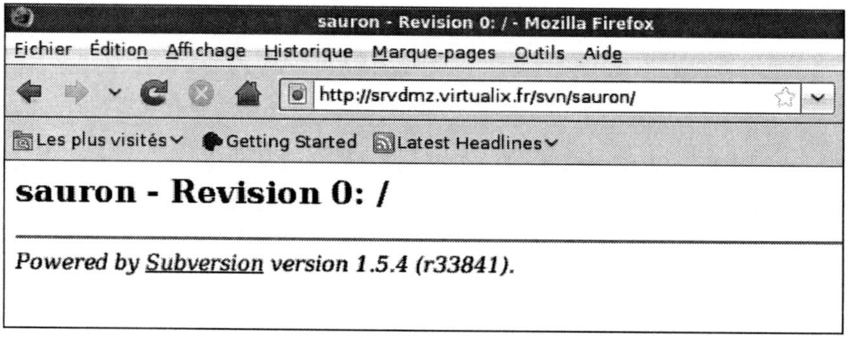

Connexion par Apache à partir de SRVLAN

L'affichage montre que cela fonctionne... L'accès classique au dépôt à partir du compte de votre utilisateur (`sam`) passe par `svn co http://srvdmz.virtualix.fr/svn/sauron sauron --username sam`.

© Editions ENI - Toute reproduction interdite

Utilisation de WebSVN (interface)

- Installez `websvn` sur SRVDMZ et indiquez une configuration immédiate pour Apache2 (les dépôts sont normalement ceux par défaut, le tout se retrouve dans `/etc/websvn/svn_deb_conf.inc`) ; cela donne avec l'adresse `websvn` sur SRVLAN ceci :

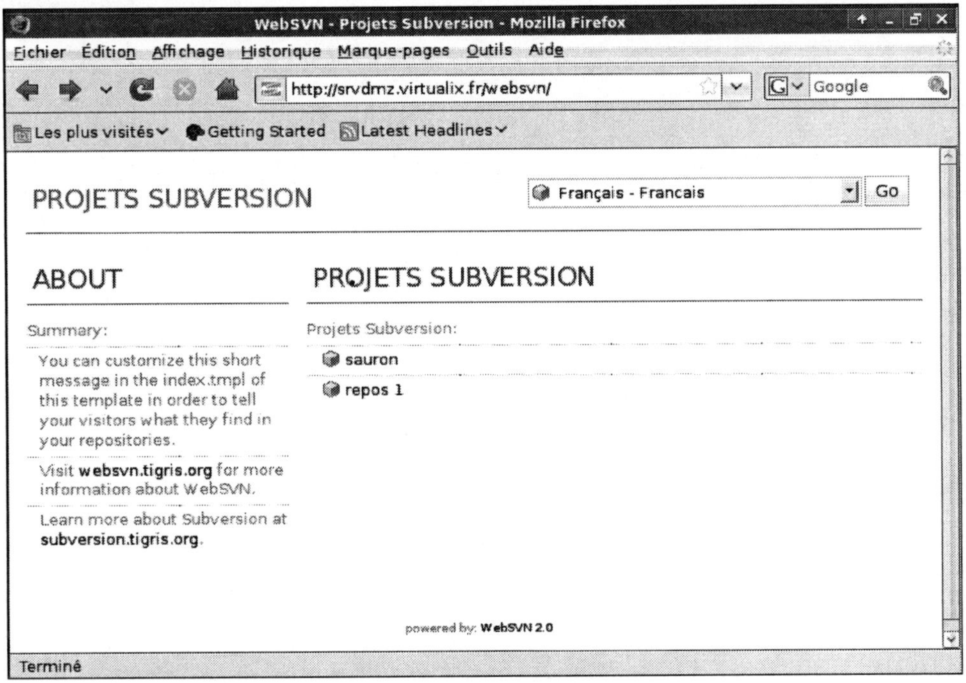

Interface pour WebSVN

La gestion des utilisateurs, la modification ou l'ajout de dépôts, etc. nécessitent un développement plus poussé qui n'a pas sa place dans cet ouvrage. Côté client vous avez par exemple l'application rapidsvn qui offre une interface graphique pour Subversion. Vous avez au moins le point de départ d'une mise en place de serveur CVS.

© Editions ENI - Toute reproduction interdite

2 Serveur de dépôts de paquetages

Installer et gérer plusieurs distributions Linux devient vite fastidieux et Ubuntu ne déroge pas à la règle. Plusieurs aspects que l'on peut traiter différemment sont à prendre en compte : l'installation proprement dite, automatisée ou non, soit par un support type CD-Rom soit par le réseau ; l'installation ultérieure de paquetages avec le choix de la source et les mises à jour.

2.1 Principe d'un serveur de dépôts

En premier lieu se pose la question : pourquoi construire un serveur de dépôts ? En fait si vous avez un nombre élevé de PC tournant sous Ubuntu dans l'entreprise, cela permet de minimiser les temps de transferts des mises à jour tout en ayant la maîtrise exacte des paquetages distribués. Dans notre cas, étant donné le faible nombre d'ordinateurs (4), la réalisation d'un serveur de dépôts n'est pas indispensable. Vous allez pourtant le faire... pour une activité supplémentaire liée à la construction de votre réseau dans la section suivante et parce que plus tard, vous serez dans un contexte d'entreprise avec beaucoup plus de clients.

2.1.1 La démarche

Organiser un serveur de dépôts consiste à :

- choisir les répertoires de dépôts (par un script SHELL) ;
- miroiter (`mirroring`) un serveur officiel avec `debmirror` et `rsync` ;
- exporter ces répertoires pour les clients via un service http, FTP ou RSYNC.

Concrètement, un dépôt est un serveur qui contient un ensemble de paquets liés à la version stable d'Ubuntu, ici la **Jaunty Jackalope** (le principe est transposable moyennant un simple changement de nom à d'autres versions) avec pour rappel :

- `main` : paquets supportés officiellement ;
- `restricted` : paquets au copyright restreint (ex : pilote spécifique à un matériel) ;
- `universe` : paquets en licence GPL mais non supportés officiellement ;
- `multiverse` : paquets non libres et non supportés.

Il existe aussi le dépôt **Backports** avec des paquets que l'on qualifie d'instables (comme le dépôt SID pour la Debian).

© Editions ENI - Toute reproduction interdite

2.1.2 L'utilitaire de synchronisation RSYNC

Cet outil permet la synchronisation des répertoires ou plus exactement s'utilise afin de sauvegarder automatiquement sur un serveur ou un disque dur externe des fichiers. Sur les machines clientes ou serveurs le paquetage `rsync` doit être installé, ce qui est le cas par défaut sur Ubuntu. Le service par contre n'est pas activé.

Pour qu'existe une synchronisation `rsync`, il faut qu'il y ait serveur `rsync`. Voici un exemple des manipulations à réaliser pour **créer un serveur** (cela ne fait pas partie directement de l'activité, vous n'avez donc pas à le faire).

1ère étape : création du fichier `/etc/rsyncd.conf`, en voici un modèle :

```
pid file = /var/run/rsyncd.pid
motd file = /etc/rsyncd.motd
[commun]
path = /home/commun
comment = répertoire public
read only = no
uid = root
gid = root
[sauv]
path = /root/sauv
comment = répertoire de sauvegarde de l'administrateur
read only = no
uid = root
gid = root
auth users = admin, toto
secrets file = /etc/rsync/rsyncd.secrets
```

Explications

- la première ligne spécifie le fichier où sera enregistré le numéro de processus ;
- la suivante (optionnelle) indique un fichier pour un message vu lors de la connexion ;
- la suite se compose de deux sections qui correspondent respectivement à deux répertoires de partage.

Pour plus de détails, voyons d'abord les lignes communes :

- `path` représente le chemin du répertoire de sauvegarde ;
- `comment` indique un commentaire ;
- `read only = no` signifie que l'on peut écrire dans le répertoire ;

© Editions ENI - Toute reproduction interdite

- `id` et `gid` donnent l'identité du compte sous lequel on effectue l'opération (si absents l'utilisateur par défaut est `nobody`).

La deuxième section présente en plus la directive `auth users` et le(s) login(s) des utilisateurs (sans rapport avec les utilisateurs du système) et le fichier (à créer) où sont enregistrés le(s) login(s) et mots de passe sous la forme `login:passe`.

2ème étape : lancement du serveur :

```
[root]# rsync --daemon
```

Au niveau d'Ubuntu, un service existe et se lance par `/etc/init.d/rsync start`.

Côté client

Exemples de commandes :

```
# donne la liste des répertoires du serveur
# notez la syntaxe particulière des deux points
[root]# rsync serveur::

# sauvegarde de façon récursive le répertoire /home/public
# dans commun
[root]# rsync -r /home/public serveur::commun

# sauvegarde le répertoire privé dans admin après demande
# du mot de passe et en supprimant sur le serveur les fichiers
# absents du client
[root]# rsync -r --delete /home/prive admin@serveur::admin
```

Voir aussi l'option `a` (archive), `v` (infos) et `z` (compressions).

2.2 Création des dépôts

Votre serveur SRVLAN servira de serveur de dépôts pour les mises à jour de toutes les machines Linux. **Seule restriction** pour la construction du serveur de dépôts : si vous ne disposez pas d'un accès ADSL, vous devez alors vous procurer dans le commerce le DVD-Rom d'Ubuntu afin de disposer du maximum de paquetages (vous l'utiliserez en lieu et place du CD-Rom). Les accès aux dépôts `universe` et les mises à jour normales ou de sécurité se feront par la ligne RTC... (mais attention cela s'avère très long, on peut même dire **quasiment impossible**).

© Editions ENI - Toute reproduction interdite

2.2.1 Cas de l'ajout d'un deuxième disque (facultatif)

L'installation des différents répertoires nécessite un espace disque d'environ 20 Go (en comptant large). Deux possibilités :

- Soit vous avez un disque dur avec un espace libre adéquat, là encore vous êtes certainement dans le cas d'un réseau physique auquel cas vous pouvez passer directement au point suivant.
- Soit la place vous manque et vous devez ajouter un deuxième disque (ou alors prendre une partition existante) si vous êtes chez vous et utilisez le logiciel VMware Server.

Vous avez noté que VMware préfère utiliser des disques de type SCSI. Supposons l'ajout alors d'un disque SCSI noté `sdb` ; `sda` étant le premier disque ; cela marche de la même façon pour les disques IDE avec cette fois respectivement `hda` et `hdb`).

➘ Cliquez au niveau de la console VMware à partir de l'onglet **SRVLAN** sur le bloc **Commands mac**, puis sur la ligne **Add Hardware** et **Hard Disk**.

➘ Créez le disque supplémentaire de la taille requise.

Vous devez bien sûr, disposer de la capacité nécessaire sur le disque dur du système hôte.

Intégration du deuxième disque au système

➘ Démarrez votre système virtuel SRVLAN.

Sous `sda`, nous avons la table de partition suivante avec les points de montage :

- `swap` sur `/dev/sda5` (`sda2` doit être normalement une partition étendue) ;
- `/`sur `/dev/sda1`.

➘ Vérifiez la structure de vos partitions en tapant la commande `fdisk /dev/sda`, puis `p` pour afficher la table de partitions (`q` pour quitter) :

```
root@srvlan:~# fdisk /dev/sda

Commande (m pour l'aide): p

Disque /dev/sda: 6442 Mo, 6442450944 octets
255 têtes, 63 secteurs/piste, 783 cylindres
Unités = cylindres de 16065 * 512 = 8225280 octets

Périphérique Amorce  Début        Fin      Blocs     Id  Système
/dev/sda1   *            1        746    5992213+   83  Linux
/dev/sda2              747        783     297202+    5  Extended
/dev/sda5              747        783     297171    82  Linux swap / Solaris

Commande (m pour l'aide): _
```

Exemple d'affichage de la commande `fdisk` sur SRVLAN

© Editions ENI - Toute reproduction interdite

- Vérifiez le montage de la partition racine (/) sur `/dev/sda1` :
  `[root]# df -h`

- Tapez la commande `fdisk` cette fois-ci sur le nouveau disque :
  `[root]# fdisk /dev/sdb`

Pour obtenir la liste des commandes de `fdisk` à ce niveau tapez `h` pour `help` ou `m` pour `menu`. Le message d'alerte affiché est normal car le disque est vierge de toute partition.

- Créez une seule partition Linux par les commandes `n`, `p`, `1`, premier et dernier cylindres : conservez les options par défaut (validez simplement).

- Vérifiez les partitions créées par `p`, le type est 83 pour une partition Linux normale.

- Écrivez le résultat dans la table des partitions en tapant `w` pour écrire et sortir en même temps de `fdisk`.

```
Le nombre de cylindres pour ce disque est initialisé à 2610.
Il n'y a rien d''incorrect avec cela, mais c'est plus grand que 1024,
et cela pourrait causer des problèmes en fonction pour certaines configurations:
1) logiciels qui sont exécutés à l'amorçage (i.e., vieilles versions de LILO)
2) logiciels d'amorçage et de partitionnement pour d'autres SE
   (i.e., DOS FDISK, OS/2 FDISK)
AVERTISSEMENT: fanion 0x0000 invalide de la table de partitions 4 sera corrigé par w(écriture)

Commande (m pour l'aide): n
Action de commande
   e   étendue
   p   partition primaire (1-4)
p
Numéro de partition (1-4): 1
Premier cylindre (1-2610, par défaut 1):
Utilisation de la valeur par défaut 1
Dernier cylindre ou +taille or +tailleM ou +tailleK (1-2610, par défaut 2610):
Utilisation de la valeur par défaut 2610

Commande (m pour l'aide): p

Disque /dev/sdb: 21.4 Go, 21474836480 octets
255 têtes, 63 secteurs/piste, 2610 cylindres
Unités = cylindres de 16065 * 512 = 8225280 octets

Périphérique Amorce    Début         Fin      Blocs    Id  Système
/dev/sdb1                 1        2610    20964793+  83  Linux

Commande (m pour l'aide): w
La table de partitions a été altérée!

Appel de ioctl() pour relire la table de partitions.
[17179749.792000] sdb: assuming drive cache: write through
[17179751.808000] sdb: assuming drive cache: write through
Synchronisation des disques.
```

Affichage de la commande `fdisk` pour sdb

© Editions ENI - Toute reproduction interdite

Montage de la nouvelle partition

Vous allez créer une nouvelle partition /ubuntu par mkdir. Cette nouvelle partition se trouve au départ rattachée de fait à la partition / et donc sur /dev/sda1 comme le montre la commande df -h /ubuntu si vous la lancez à ce moment.

- Préparez le système de fichiers ext3fs sur le nouveau disque par :

```
[root]# mkdir /ubuntu
[root]# mkfs.ext3 /dev/sdb1
# autre possibilité : mke2fs -j /dev/sdb1
```

- Rattachez le point de montage /ubuntu à la partition /dev/sdb1 :

```
[root]# mount /dev/sdb1 /ubuntu
[root] df -h /ubuntu
```

- Modifiez le fichier /etc/fstab afin de monter automatiquement cette partition sur /ubuntu à chaque démarrage du système en rajoutant la ligne :
  /dev/sdb1 /ubuntu ext3 defaults 1 2

2.2.2 Construction du miroir

- Installez le paquetage debmirror : [root]# aptitude install debmirror.

Les commandes rsync sont très complexes aussi il est indispensable d'écrire un script en SHELL BASH pour gérer la création du miroir.

- Créez un script par VIM nommé miroir.sh :

```
#!/bin/bash
# Script pour la construction d'un miroir Ubuntu

clear

DIST="jaunty"
DIST_UP=$DIST"-updates"
DIST_SC=$DIST"-security"
SECTIONS="main,restricted,universe,multiverse"
HOST="fr.archive.ubuntu.com"
OPTIONS="-v --progress --cleanup --nosource --debug -ignore-release-gpg"
```

© Editions ENI - Toute reproduction interdite

```
echo -e "\n Synchronisation de la distribution... "
echo -e " ---------------------------------------- \n"
debmirror $OPTIONS --arch=i386 --method=rsync -dist=$DIST,$DIST_UP,$DIST_SC
 --host=$HOST --section=$SECTIONS --root=:ubuntu/ /ubuntu
```

Attention, les deux dernières lignes sont sur une seule ligne.

Si pour une raison ou pour une autre (et cela arrive) le site français ne répond pas, indiquez simplement `archive.ubuntu.com` pour la variable HOST. Vous pouvez mettre uniquement la section `main` pour réduire le temps de chargement (ne pas oublier que l'ensemble fait environ 25 Go), la section `universe` étant particulièrement lourde !

Cas d'un serveur mandataire

Si vous êtes derrière un serveur mandataire, vous devez ajouter l'option :

`--proxy=http://user:pass@url_du_proxy:port/` ou plus simplement :

`--proxy=http://url_du_proxy:port/` si vous n'avez pas d'authentification utilisateur à fournir.

Rendez le script exécutable une fois créé par la modification des permissions, lancez-le et... patientez !

```
[root]# chmod 755 /miroir.sh
[root]# ./mirroir.sh
```

2.3 Utilisation du miroir

Sur le serveur SRVLAN lui-même

L'utilisation se fera en local sans passer par le service Apache.

© Editions ENI - Toute reproduction interdite

Changez les lignes du fichier `/etc/apt/sources.list` :

```
# Sources à partir du miroir SRVLAN, c'est-à-dire nous-même
deb file:/ubuntu/ jaunty main restricted universe multiverse
deb file:/ubuntu/ jaunty-updates main restricted universe multiverse
deb file:/ubuntu/ jaunty-security main restricted universe multiverse

# Sources à partir de l'extérieur en commentaire
#deb-src http://fr.archive.ubuntu.com/ubuntu/ jaunty main restricted
universe multiverse
#deb-src http://fr.archive.ubuntu.com/ubuntu/ jaunty-updates main
restricted universe multiverse
#deb-src http://security.ubuntu.com/ubuntu jaunty-security main
restricted universe multiverse
```

Consultez `man sources.list` pour avoir plus d'informations sur la syntaxe des lignes de ce fichier. Les dépôts pour les sources de paquetages des entreprises en collaboration avec Canonical ne sont pas indiqués.

Prenez en compte les nouvelles sources par les classiques :
`[root]# aptitude update`

Sur les autres machines

L'accès classique passe par HTTP et donc une installation d'Apache sur SRVLAN.

Une fois le serveur en fonctionnement, créez un lien dans le répertoire des sites Web vers le répertoire des dépôts : `[root]# ln -s /ubuntu /var/www/ubuntu`.

Sur les autres machines, changez les lignes du fichier `/etc/apt/sources.list` avec cette fois :

```
# Sources à partir du miroir SRVLAN
deb http://srvlan.intra.virtualix.fr/ubuntu/ jaunty main restricted universe
multiverse
deb http://srvlan.intra.virtualix.fr/ubuntu/ jaunty-updates main restricted
universe multiverse
deb http://srvlan.intra.virtualix.fr/ubuntu/ jaunty-security main restricted
universe multiverse
```

© Editions ENI - Toute reproduction interdite

Il n'y a pas besoin de relancer le service Apache sur SRVLAN mais là encore, pensez à faire un `aptitude update` sur les clients. Pour finir, le lancement du script de mise à jour du miroir à une démarche toute trouvée avec CRON pour une exécution la nuit.

3 Installation automatisée

Parmi les tâches les plus ingrates d'un administrateur système, se trouve celle d'installer ou de réinstaller les machines clientes, système comme applications. Deux familles de solutions existent : celle qui consiste à faire une image fidèle du disque dur et à la déployer et celle qui automatise en le complétant le processus d'installation.

3.1 Les différentes méthodes

En premier lieu, ne seront vues ici que les méthodes d'installation du système Linux Ubuntu et non Windows. Pour plusieurs raisons : la première est que ce type de solution fait appel à des logiciels propriétaires (GHOST, logiciel phare de Symantec) ; la deuxième fait que le déploiement dépend de la version de Windows (XP, Vista avec AIK) et du serveur adéquat (2003/2008) ; mon tout bénéficie de toute façon d'une littérature abondante facilement accessible.

3.1.1 Les méthodes OpenSource pour Ubuntu

Les méthodes décrites ci-dessous nécessitent un serveur TFTP et DHCP. Les clients s'amorcent avec PXE, c'est-à-dire qu'ils obtiennent au démarrage via la carte réseau une IP du serveur et une image système.

DRBL ou *Diskless Remote Boot in Linux* (http://drbl.sourceforge.net) :

Plus spécialement réservé pour le déploiement de clients dans un environnement sans disque, DRBL fonctionne (avec quelques différences) comme le projet LTSP (*Linux Terminal Server Project*). Il utilise CloneZilla et donc se trouve capable de déployer des images par le réseau. L'installation automatisée ne représente qu'une facette de ses fonctionnalités et sa mise en place est trop lourde.

FAI ou *Fully Automatic Installation* (http://www.informatik.uni-koeln.de/fai/) :

Cet outil puissant concerne plus particulièrement la distribution Debian. Il s'adapte certes à Ubuntu, mais en compliquant une configuration déjà très complexe. Peu de documentation existe, surtout en allemand ce qui pose problème pour ceux qui ne comprennent pas cette langue.

© Editions ENI - Toute reproduction interdite

G4U ou *Ghost For You* (http://www.feyrer.de/g4u/) :

Le plus simple d'utilisation : on effectue une image d'un poste témoin et on effectue le déploiement à partir d'un serveur via FTP. Cela impose des configurations rigoureusement identiques. L'amorçage classique se fait par disquette (obsolète), par CD-Rom mais on peut aussi partir d'un boot PXE (amorçage à partir de la carte réseau). L'ensemble comporte la rigidité de l'image par clonage.

SystemImager (http://wiki.systemimager/) :

Cette méthode a ma préférence. Elle permet l'installation facile, automatique et configurable de machines sous Linux Ubuntu. On part là aussi d'un client appelé Golden Client, d'un serveur DHCP et d'un serveur TFTP avec un boot PXE. C'est évidemment cette méthode que vous allez employer.

3.2 Mise en place de SystemImager

Il vous faut là encore une nouvelle machine de type client reliée à **vmnet4** (si VMware). SRVDMZ n'est pas obligé d'être démarré. Le client actuel servira de Golden Client sans que la présence de Windows gène en quoi que ce soit. On aura :

- le serveur SRVLAN pour SystemImager et utilisation des dépôts (optionnel) ;
- le client CLIENT pour le Golden Client ;
- le client CLONE pour le client recevant l'image.

3.2.1 Sur le serveur SRVLAN

Un certain nombre de paquetages sont à installer (certains le sont déjà peut-être) :

```
[root]# aptitude install lftp rsync wget mkisofs libappconfig-perl
libxml-parser-perl libxml-simple-perl mtools tftpd-hpa dosfstools
```

Récupérez les archives (surtout pas par Aptitude, car généralement obsolètes) :

```
[root]# mkdir si
[root]# cd si
[root]# wget http://download.systemimager.org/pub/sis-install/install
[root]# chmod u+x install
[root]# ./install -v --download-only --tag stable --directory .
Systemconfigurator
[root]# ./install -v --download-only --tag stable --directory .
```

© Editions ENI - Toute reproduction interdite

```
Systemimager-common
[root]# ./install -v --download-only --tag stable --directory .
Systemimager-initrd-template-i386
[root]# ./install -v --download-only --tag stable --directory .
systemimager-boot-i386-standard
[root]# ./install -v --download-only --tag stable --directory .
systemimager-server
```

Installez les archives :

```
[root]# dpkg -i systemconfigurator_*
[root]# dpkg -i systemimager-common_*
[root]# dpkg -i systemimager-initrd-template-i386_*
[root]# dpkg -i systemimager-boot-i386-standard_*
[root]# dpkg -i systemimager-server_*
```

Comme vous utilisez SRVLAN, votre serveur DHCP est correctement configuré pour l'attribution d'adresses mais pas pour le TFTP.

Récupérez l'adresse MAC du client CLONE et ajoutez la section suivante au fichier `/etc/dhcp3/dhcpd.conf` :

```
host clone {
   hardware ethernet 00:0c:29:2d:b6:6d; # exemple de MAC
   filename "pxelinux.0";
}
```

3.2.2 Sur le Golden Client

Récupérez les archives suivant le même principe que sur le serveur avec une variante dans les paquets :

```
[root]# mkdir si
[root]# cd si
[root]# wget http://download.systemimager.org/pub/sis-install/install
[root]# chmod u+x install
[root]# ./install -v --download-only --tag stable --directory .
Systemconfigurator
[root]# ./install -v --download-only --tag stable --directory .
Systemimager-common
[root]# ./install -v --download-only --tag stable --directory .
```


© Editions ENI - Toute reproduction interdite

```
Systemimager-initrd-template-i386
 [root]# ./install -v --download-only --tag stable --directory .
systemimager-client
```

Installez une librairie et les archives :

```
[root]# aptitude install libappconfig-perl
[root]# dpkg -i systemconfigurator_*
[root]# dpkg -i systemimager-common_*
[root]# dpkg -i systemimager-initrd-template-i386_*
[root]# dpkg -i systemimager-client_*
```

Préparez l'image :

```
[root]# si_prepareclient --server 192.168.4.254
```

Répondre `y` pour la première et la deuxième demande de validation, à la fin vous devez voir apparaître le message indiquant que le client est préparé avec succès.

3.3 Utilisation de SystemImager

3.3.1 Sur le serveur SRVLAN

Récupérez l'image du Golden Client :

```
[root]# si_getimage --golden-client 192.168.4.14 --image ubuntu
--post-install reboot
```

L'IP est celle du client donnée par DHCP. L'image a pour nom `ubuntu` et se trouvera dans `/var/lib/systemimager/images`. Il est possible que certains répertoires ou fichiers provoquent une erreur de récupération d'archive. Dans ce cas refaire la commande `si_getimage` avec l'option `exclude`. Exemple, dans le répertoire de l'utilisateur `max`, un répertoire pose problème `/home/max/.gvfs` aussi l'exclusion s'écrit : `--exclude /home/max/.gvfs`.

Une fois la récupération terminée, la méthode d'assignation de l'adresse IP pour les clients est demandée. Choisissez (1) pour le DHCP et `y` pour terminer (`n` pour ne pas utiliser pour l'instant `si_clusterconfig`).

© Editions ENI - Toute reproduction interdite

Poursuivez la configuration pour le boot PXE :

```
[root]# cd /var/lib/tftpboot/
[root]# lftp -c "open http://archive.ubuntu.com/ubuntu/dists/jaunty/main/
installer-i386/current/images/netboot/; mirror"
[root]# cp /usr/share/systemimager/boot/i386/ubuntu/initrd.img .
[root]# cp /usr/share/systemimager/boot/i386/ubuntu/kernel .
```

Modifiez le fichier `/var/lib/tftpboot/pxelinux.cfg/default` :

```
DEFAULT ubuntu

LABEL ubuntu
kernel kernel
append vga=normal initrd=initrd.img root=/dev/ram IMAGENAME=ubuntu

PROMPT 0
TIMEOUT 0
```

Définissez les clients :

```
[root]# si_addclients
```

Avec :

- Répondre `y` ;
- Demande du nom de domaine : `intra.virtualix.fr` ;
- Intervalle pour les noms des clients : `client1-client3` (exemple de trois clients...) ;
- Répondre `y` ;
- Lien avec le master script d'installation pour `client1-client3 : y` ;
- Choix de l'image `[ubuntu]` ;
- Validez par `Enter` ;
- Pour la résolution DNS des clients avec DHCP, `y` pour continuer ;
- Pour l'intervalle IP des noms, mettre celui du serveur DHCP, c'est-à-dire SRVLAN ;
- Validez une nouvelle fois par `Enter`.

BUG répertorié

Sur certaines versions d'Ubuntu une option de `/etc/fstab` ne passe pas lors de l'initialisation du client avec l'image.

© Editions ENI - Toute reproduction interdite

- Modifiez le fichier `/var/lib/systemimager/images/ubuntu/etc/systemimager/autoinstallscript.conf` en remplaçant dans les options de la partition principale `relatime` par `defaults`.

- Relancez le script pour l'auto installation :

```
[root]# si_mkautoinstallscript --image ubuntu --post-install reboot
 --ip-assignment dhcp --force
```

- (Re)Démarrez le serveur `rsync` pour `systemimager` :

```
[root]# /etc/init.d/systemimager-server-rsyncd start
```

3.3.2 Sur le client CLONE

- Renseignez le BIOS pour un démarrage via PXE et allumez...

Vous verrez la recherche d'une adresse IP par bootp et son attribution avant la mise en place de la configuration automatique.

4 Antivirus et WebMail

Beaucoup d'attaques passent par le serveur de messagerie par le biais de courriers non sollicités, messages infectés, etc. Véritable plaie de l'Internet, ce type de problème ne trouve sa solution qu'en utilisant des logiciels spécialisés qui appuient le serveur de messagerie afin d'identifier et d'éliminer ces menaces.

4.1 Système de gestion de courrier en entreprise

Outre l'aspect sécuritaire qui a été vu dans le chapitre précédent, pour qu'un système de messagerie soit complet, il faut :

- que le nom de domaine de l'entreprise soit enregistré par l'organisme de tutelle, soit directement par l'AFNIC (www.afnic.fr), soit par l'intermédiaire d'un fournisseur d'accès Internet ;
- que le DNS du domaine ait inscrit le serveur de domaine avec un enregistrement MX.

Avant de déposer un nom de domaine, vérifiez sa disponibilité ! Vous avez des renseignements sur la création ou l'expiration d'un domaine en allant sur www.internic.net/whois.html ou mieux car plus complet sur www.whois.net.

© Editions ENI - Toute reproduction interdite

Dans le cadre de votre réseau, ceci ne sera pas possible car le domaine et son corollaire, l'adresse IP fixe, ne sont pas enregistrés. Vous pourrez faire simplement un test d'envoi de mail à partir du système hôte (cas de VMware) ou d'un ordinateur branché sur le réseau à partir du moment où l'un ou l'autre aura comme serveur DNS le serveur SRVDMZ. Par contre, il sera possible à votre système de messagerie interne d'envoyer des mails à l'extérieur via un relais.

4.1.1 Le serveur IMAP

Plus exactement le protocole IMAP fonctionne à l'instar du protocole POP à des fins de lecture, écriture, etc. de courriers. Une différence fondamentale est que les mails restent sur le serveur, d'où une sécurité plus importante en cas de panne par exemple de votre station de travail. Autre avantage, il s'utilise avec un système de gestion de messagerie basé sur des pages HTML de type Webmail et non plus avec un MUA (agent de courrier).

Pour les fans des RFC, c'est-à-dire *Request For Comments*, celle de protocole IMAP a pour numéro 3501 et se trouve ici : `tools.ietf.org/html/rfc3501`.

Le service IMAP

Comme le choix s'est porté sur Dovecot en tant que serveur POP, les mêmes raisons poussent à utiliser son alter ego pour IMAP car il est fonctionnel, rapide, sécurisé et facile à configurer. Il gère par exemple automatiquement le format de stockage des mails et il s'intégre aisément à **SquirrelMail**.

Dernière chose sur la Jaunty, le paquetage `dovecot-postfix` installe de façon groupée tous les logiciels nécessaires.

4.1.2 Le système SquirrelMail

Il existe évidemment un nombre élevé de Webmail, alors pourquoi SquirrelMail ?

- parce qu'il est écrit en PHP, langage Web par excellence souple et rapide ;
- parce qu'il ne comporte pas de JavaScript (excellent langage au demeurant), ce qui le rend compatible au maximum avec les différents navigateurs (Internet Explorer fonctionne avec JScript, un JavaScript like) ;
- parce qu'il est en licence OpenSource.

Un autre système a le vent en poupe en ce moment : Zimbra (à ne pas confondre avec la suite collaborative Zimbra Collaboration Suite). Le fournisseur d'accès Free le teste actuellement pour ses clients.

© Editions ENI - Toute reproduction interdite

Caractéristiques nécessaires à l'emploi de **SquirreMail** sur SRVDMZ :

- évidemment un serveur Web comme Apache (déjà installé) ;
- on l'a vu, le langage PHP (déjà installé) ;
- un serveur SMTP de type Postfix (déjà installé) ;
- un serveur IMAP (à installer).

4.1.3 Virus et anti-virus

Tout d'abord il faut tordre le coup à l'idée reçue qu'il n'y a pas de virus sous Linux/Unix ! Si, il y en a, mais moins. D'abord parce que la plupart des stations de travail sont sous système Windows et de par leur nombre sont plus à même d'être attaquées ; ensuite parce que le système des droits limite la portée de l'attaque. C'est une des raisons pour laquelle il ne faut pas travailler constamment en `root` : un administrateur réseau ne passe pas la plupart de son temps à effectuer les opérations décrites dans cet ouvrage...

La protection du système de messagerie repose sur un triptyque :

- L'anti-virus pour Linux : le choix se porte sur **ClamAV** (http://www.clamav.net/). Raisons : les autres possibles (PANDA software) sont avec des licences libres pour une utilisation non commerciale alors que ClamAV possède une licence de type GPL2.
- **Spamassassin**, dont il n'est pas nécessaire d'expliquer l'utilité, vient d'un projet Apache : http://spamassassin.apache.org/. Il se chargera d'éliminer les courriers publicitaires (je n'aime pas le terme d'anti-pourriel très laid à mon sens).
- **AMaViS**, scanner de virus de courriers avec l'aide de ClamAV.

4.2 Gestion de ClamAV

Installez classiquement sur SRVDMZ les paquetages relatifs au logiciel ClamAV :

```
[root]# aptitude install clamav clamav-docs
```

La commande provoque l'installation de quelques dépendances et la création de l'utilisateur spécial `clamav`, de son groupe et du démon (service) `clamav-freshclam`.

Sur Internet, vous trouverez peut-être des informations sur un module nommé Dazuko qui permet la fonction auto-scan dans ClamAV. Selon la documentation officielle de l'anti-virus : "*It is not required to run clamd - furthermore, you shouldn't run Dazuko on production systems.*". Il existe aussi une interface graphique pour la gestion de ClamAV assez bonne : **Klamav** mais, comme sa première lettre l'indique, cette extension utilise l'environnement graphique KDE, dont ne dispose pas le serveur SRVDMZ. Il existe aussi **clamtk** (obsolète à ce jour sur la Jaunty) mais comme de toute façon vous n'avez pas d'interface graphique, vous resterez en ligne de commande...

© Editions ENI - Toute reproduction interdite

4.2.1 Utilisation de ClamAV

Elle est extrêmement simple :

- Lancez un scan sur votre répertoire root :

```
[root]# clamscan
```

Ce qui donne par exemple en sortie :

```
root@srvdmz:~# clamscan
LibClamAV Warning: ***********************************************************
LibClamAV Warning: ***  This version of the ClamAV engine is outdated.     ***
LibClamAV Warning: *** DON'T PANIC! Read http://www.clamav.net/support/faq ***
LibClamAV Warning: ***********************************************************
/root/.mysql_history: OK
/root/.lesshst: OK
/root/users.txt: OK
/root/.rnd: OK
/root/.viminfo: OK
/root/.bashrc: OK
/root/.profile: OK
/root/.bash_history: OK

----------- SCAN SUMMARY -----------
Known viruses: 585291
Engine version: 0.95.1
Scanned directories: 1
Scanned files: 8
Infected files: 0
Data scanned: 0.04 MB
Data read: 0.02 MB (ratio 1.80:1)
Time: 2.309 sec (0 m 2 s)
```

Scan du répertoire root sur SRVDMZ

Pour plus de détails sur la syntaxe de la commande (choix des répertoires, informations, etc.) voir le manuel en ligne. Par contre, la sortie montre une version ancienne et comme indiqué... ne paniquez pas ! La mise à jour de la base de données peut être réalisée et vérifiée par la commande `freshclam` (on retrouve d'ailleurs le même message concernant la version de ClamAV, pour utiliser une version à jour il faudrait passer par un dépôt Debian section `volatile`) :

```
root@srvdmz:~# freshclam
ClamAV update process started at Sat Jul 11 09:34:15 2009
WARNING: Your ClamAV installation is OUTDATED!
WARNING: Local version: 0.95.1 Recommended version: 0.95.2
DON'T PANIC! Read http://www.clamav.net/support/faq
main.cld is up to date (version: 51, sigs: 545035, f-level: 42, builder: sven)
daily.cvd is up to date (version: 9554, sigs: 40860, f-level: 43, builder: mcich
osz)
```

Mise à jour de la base de données ClamAV

© Editions ENI - Toute reproduction interdite

Vous devez mettre en place une procédure de mise à jour automatique de la base de données ClamAV.

- Créez un fichier `clamav.cron` de type `crontab` avec la ligne suivante :
```
03 06 * * * /usr/bin/freshclam --quiet
```

- Installez la `crontab` :
```
[root]# crontab clamav.cron
```

Votre base sera mise à jour automatiquement tous les jours à 06 heures 03 minutes précisément (choisissez d'ailleurs des horaires particuliers afin de ne pas vous retrouver avec des horaires choisis par tout le monde, d'où un risque de "surchauffe"). Vous vérifierez par le fichier de logs `/var/log/clamav/freshclam.log` le bon démarrage du processus.

Pour la mise à jour du logiciel, préférez le passage au paquetage par un `apt-get dist-upgrade` de temps à autre plutôt que la compilation des sources toujours aléatoire.

4.2.2 Installation de SpamAssassin

- Installez le paquetage relatif au logiciel SpamAssassin, ce qui entraînera beaucoup de dépendances (liées au langage PERL) :
```
[root]# aptitude install spamassassin
```

SpamAssassin s'exécute soit via la ligne de commande, soit via le démon `spamd` (service `spamassassin`), le deuxième étant plus performant vous opterez pour celui-ci ; par ailleurs, quelques modifications sont à faire dans le fichier de configuration générale.

- Activez le démon `spamd` par le positionnement d'une variable dans `/etc/default/spamassasin` :
```
ENABLED=1
```

- Arrêtez le service puis redémarrez-le (`stop` and `start`). Ensuite, vérifiez la bonne création des processus fils par la commande `ps aux | grep spam` :

```
root@srvdmz:~# ps aux | grep spam
root       7183  5.3 11.1  31784 28052 ?        Ss   09:48   0:01 /usr/sbin/spamd
 --create-prefs --max-children 5 --helper-home-dir -d --pidfile=/var/run/spamd.p
id
root       7184  0.0 10.3  31784 25968 ?        S    09:48   0:00 spamd child
root       7185  0.0 10.3  31784 25968 ?        S    09:48   0:00 spamd child
root       7189  0.0  0.3   3336   796 tty1     S+   09:48   0:00 grep spam
```

Processus en cours de spamd

© Editions ENI - Toute reproduction interdite

4.2.3 Intégration dans Postfix

Pour faire tourner, plus exactement faire communiquer, les deux composants logiciels précédents avec Postfix, il est nécessaire d'installer un logiciel tiers : **Amavis**.

- Installez le paquetage relatif au logiciel Amavis, ce qui entraînera là aussi beaucoup de dépendances (toujours liées au langage PERL) :
  `[root]# aptitude install amavisd-new`

- Copiez le fichier de configuration par défaut d'Amavis dans le bon répertoire :

```
[root]# cd /etc/amavis/
[root]# cp /usr/share/doc/amavisd-new/examples/amavisd.conf-sample.gz .
[root]# gunzip amavisd.conf-sample.gz
[root]# mv amavisd.conf-sample amavisd.conf
```

- Changez deux variables dans ce fichier :

```
$mydomain = 'virtualix.fr';
$myhostname = 'srvdmz.virtualix.fr';
```

- Relancez le service Amavis :
  `[root]# /etc/init.d/amavis restart`

- Vérifiez le bon démarrage du démon soit par `telnet` sur le port 10024, soit par la commande `lsof` :

```
root@srvdmz:/etc/amavis# telnet 127.0.0.1 10024
Trying 127.0.0.1...
Connected to 127.0.0.1.
Escape character is '^]'.
220 [127.0.0.1] ESMTP amavisd-new service ready
quit
221 2.0.0 [127.0.0.1] amavisd-new closing transmission channel
Connection closed by foreign host.
root@srvdmz:/etc/amavis# lsof -i:10024
COMMAND     PID   USER    FD    TYPE DEVICE SIZE NODE NAME
amavisd-n 7938 amavis     5u   IPv4  35784        TCP localhost:10024 (LISTEN)
amavisd-n 7939 amavis     5u   IPv4  35784        TCP localhost:10024 (LISTEN)
amavisd-n 7940 amavis     5u   IPv4  35784        TCP localhost:10024 (LISTEN)
```

Fonctionnement du processus amavisd

© Editions ENI - Toute reproduction interdite

- Ensuite, vous avez à mettre en œuvre une grosse modification ou plutôt un ajout **à la fin** du fichier /etc/postfix.cf (transférez-la par SSH, c'est plus simple) :

```
........
smtp-amavis unix -   -  n  -  2  smtp
 -o smtp_data_done_timeout=1200
 -o smtp_send_xforward_command=yes
 -o disable_dns_lookups=yes
 -o max_use=20

127.0.0.1:10025 inet n  -  n  -  -  smtpd
 -o content_filter=
 -o local_recipient_maps=
 -o relay_recipient_maps=
 -o smtpd_restriction_classes=
 -o smtpd_delay_reject=no
 -o smtpd_client_restrictions=permit_mynetworks,reject
 -o smtpd_helo_restrictions=
 -o smtpd_sender_restrictions=
 -o smtpd_recipient_restrictions=permit_mynetworks,reject
 -o smtpd_data_restrictions=reject_unauth_pipelining
 -o smtpd_end_of_data_restrictions=
 -o mynetworks=127.0.0.0/8
 -o smtpd_error_sleep_time=0
 -o smtpd_soft_error_limit=1001
 -o smtpd_hard_error_limit=1000
 -o smtpd_client_connection_count_limit=0
 -o smtpd_client_connection_rate_limit=0
 -o receive_override_options=no_header_body_checks,
no_unknown_recipient_checks
```

Le fichier master.cf s'occupe des autres services de Postfix et de leurs méthodes de communications. La première section indique le service smtp, sur le type de transport unix (socket entre processus situés sur la même machine) alors que la deuxième section indique une écoute sur le port 10025 de la machine locale sur un type de transport inet (socket Internet). En clair, Amavis s'intercale **après la réception** du courrier par Postfix et **avant la livraison** par celui-ci de façon à le faire vérifier par ClamAV et SpamAssassin.

- Et un petit ajout dans /etc/postfix/main.cf :

```
content_filter = smtp-amavis:[127.0.0.1]:10024
```

- Ajoutez l'utilisateur clamav au groupe amavis pour que les deux services puissent partager les informations :

```
[root]# adduser clamav amavis
```

© Editions ENI - Toute reproduction interdite

Vérifiez l'interception du courrier sur le port SMTP via 10025 et `telnet` après relance de Postfix :

```
[root]# postfix reload
[root]# telnet 127.0.0.1 10025
```

Soit :

```
root@srvdmz:~# postfix reload
postfix/postfix-script: refreshing the Postfix mail system
root@srvdmz:~# telnet 127.0.0.1 10025
Trying 127.0.0.1...
Connected to 127.0.0.1.
Escape character is '^]'.
220 srvdmz.virtualix.fr ESMTP Postfix (Ubuntu)
quit
221 2.0.0 Bye
Connection closed by foreign host.
```

Écoute du port 10025 pour smtp sur le serveur srvdmz.virtualix.fr

Test de l'ensemble

Une procédure assez longue suit pour :

- tester l'envoi d'un mail normal ;
- tester l'envoi d'un mail avec un simulacre de virus.

Vous allez utiliser les utilisateurs `frodon` et `sam` déjà présents sur le serveur.

Tapez les commandes ci-dessous ; **attention, les commandes précédées d'une flèche sont à taper, les autres apparaissent en réponse** :

```
[root]# telnet 127.0.0.1 10024
 Trying 127.0.0.1...
 Connected to 127.0.0.1.
 Escape character is '^]'.
 220 [127.0.0.1] ESMTP amavisd-new service ready
->MAIL FROM:<frodon@virtualix.fr>
 250 2.1.0 Sender frodon@virtualix.fr OK
->RCPT TO:<sam@virtualix.fr>
 250 2.1.5 Recipient sam@virtualix.fr OK
->DATA
 354 End data with <CR><LF>.<CR><LF>
->Subject: test normal
->test
```


© Editions ENI - Toute reproduction interdite

```
->.
 250 2.6.0 Ok, id=07940-01, from MTA([127.0.0.1]:10025): 250 2.0.0 Ok:
queued as 4EE366BFF8
->MAIL FROM:<frodon@virtualix.fr>
 250 2.1.0 Sender frodon@virtualix.fr OK
->RCPT TO:<sam@virtualix.fr>
 250 2.1.5 Recipient :<sam@virtualix.fr> OK
->DATA
 354 End data with <CR><LF>.<CR><LF>
->Subject: test virus
->X5O!P%@AP[4\PZX54(P^)7CC)7}$EICAR-STANDARD-ANTIVIRUS-TEST-FILE!$H+H*
->.
250 2.6.0 Ok, id=07940-01-2, from MTA([127.0.0.1]:10025) 250 2.0.0 Ok:
queued as 108526BFF8
->QUIT
221 2.0.0 [127.0.0.1] amavisd-new closing transmission channel
Connection closed by foreign host
```

Vous venez d'envoyer deux e-mails dont un (le deuxième) comporte un virus. Un petit regard vers un `tail -f /var/log/mail.info` montre que le deuxième mail a subi une mise en quarantaine :

```
root@srvdmz:~# tail -f /var/log/mail.info
Jul 11 10:25:13 srvdmz postfix/smtpd[8384]: timeout after END-OF-MESSAGE from lo
calhost[127.0.0.1]
Jul 11 10:25:13 srvdmz postfix/smtpd[8384]: disconnect from localhost[127.0.0.1]
Jul 11 10:26:13 srvdmz postfix/smtpd[8384]: connect from localhost[127.0.0.1]
Jul 11 10:26:13 srvdmz postfix/smtpd[8384]: 108526BFF8: client=localhost[127.0.0
.1]
Jul 11 10:26:13 srvdmz postfix/cleanup[8414]: 108526BFF8: message-id=<2009071108
2613.108526BFF8@srvdmz.virtualix.fr>
Jul 11 10:26:13 srvdmz postfix/qmgr[8257]: 108526BFF8: from=<frodon@virtualix.fr
>, size=723, nrcpt=1 (queue active)
Jul 11 10:26:13 srvdmz postfix/smtpd[8384]: disconnect from localhost[127.0.0.1]
Jul 11 10:26:13 srvdmz amavis[7940]: (07940-01-2) Passed BAD-HEADER, <frodon@vir
tualix.fr> -> <sam@virtualix.fr>, quarantine: e/badh-eUVgyI8tEzn7, mail_id: eUVg
yI8tEzn7, Hits: -, size: 91, queued_as: 108526BFF8, 216960 ms
Jul 11 10:26:13 srvdmz postfix/local[8416]: 108526BFF8: to=<sam@virtualix.fr>, r
elay=local, delay=0.1, delays=0.06/0.02/0/0.02, dsn=2.0.0, status=sent (delivere
d to command: procmail -a "$EXTENSION")
Jul 11 10:26:13 srvdmz postfix/qmgr[8257]: 108526BFF8: removed

_
```

Logs concernant le deuxième message

© Editions ENI - Toute reproduction interdite

Si vous vous connectez en tant que `sam` et relevez le courrier, l'alerte est patente pour le courrier n°2... Pour finir, vous n'avez pas vu le chiffrement des messages par TLS/SSL mais dans l'esprit cela importe peu :

- il y a peu de chances que l'activité de votre entreprise nécessite un tel "secret défense" ;
- si l'échange est sécurisé, les messages sont stockés en clair, donc lisibles, sur les serveurs (à moins d'utiliser une méthode comme PGP).

4.3 Mise en place de Postfix comme relais

L'idée consiste à offrir la possibilité au personnel de l'entreprise d'accéder à son courrier depuis chez lui ou depuis tout autre poste. Pour cela, vous allez :

- installer et paramétrer un autre MTA **Postfix** pour assurer la liaison avec l'extérieur ;
- installer et utiliser un serveur IMAP : **Dovecot** ;
- installer et utiliser une interface Web pour gérer le tout : **SquirrelMail**.

4.3.1 Configuration de Postfix pour l'extérieur

Vous allez utiliser Postfix pour envoyer des messages à l'extérieur via le SMTP de votre fournisseur d'accès Internet. Dans l'exemple, nous utilisons `smtp.free.fr`, mais vous le remplacerez par celui de votre fournisseur.

Rappel : faites très attention à ce que vous écrivez car en cas d'erreur votre serveur de courrier pourrait être utilisé à des fins mal intentionnées et votre fournisseur d'accès pourrait vous brider votre accès !

- Modifiez le fichier de configuration Postfix `/etc/postfix/main.cf` :

```
relayhost = smtp.free.fr
```

- Relancez le service Postfix.

- Avec un utilisateur, disons `donald`, dans une console, envoyez avec le simple logiciel `mail` un courrier de test **à vous-même mais à votre adresse externe**.

© Editions ENI - Toute reproduction interdite

Relevez votre courrier : cette configuration en l'état actuel ne devrait pas fonctionner et pourtant... cela marche ! Vous devez avoir reçu le courrier de `donald` ! Pourquoi cette affirmation ? Par défaut, Postfix interdit le relais de courrier avec un domaine non déposé... or `donald` a pour adresse `donald@virtualix.fr` et vous le savez **j'ai déposé le nom de domaine, donc le courrier est valide** :

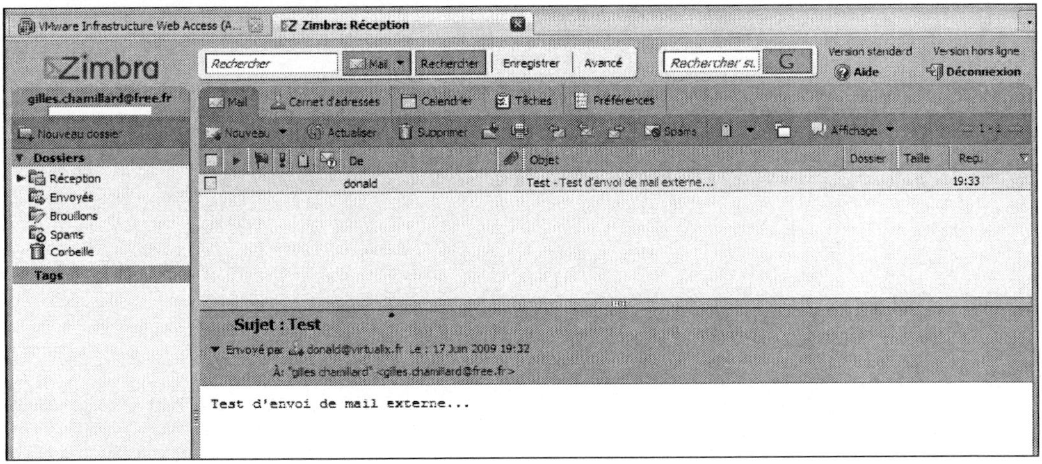

Interface Zimbra de mon compte personnel chez Free et réception du mail de donald

Il existe une limite à cette démonstration : l'inverse est impossible. Vous ne pouvez envoyer du courrier de votre compte personnel vers un utilisateur de type `utilisateur@virtualix.fr` car ce sera toujours le domaine externe `virtualix.fr` qui répondra... et qui ne connaît évidement pas votre utilisateur ! Pour que cela soit réalisable (cas d'une entreprise réelle), il faut gérer soi-même le serveur de courrier et le nom de domaine vis-à-vis de l'AFNIC.

La redirection d'adresses

Pour démontrer l'inverse de cette fonctionnalité, vous allez mettre en place le mécanisme de redirection d'adresses que vous utiliserez plus tard avec le sous-domaine `intra.virtualix.fr`.

- Créez un fichier texte nommé /etc/postfix/sender_canonical dans lequel vous mettrez la ligne suivante : `donald donald@pasbon.fr`.

Vous l'avez compris, `donald@virtualix.fr` devient `donald@pasbon.fr`, nom de domaine fantaisiste et n'existant pas... Le fichier `sender_canonical` n'est pas exploitable directement par Postfix, il lui faut créer une table (avec l'extension `.db` dans le même répertoire).

© Editions ENI - Toute reproduction interdite

- Lancez la commande `[root]# postmap /etc/postfix/sender_canonical`.
- Ajoutez la ligne suivante dans le fichier `/etc/postfix/main.cf` pour la prise en compte de la redirection :
  `sender_canonical_maps = hash:/etc/postfix/sender_canonical`
- Relancez le service Postfix et renvoyez un mail avec `Donald` sur l'extérieur... qui ne vient pas ! Les logs de mail en disent un peu plus long :

```
root@srvdmz:~# tail -f /var/log/mail.info
Jun 18 17:23:03 srvdmz postfix/pickup[2416]: 910C26DEF4: uid=1001 from=<donald>
Jun 18 17:23:03 srvdmz postfix/cleanup[2708]: 910C26DEF4: message-id=<2009061815
2303.910C26DEF4@srvdmz.virtualix.fr>
Jun 18 17:23:03 srvdmz postfix/qmgr[2417]: 910C26DEF4: from=<donald@pasbon.fr>,
size=327, nrcpt=1 (queue active)
Jun 18 17:23:04 srvdmz postfix/smtp[2710]: 910C26DEF4: to=<gilles.chamillard@fre
e.fr>, relay=smtp.free.fr[212.27.48.4]:25, delay=1.2, delays=0.22/0.07/0.74/0.18
, dsn=5.1.8, status=bounced (host smtp.free.fr[212.27.48.4] said: 550 5.1.8 <don
ald@pasbon.fr>: Sender address rejected: Domain not found (in reply to MAIL FROM
 command))
Jun 18 17:23:05 srvdmz postfix/cleanup[2708]: 22D6E6DEF5: message-id=<2009061815
2305.22D6E6DEF5@srvdmz.virtualix.fr>
Jun 18 17:23:05 srvdmz postfix/qmgr[2417]: 22D6E6DEF5: from=<>, size=2255, nrcpt
=1 (queue active)
Jun 18 17:23:05 srvdmz postfix/bounce[2711]: 910C26DEF4: sender non-delivery not
ification: 22D6E6DEF5
Jun 18 17:23:05 srvdmz postfix/qmgr[2417]: 910C26DEF4: removed
Jun 18 17:23:06 srvdmz postfix/smtp[2710]: 22D6E6DEF5: to=<donald@pasbon.fr>, re
lay=smtp.free.fr[212.27.48.4]:25, delay=0.92, delays=0.03/0/0.49/0.41, dsn=5.1.2
, status=bounced (host smtp.free.fr[212.27.48.4] said: 550 5.1.2 <donald@pasbon.
fr>: Recipient address rejected: Domain not found (in reply to RCPT TO command))
Jun 18 17:23:06 srvdmz postfix/qmgr[2417]: 22D6E6DEF5: removed
```

Sortie de la commande `tail -f /var/log/mail.info`

Le domaine de `donald@pasbon.fr` n'a pas été trouvé donc il a été rejeté.

4.3.2 Postfix comme relais du domaine interne

Voici la situation en résumé :

- Il existe des utilisateurs sur SRVDMZ qui peuvent envoyer des e-mails à l'extérieur parce que le domaine `virtualix.fr` existe.
- Il existe des utilisateurs sur SRVLAN qui envoient et reçoivent des e-mails dans le cadre du réseau interne.

Vous désirez maintenant envoyer un courrier à l'extérieur mais à partir d'un utilisateur du domaine `intra.virtualix.fr`. Il vous faut :

- indiquer au MTA de SRVLAN de relayer ses mails vers SRVDMZ ;

© Editions ENI - Toute reproduction interdite

- transformer les adresses de type `toto@intra.virtualix.fr` en `toto@virtualix.fr` car le domaine `intra.virtualix.fr` n'existe pas et donc les courriers seront rejetés.

Modifiez la ligne suivante dans le fichier `/etc/postfix/main.cf` du **Postfix de** SRVDMZ pour la prise en compte du réseau interne (via SRVLAN) :

```
mynetworks = 192.168.3.0/24, 127.0.0.0/8
```

Modifiez les lignes suivantes dans le fichier `/etc/postfix/main.cf` du **Postfix de** SRVLAN pour la prise en compte du relais des mails :

```
........
mydestination = srvdmz.virtualix.fr,virtualix.fr,srvlan,$myhostname,localhost.
localdomain,localhost,$mydomain
relay_domains = $mydestination
relayhost = srvdmz.virtualix.fr
mynetworks = 192.168.3.0/24, 192.168.4.0/24, 127.0.0.0/8
sender_canonical_maps = hash:/etc/postfix/sender_canonical
```

Effectuez les mêmes manipulations pour le fichier `sender_canonical` en y inscrivant cette fois l'utilisateur `riri` :

```
riri riri@virtualix.fr
```

L'utilisateur riri d'adresse mail `riri@intra.virtualix.fr` transforme son adresse en `riri@virtualix.fr`.

Relancez les deux services Postfix, envoyez un message en étant `riri`, de SRVDMZ vers votre adresse externe ; relevez votre boîte aux lettres personnelle : le message doit se trouver là.

4.3.3 Gestion des courriers avec une interface Web

Il s'agit maintenant de construire l'environnement nécessaire à la gestion des mails via une interface Web. Vous utiliserez à cette fin les logiciels SquirrelMail et Dovecot IMAPD sur le serveur SRVDMZ.

Installez les paquetages nécessaires :

```
[root]# aptitude install squirrelmail dovecot-imapd
```

L'installation ne pose pas de problème mais comme la dernière phrase l'indique, il vous faut procéder à une post configuration de SquirrelMail, ce que vous ferez avant une petite manipulation avec Dovecot.

© Editions ENI - Toute reproduction interdite

Configuration de SquirrelMail

Lancez le script de configuration de SquirrelMail :

```
[root]# /usr/sbin/squirrelmail-configure
```

Vous arrivez au menu suivant :

```
SquirrelMail Configuration : Read: config.php (1.4.0)
---------------------------------------------------------
Main Menu --
1.  Organization Preferences
2.  Server Settings
3.  Folder Defaults
4.  General Options
5.  Themes
6.  Address Books
7.  Message of the Day (MOTD)
8.  Plugins
9.  Database
10. Languages

D.  Set pre-defined settings for specific IMAP servers

C   Turn color on
S   Save data
Q   Quit

Command >>
```

Menu de configuration de SquirrelMail

Effectuez les réglages suivants :

- le message du jour pour un accueil personnalisé : choix **7**, **1**, vous tapez votre message et terminez par un @ sur une ligne vide, sauvegarde par **S** et retour par **R** ;
- le langage français : choix **10**, **1**, vous mettez **fr_FR**, choix **2**, vous mettez **UTF-8**, sauvegarde par **S** et retour par **R** ;
- le réglage du serveur IMAP : choix **D**, vous tapez **dovecot** (il est dans la liste) et retour au menu principal ;
- sauvegardez une dernière fois pour être sûr par **S** et quitter par **Q**.

SquirrelMail comporte une mauvaise configuration de la langue française en ISO-8859-1 alors que Ubuntu se positionne sur UTF-8. Il faut donc procéder à quelques modifications du code source PHP.

© Editions ENI - Toute reproduction interdite

- Éditez le fichier /usr/share/squirrelmail/functions/i18n.php et allez vers la ligne 810, changez les lignes suivantes :

```
$languages['fr_FR'][ 'CHARSET'] = 'iso-8859-1' ;
$languages['fr_FR'][ 'LOCALE'] = array('fr_FR.ISO8859-1','fr_FR.ISO8859-1',
'fr_FR');
```

En :

```
$languages['fr_FR'][ 'CHARSET'] = 'UTF-8' ;
$languages['fr_FR'][ 'LOCALE'] = array('fr_FR.UTF-8','fr_FR.UTF-8','fr_FR');
```

Configuration d'Apache

- Allez dans le répertoire où se situent les configurations spéciales d'Apache /etc/apache2/conf.d (on retrouve d'ailleurs la configuration de PHPMyAdmin) et ajoutez le lien de Squirrelmail :

```
[root]# cd /etc/apache2/conf.d/
[root]# ln -s /etc/squirrelmail/apache.conf squirrelmail.conf
```

Configuration de Dovecot

- Enlevez le dièse de commentaire de la ligne ci-dessous dans le fichier /etc/dovecot/dovecot.conf :
  default_mail_env = mbox:~/mail/:INBOX=/var/mail/%u

Respectivement le protocole utilisé et le format de l'environnement des messages.

Test du serveur IMAP

Le moment est arrivé de tester l'ensemble de vos modifications.

- Redémarrez dans l'ordre les services Postfix, Apache et Dovecot.

© Editions ENI - Toute reproduction interdite

- Testez le serveur IMAP par la simple commande `lsof -i:143` qui doit vous retourner quelque chose d'approchant :

```
COMMAND   PID  USER  FD  TYPE  DEVICE SIZE  NODE  NAME
Dovecot   4218  root   5u  IPv4  10413  TCP  * :imap2  LISTEN
Imap-logi  4286  dovecot   0u  IPv4  10413  TCP  * :imap2  LISTEN
Imap-logi  4287  dovecot   0u  IPv4  10413  TCP  * :imap2  LISTEN
Imap-logi  4288  dovecot   0u  IPv4  10413  TCP  * :imap2  LISTEN
```

- Sur le client (par exemple Windows), indiquez l'URL de SquirrelMail : http://srvdmz.virtualix.fr/squirrelmail/, cela fera apparaître la page suivante :

Page d'accueil de SquirrelMail

Si vous ne voyez pas cette page, tentez celle qui permet de tester la configuration soit l'URL : http://srvdmz.virtualix.fr/squirrelmail/src/configtest.php et déroulez-la de façon à visualiser les erreurs éventuelles, dans le cas contraire reprenez l'ensemble des configurations en vérifiant un par un la bonne marche des services.

© Editions ENI - Toute reproduction interdite

Revenez sur la page de login et la question qui se pose est la suivante : quels utilisateurs sont gérés par le serveur IMAP ? La réponse est évidente : à partir du moment où le serveur est installé sur SRVDMZ, les utilisateurs concernés sont les utilisateurs locaux à SRVDMZ à moins d'utiliser une authentification centralisée avec LDAP.

5 Réplication de données en temps réel

Vos serveurs fonctionnent, tout va bien jusqu'au moment où... La tolérance de pannes varie d'une entreprise à l'autre en fonction du niveau de sécurité demandé, de la demande des utilisateurs... et des moyens dont dispose l'entreprise pour y répondre. Force est de constater que Linux par rapport à Windows apporte des solutions moins onéreuses !

5.1 La réplication des données

Un simple regard sur le réseau de l'entreprise VIRTUALIX montre deux serveurs indispensables : SRVLAN et SRVDMZ. Pour l'instant, vous n'avez pas étudié une procédure de sauvegarde réelle. On peut envisager à cet égard trois types de sécurité :

- L'utilisation d'un lecteur de bandes (DAT) et de procédures de sauvegardes différentielle, incrémentale et complète avec les commandes `rsync`, `tar`, `dump`, `mt`, etc.
- L'utilisation d'un logiciel de type GHOST (Éditeur Norton) ou d'un équivalent Linux CloneZilla (http://clonezilla.sourceforge.net/).
- L'utilisation d'un autre disque avec la méthode RAID 1 ce qui correspond à une sauvegarde "en miroir" et en temps réel des données.
- L'utilisation d'un autre ordinateur et d'un procédé plus moderne de réplication des données et de tolérance de pannes.

Les deux premiers procédés sont préconisés dans beaucoup de manuels et/ou dépendent d'un logiciel et de matériels spécifiques. La dernière (DRBD et Heartbeat) se monte dans le cas de données ultra sensibles avec une obligation dans la continuité du service (exemple : hébergeur de sites Web). La solution préconisée dans le cadre d'un réseau de petite taille sera donc la mise en miroir du serveur par le RAID 1.

5.1.1 Un peu plus sur le RAID

D'excellentes documentations existent sur le RAID (*Redundant Array of Inexpensive Disks*) aussi sachez simplement que :

- Les deux systèmes les plus utilisés sont le RAID 1 (mises en miroir de disques) et le RAID 5 (agrégation d'un volume par bandes sur plusieurs disques et contrôle de parité).

© Editions ENI - Toute reproduction interdite

- On distingue le RAID matériel avec une carte contrôleur présente dans la machine et le RAID logiciel où le travail est effectué par le système d'exploitation.
- Le RAID 1 impose deux disques strictement de la même taille, ce qui est écrit sur l'un l'est immédiatement sur l'autre (qui n'est pas accessible en lecture).
- Le RAID 5 impose au minimum trois disques, l'écriture est répartie sur l'ensemble du volume et le principe de contrôle de parité occupe un disque sur l'ensemble (trois disques de taille identique = deux disques disponibles pour les données ; cinq disques = quatre disques disponibles).

L'utilisation de la virtualisation en entreprise diminue certes les coûts globaux liés aux matériels mais impose une technique de sauvegarde de type RAID (généralement de niveau 5 et matériel) car la perte d'une machine comportant plusieurs serveurs virtuels est catastrophique.

5.2 Mise en miroir par le RAID 1

La pratique courante consiste à faire du RAID 1 au moment de l'installation du système. Or, la plupart du temps, cette technique se révèle indispensable après coup et une fois le serveur en fonctionnement. Doit-on réinstaller le serveur (ici vous utiliserez SRVLAN) ? Non bien sûr, une pratique existe pour monter le RAID 1 sur un serveur existant.

- Ajoutez sur SRVLAN un disque (physique ou par VMware) strictement de la même taille que celui existant.

- Installez l'utilitaire de gestion pour le RAID et copiez la table de partitions du premier disque vers le deuxième :

```
[root]# aptitude install mdadm
[root]# sfdisk -d /dev/sda | sfdisk /dev/sdb
```

L'installation de mdadm provoque celle de `postfix` (si cela n'avait pas été fait) que vous configurez en local uniquement avec `srvlan.intra.virtualix.fr`.

- Positionnez les partitions `/` et `/home` pour le RAID (cela devrait être respectivement `sda1/sdb1` et `sda3/sdb3`) sur `/dev/sda` et `/dev/sdb` en changeant le type par `fdisk` de **83/linux** à **fd/raid**.

N'oubliez pas de sortir de `fdisk` par `w`. Le changement provoque une erreur pour `/dev/sda`, ce qui est normal car le périphérique est en fonctionnement. **Redémarrez le système**.

© Editions ENI - Toute reproduction interdite

```
Numéro de partition (1-5): 1
Code Hexa (taper L pour lister les codes): fd
Type système de partition modifié de 1 à fd (Linux raid autodetect)

Commande (m pour l'aide): t
Numéro de partition (1-5): 3
Code Hexa (taper L pour lister les codes): fd
Type système de partition modifié de 3 à fd (Linux raid autodetect)

Commande (m pour l'aide): p

Disque /dev/sda: 8589 Mo, 8589934592 octets
255 têtes, 63 secteurs/piste, 1044 cylindres
Unités = cylindres de 16065 * 512 = 8225280 octets
Identifiant de disque : 0x00069139

Périphérique Amorce  Début         Fin      Blocs     Id  Système
/dev/sda1   *            1         601    4827501    fd  Linux raid autodetect
/dev/sda2              994        1044     409657+    5  Etendue
/dev/sda3              602         993    3148740    fd  Linux raid autodetect
/dev/sda5              994        1044     409626    82  Linux swap / Solaris

Les entrées de la table de partitions ne sont pas dans l'ordre du disque

Commande (m pour l'aide): _
```

Affichage de la table de partitions de `/dev/sdb`

Une autre technique pour mettre l'ensemble des partitions en RAID (sauf la racine) aurait été d'utiliser l'outil `parted` avec `parted -s /dev/sda set 1 raid on` et `parted -s /dev/sdb set 1 raid on`.

Créez les schémas (`arrays`) pour le RAID en indiquant le mot `missing` pour la source (les partitions `/dev/sda1` et `/dev/sda3` sont utilisées et cela provoquerait une erreur) :

```
[root]# mdadm --create /dev/md0 --level=1 --raid-devices=2 missing /dev/sdb1
[root]# mdadm --create /dev/md1 --level=1 --raid-devices=2 missing /dev/sdb3
```

Arrive alors une procédure assez longue, dans le sens de la durée... car il faut copier les données sur les schémas du RAID.

Créez le système de fichiers sur `/dev/md0`, montez le RAID pour la racine et copiez-y les données du système :

```
[root]# mkfs.ext3 /dev/md0
[root]# mount /dev/md0 /mnt/
[root]# cp -dpRx / /mnt
```

© Editions ENI - Toute reproduction interdite

```
root@srvlan:~# mkfs.ext3 /dev/md0
mke2fs 1.41.4 (27-Jan-2009)
Étiquette de système de fichiers=
Type de système d'exploitation : Linux
Taille de bloc=4096 (log=2)
Taille de fragment=4096 (log=2)
301920 i-noeuds, 1206848 blocs
60342 blocs (5.00%) réservés pour le super utilisateur
Premier bloc de données=0
Nombre maximum de blocs du système de fichiers=1237319680
37 groupes de blocs
32768 blocs par groupe, 32768 fragments par groupe
8160 i-noeuds par groupe
Superblocs de secours stockés sur les blocs :
        32768, 98304, 163840, 229376, 294912, 819200, 884736

Écriture des tables d'i-noeuds : complété
Création du journal (32768 blocs) : complété
Écriture des superblocs et de l'information de comptabilité du système de
fichiers : complété

Le système de fichiers sera automatiquement vérifié tous les 23 montages ou
après 180 jours, selon la première éventualité. Utiliser tune2fs -c ou -i
pour écraser la valeur.
```

Création du système sur `/dev/md0`

- Faites la même chose pour la partition `/home` :

```
[root]# mkfs.ext3 /dev/md1
[root]# mount /dev/md1 /mnt/home
[root]# cp -dpRx /home/* /mnt/home
```

- Créez la nouvelle partition de swap sur `sdb`, la seule à ne pas être en RAID (votre système utilisera les deux et aura de meilleures performances) :

```
[root]# mkswap /dev/sdb5
Fixe la version de l'espace d'échange (swap) à 1, taille = 409620 ko
pas d'étiquette, UUID=9375d671-d8f8-492c-93e1-a9dc40da0556
```


© Editions ENI - Toute reproduction interdite

Changez dans `/etc/fstab` les lignes pour monter les "partitions" RAID en lieu et place de celles du premier disque dur et avec la nouvelle partition d'échange :

```
proc          /proc           proc     defaults          0       0
/dev/md0      /               ext3     relatime,errors=remount-ro 0       1
/dev/sda5      none            swap     sw                0       0
/dev/sdb5      none            swap     sw                0       0
/dev/scd0     /media/cdrom0   udf,iso9660 user,noauto,exec,utf8 0       0
/dev/fd0      /media/floppy0  auto     rw,user,noauto,exec,utf8 0       0
/dev/md1      /home    ext3    defaults,usrquota     1    2
```

Régénérez pour GRUB l'`initrd` (sinon cela ne démarrera pas) :
`[root]# mkinitramfs -o /boot/initrd.img-2.6.28-13-server`

Changez le démarrage de GRUB pour indiquer :

```
default         0
timeout         3
color cyan/blue white/blue

title           Ubuntu 9.04, kernel 2.6.28-13-server
root (hd0,0)
kernel          /boot/vmlinuz-2.6.28-13-server root=/dev/md0 ro
initrd          /boot/initrd.img-2.6.28-13-server
quiet

title           Ubuntu 9.04, kernel 2.6.28-13-server (recovery mode)
root (hd0,0)
kernel          /boot/vmlinuz-2.6.28-13-server root=/dev/md0 ro single
initrd          /boot/initrd.img-2.6.28-13-server
```

Très important : indiquez la structure RAID dans le fichier de configuration `mdadm.conf` :
`[root]# mdadm --examine --scan >> /etc/mdadm/mdadm.conf`

Redémarrez : votre RAID 1 est actif mais non synchronisé.

Ajoutez la première partition et visualisez la synchronisation :

```
[root]# mdadm --add /dev/md0 /dev/sda1
[root]# cat /proc/mdstat
```

© Editions ENI - Toute reproduction interdite

```
root@srvlan:~# cat /proc/mdstat
Personalities : [linear] [multipath] [raid0] [raid1] [raid6] [raid5] [raid4] [ra
id10]
md1 : active raid1 sdb3[1]
      3148672 blocks [2/1] [_U]

md0 : active raid1 sda1[2] sdb1[1]
      4827392 blocks [2/1] [_U]
      [==>..................]  recovery = 10.2% (497408/4827392) finish=6.8min s
peed=10460K/sec

unused devices: <none>
```

Synchronisation `md0`

Ajoutez la deuxième partition et visualisez la synchronisation d'une autre façon (le `rebuild status`) :

```
[root]# mdadm --add /dev/md1 /dev/sda3
[root]# mdadm --detail /dev/md1
```

```
  Creation Time : Tue Jul 14 08:56:11 2009
     Raid Level : raid1
     Array Size : 3148672 (3.00 GiB 3.22 GB)
  Used Dev Size : 3148672 (3.00 GiB 3.22 GB)
   Raid Devices : 2
  Total Devices : 2
Preferred Minor : 1
    Persistence : Superblock is persistent

    Update Time : Tue Jul 14 11:29:40 2009
          State : clean, degraded, recovering
 Active Devices : 1
Working Devices : 2
 Failed Devices : 0
  Spare Devices : 1

 Rebuild Status : 4% complete

           UUID : f9675ea1:fc8f2ca8:0afb3c68:e229425c (local to host srvlan)
         Events : 0.110

    Number   Major   Minor   RaidDevice State
       2       8        3        0      spare rebuilding   /dev/sda3
       1       8       19        1      active sync   /dev/sdb3
```

Synchronisation `md1`

© Editions ENI - Toute reproduction interdite

5.2.1 En cas de problème...

Le problème classique rencontré intervient lors d'une défaillance du disque dur. Pour anticiper cela, il faut intégrer une deuxième possibilité de démarrage dans le fichier de GRUB.

- Ajoutez la section suivante concernant le deuxième disque dans le fichier /boot/grub/menu.lst :

```
........
title          Ubuntu 9.04, kernel 2.6.28-13-server
root (hd1,0)
kernel          /boot/vmlinuz-2.6.28-13-server root=/dev/md0 ro
initrd          /boot/initrd.img-2.6.28-13-server
quiet
```

Ainsi, en cas de panne sur /dev/sda, vous aurez toujours la possibilité de démarrer sur le disque restant et reconstruire le RAID après un changement du matériel.

© Editions ENI - Toute reproduction interdite

1 L'éditeur de texte VIM

Sous LINUX nous avons une multitude d'éditeurs : pourquoi VI ? (prononcez vi-aïe). Parce qu'il existe dans tout environnement Unix/Linux et qu'il représente un outil de base incontournable. Son apprentissage fait partie de la **fondation** même de la fonction d'administrateur système : en mode console texte pour la manipulation rapide des fichiers de configuration, de logs, de scripts...

Autre conseil, cette fois-ci politiquement incorrect : alors que l'étude (et l'utilisation) de l'ensemble des commandes de VIM représente un manuel entier, cantonnez-vous à quelques commandes de base. Cela vous permet de maîtriser plus rapidement l'outil, un peu rébarbatif il est vrai ; il vaut mieux à mon sens connaître peu de commandes parfaitement que vouloir approfondir "par la force" un outil que l'on laissera de côté par réaction... Dernier détail : je parle ici de VIM (*VI IMproved*), version améliorée de VI.

1.1 Lancement de VIM

- Vérifiez que vous disposez du bon paquetage par :
  `[root]# dpkg -l | grep i vim`

- Ubuntu s'appuie sur un utilitaire de dpkg pour lancer VIM en lieu et place de VI ; vérifiez la bonne configuration de l'alternative par :
  `[root]# update-alternatives --display vi`

- Le retour doit vous indiquer un lien vers l'exécutable vim : `link currently points to /usr/bin/vim`.

- Lancez la commande de l'éditeur suivie ou non d'un nom de fichier :
  `[root]# vim [chemin/nom_de_fichier]`

On aura :

- si le fichier existe, l'éditeur l'ouvre en modification ;
- si le fichier n'existe pas, l'éditeur l'ouvre en création ;
- si aucun nom de fichier n'est donné, la demande se fera à la sauvegarde.

L'écran s'efface et la colonne la plus à gauche affiche des ~ (tildes).

© Editions ENI - Toute reproduction interdite

1.2 Utilisation simple de VIM

On distingue sous VIM deux états principaux :

- **mode commande** : saisie d'une commande,
- **mode saisie** : saisie d'un texte dans le buffer.

Au démarrage, VIM se positionne automatiquement en mode commande. L'utilisation de VIM implique que l'on passe fréquemment d'un mode à l'autre. En fait, pour savoir où l'on est, il suffit de taper deux fois sur la touche [Echap] : vous êtes alors sûr d'être en mode commande.

Pour passer d'un état à l'autre :

- du **mode commande en mode saisie** : appui d'une commande codée sur une seule lettre ;
- du **mode saisie en mode commande** : appui de la touche [Echap] (bip si vous y êtes déjà).

1.2.1 Les autres modes de fonctionnement

Le mode **ex**, qui traite en partie de la façon de sortir de VIM (touche deux points :).

- normalement sans sauvegarde : touches `:q` ;
- obligatoirement sans sauvegarde : touches `:q!` ;
- avec sauvegarde : touches `:wq` ou `:x` ;
- avec sauvegarde mais sans sortie : touches `:w` ;
- pour le fichier d'aide : `:h` fermeture par `:q`.

VIM offre aussi la possibilité de travailler avec plusieurs fichiers à l'écran, mais nous ne vous le conseillons pas. C'est un choix personnel : si l'on commence à utiliser VIM comme un traitement de texte, alors autant en utiliser un et graphique de préférence ! VIM doit rester ce qu'il est : un éditeur en mode console, simple et surtout rapide à utiliser.

1.2.2 Les commandes essentielles à connaître

Pour toutes ces commandes, nous sommes en mode commande évidemment ! Rappel : si vous n'êtes pas sûr de l'être, tapez deux fois sur [Echap], vous serez forcément en mode commande. Vous avez en mode saisie ou commande, la possibilité de vous déplacer avec toutes les flèches de direction.

© Editions ENI - Toute reproduction interdite

En mode commande :

`i` : insertion de texte devant le curseur.

`dd` : efface et supprime la ligne entière (variante `ndd : 3dd` supprime 3 lignes).

`/` : exemple : `/toto` cherche le motif `toto` dans le texte à partir de curseur.

`?` : idem sauf que la recherche se fait en arrière, vers le début du texte.

`n` : répète la dernière commande de recherche.

`yy` : copie dans le Presse-papiers la ligne courante.

`nyy` : copie dans le Presse-papiers les n lignes.

`p` : colle le contenu du Presse-papiers derrière le curseur.

`u` : annule la dernière commande.

`.` : répète la dernière commande.

En mode ex :

`:n`	aller à la ligne `n`.
`:$`	aller à la dernière ligne.
`:n1,n2 m n3`	déplacer les lignes de `n1` à `n2` en `n3`.
`:n1,n2s/chaîne1/chaîne2`	remplace `chaîne1` par `chaîne2` de `n1` à `n2` (si `n2=$` alors fin de fichier).
`:r nom_de_fichier`	insère un fichier à la ligne courante.
`:set nu`	afficher les numéros de ligne (`nonu` pour l'enlever).

© Editions ENI - Toute reproduction interdite

A

C

D

© Editions ENI - Toute reproduction interdite

F

G

I

L

M

© Editions ENI - Toute reproduction interdite

N

P

R

© Editions ENI - Toute reproduction interdite

S

U

V

© Editions ENI - Toute reproduction interdite